第二版

经济数学（二）

——线性代数、概率论及数理统计

主　编　陈传明

西南财经大学出版社
中国·成都

图书在版编目(CIP)数据

经济数学(二)——线性代数、概率论及数理统计 / 陈传明主编.—2 版.—成都:西南财经大学出版社,2017.8(2023.1 重印)
ISBN 978-7-5504-3184-3

Ⅰ.①经… Ⅱ.①陈… Ⅲ.①经济数学—高等学校—教材②线性代数—高等学校—教材③概率论—高等学校—教材④数理统计—高等学校—教材 Ⅳ.①F224.0

中国版本图书馆 CIP 数据核字(2017)第 197241 号

经济数学(二)——线性代数、概率论及数理统计(第二版)
Jingji Shuxue Er Xianxingdaishu Gailülun Ji Shulitongji

主 编:陈传明

责任编辑:孙 婧
封面设计:墨创文化
责任印制:朱曼丽

出版发行	西南财经大学出版社(四川省成都市光华村街 55 号)
网 址	http://cbs.swufe.edu.cn
电子邮件	bookcj@swufe.edu.cn
邮政编码	610074
电 话	028-87353785
照 排	四川胜翔数码印务设计有限公司
印 刷	郫县犀浦印刷厂
成品尺寸	185mm×260mm
印 张	13.75
字 数	300 千字
版 次	2017 年 8 月第 2 版
印 次	2023 年 1 月第 4 次印刷
印 数	5001— 6000 册
书 号	ISBN 978-7-5504-3184-3
定 价	29.80 元

再版前言

经济数学（二）是普通高等学院本科各专业普遍开设的一门公共基础课程，主要包括线性代数、概率论与数理统计等内容，这些内容也是在自然科学和经济技术等领域中应用广泛的数学工具。本书是根据教育部颁发的《经济数学基础教学大纲》编写的，其适用性强、浅显适中，适合普通高等学院经济与管理类专业的学生使用，亦可供学习本课程的读者选用。本书在编写上力求内容适度、结构合理、条理清晰、循序渐进，文字叙述方面力求简明扼要、深入浅出。

本书具有如下特点：

(1) 在满足教学要求的前提下，淡化理论推导过程；为缓解课时少与教学内容多的矛盾，恰当把握教学内容的深度和广度，遵循基础课理论知识以必须够用为度的教学原则，不过分追求理论上的严密性，尽可能显示数学内容的直观性与应用性，适度注意保持数学自身的系统性与逻辑性。

(2) 语言精简严谨，篇幅较传统教材少，但基本内容囊括且有一定的深度。

(3) 章节安排符合认知规律，语言通俗易懂，既便于教师讲授，也易于学生阅读、理解。

(4) 注重理论联系实际和培养学生的综合素质，不仅关注数学在经济类专业的直接应用，而且增加了大量数学在经济等方面应用的例子，还结合具体教学内容进行思维训练，重视培养学生的科学精神、创新意识以及解决实际问题的能力。

(5) 每节后配有思考题和练习题，通过思考题试图达到使学生能换个角度理解有关知识点的目的。练习题与知识点尽量呼应，由易到难，以便学生巩固所学知识。

本书的作者均为云南师范大学商学院长期工作在教学一线的专业教师，具有丰富的教学经验。本书编写过程中得到了云南师范大学商学院、会计学院、财务管理学院和工商管理学院多位专业课教师的帮助，有效地使数学理论知识与其在专业课的应用中达到了有机的结合。参与编写本书的还有张学高、冯善林、那薇、杨洪涛、董利、何佩、李小文、周瑜、冯荷英、郜建豪、章蓉、李翎洁和杨晓，在此一并感谢。

再版前言

编写本书的目的，是试图为一般院校经济与管理类专业的学生提供一本适合的教材。由于编者学识有限，加上时间仓促，本书疏漏与错误之处在所难免，我们衷心地希望得到专家、同行和读者的批评指正，以使本书在教学实践中不断完善。

注：本书中带“*”的章节为教师选讲内容。

编　者

2017 年 8 月

目　录

目 录

第一章 行列式及矩阵

在一个函数、方程或不等式中,如果所出现的数学表达式是关于未知数或变量的一次式,那么这个函数、方程或不等式就称为线性函数、线性方程或线性不等式. 在经济管理活动中,许多变量之间存在着或近似存在着线性关系,使得对这种关系的研究显得尤为重要,而且许多非线性关系也可转化为线性关系. 线性代数是高等数学的一个重要内容,与微积分有着同样的重要性. 行列式、矩阵与线性方程组(即一次方程组)的理论是线性代数的主要内容. 线性代数在许多实际问题中有着直接的应用,行列式、矩阵与线性方程组在数据计算、信息处理、均衡生产、减少消耗、增加产出等方面有着广泛应用,是改善企业生产经营管理、提高经济效益的有力工具. 在这一章里,将主要介绍行列式的概念、行列式的性质、克莱姆法则、矩阵的概念及其运算、矩阵的初等行变换与矩阵的秩、逆矩阵及其求法.

1.1 二阶、三阶行列式

二阶、三阶行列式是在研究二元线性方程组和三元线性方程组的解时提出来的一种数学运算符号,它是学习 n 阶行列式和 n 元线性方程组的基础.

1.1.1 二阶行列式

定义 1.1 记号

$$\begin{vmatrix} a_{11} & a_{12} \\ a_{21} & a_{22} \end{vmatrix}$$

称为二阶行列式,它表示代数和 $a_{11}a_{22}-a_{12}a_{21}$,即:

$$\begin{vmatrix} a_{11} & a_{12} \\ a_{21} & a_{22} \end{vmatrix}=a_{11}a_{22}-a_{12}a_{21} \tag{1.1}$$

其中每个横排称为行列式的行,每个竖排称为行列式的列,$a_{ij}(i,j=1,2)$ 称为二阶行列式的元素，$a_{11}a_{22}-a_{12}a_{21}$称为二阶行列式的展开式.

二阶行列式表示的代数和，可以用画线（见图 1－1）的方法记忆，即实线联结的两个元素的乘积减去虚线联结的两个元素的乘积. 这种计算规则常称为对角线法则. 另外，从左上角到右下角的对角线称为行列式的主对角线，从右上角到左下角的对角线称为行列式的次对角线.

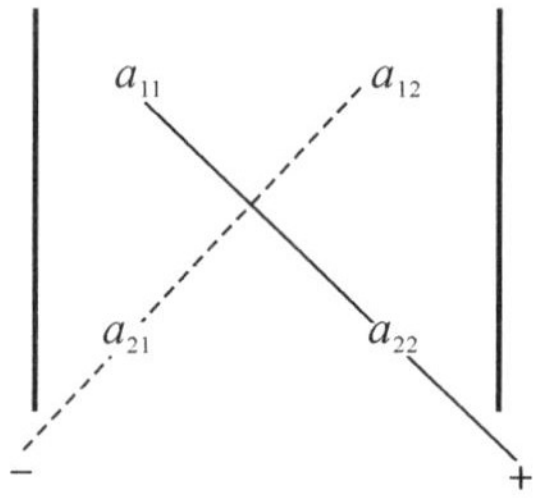

图 1－1

行列式常用大写字母 D 表示.

例 1 $\begin{vmatrix} 5 & -1 \\ 3 & 2 \end{vmatrix}=5\times2-(-1)\times3=13$

例 2 设 $D=\begin{vmatrix} \lambda^2 & \lambda \\ 3 & 1 \end{vmatrix}$

问：(1) 当 λ 为何值时，$D=0$；

(2) 当 λ 为何值时，$D\neq0$.

解

$$D=\begin{vmatrix} \lambda^2 & \lambda \\ 3 & 1 \end{vmatrix}=\lambda^2-3\lambda$$

由 $\lambda^2-3\lambda=0$，得 $\lambda=0$ 或 $\lambda=3$. 因此可得：

(1) 当 $\lambda=0$ 或 $\lambda=3$ 时，$D=0$；

(2) 当 $\lambda\neq0$ 且 $\lambda\neq3$ 时，$D\neq0$.

1.1.2 三阶行列式

定义 1.2 记号

$$\begin{vmatrix} a_{11} & a_{12} & a_{13} \\ a_{21} & a_{22} & a_{23} \\ a_{31} & a_{32} & a_{33} \end{vmatrix}$$

称为三阶行列式，它表示代数和 $a_{11}a_{22}a_{33}+a_{12}a_{23}a_{31}+a_{13}a_{21}a_{32}-a_{11}a_{23}a_{32}-a_{12}a_{21}a_{33}-a_{13}a_{22}a_{31}$，即：

$$D=\begin{vmatrix}a_{11}&a_{12}&a_{13}\\a_{21}&a_{22}&a_{23}\\a_{31}&a_{32}&a_{33}\end{vmatrix}$$

$$=a_{11}a_{22}a_{33}+a_{12}a_{23}a_{31}+a_{13}a_{21}a_{32}-a_{11}a_{23}a_{32}-a_{12}a_{21}a_{33}-a_{13}a_{22}a_{31} \quad (1.2)$$

其中 $a_{ij}(i,j=1,2,3)$ 称为三阶行列式的元素，$a_{11}a_{22}a_{33}+a_{12}a_{23}a_{31}+a_{13}a_{21}a_{32}-a_{11}a_{23}a_{32}-a_{12}a_{21}a_{33}-a_{13}a_{22}a_{31}$ 称为三阶行列式的展开式.

三阶行列式表示的代数和，也可以用画线(见图 1－2)的方法记忆，其中各实线联结的三个元素的乘积是代数和中的正项，各虚线联结的三个元素的乘积是代数和中的负项.

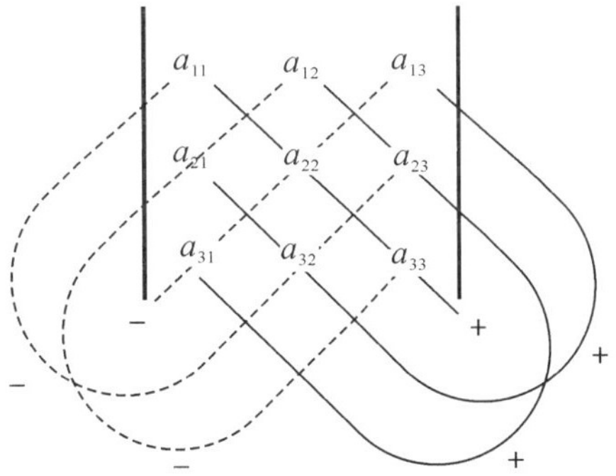

图 1－2

例 3 $\begin{vmatrix}1&2&3\\4&0&5\\-1&0&6\end{vmatrix}=1\times0\times6+2\times5\times(-1)+3\times4\times0-1\times5\times0-2\times4\times6-3\times0\times(-1)=-10-48=-58$

例 4 a、b 满足什么条件时，有

$$\begin{vmatrix}a&b&0\\-b&a&0\\1&0&1\end{vmatrix}=0$$

解 $\begin{vmatrix}a&b&0\\-b&a&0\\1&0&1\end{vmatrix}=a^2+b^2$

若要 $a^2+b^2=0$，则 a 与 b 须同时等于零. 因此，当 $a=0$ 且 $b=0$ 时，所给的行列式等于零.

例 5 $\begin{vmatrix}a&1&0\\1&a&0\\4&1&1\end{vmatrix}>0$ 的充分必要条件是什么？

解 $\begin{vmatrix} a & 1 & 0 \\ 1 & a & 0 \\ 4 & 1 & 1 \end{vmatrix} = a^2 - 1$

若要 $a^2 - 1 > 0$,当且仅当$|a| > 1$. 因此可得:

$$\begin{vmatrix} a & 1 & 0 \\ 1 & a & 0 \\ 4 & 1 & 1 \end{vmatrix} > 0$$

的充分必要条件是$|a| > 1$.

练习 1.1

1. 求下列各行列式的值:

(1) $\begin{vmatrix} 5 & 2 \\ 4 & -3 \end{vmatrix}$

(2) $\begin{vmatrix} a+b & b \\ b & a+b \end{vmatrix}$

(3) $\begin{vmatrix} x+1 & x \\ x^2 & x^2-x+1 \end{vmatrix}$

(4) $\begin{vmatrix} 6 & 0 & 2 \\ 1 & 1 & 2 \\ 9 & 0 & -1 \end{vmatrix}$

(5) $\begin{vmatrix} 1 & 2 & 3 \\ 2 & 3 & 1 \\ 3 & 1 & 2 \end{vmatrix}$

(6) $\begin{vmatrix} 0 & a & 0 \\ b & 0 & c \\ 0 & d & 0 \end{vmatrix}$

(7) $\begin{vmatrix} 1 & a & a^2 \\ 1 & b & b^2 \\ 1 & c & c^2 \end{vmatrix}$

(8) $\begin{vmatrix} x & y & x+y \\ y & x+y & x \\ x+y & x & y \end{vmatrix}$

2. $\begin{vmatrix} a & 1 & 1 \\ 0 & -1 & 0 \\ 4 & a & a \end{vmatrix} < 0$ 的充分必要条件是什么?

1.2 n 阶行列式

1.2.1 n 阶行列式的定义

为了定义 n 阶行列式及学习行列式的展开定理,先介绍代数余子式的概念.

定义 1.3 将行列式中第 i 行第 j 列的元素 a_{ij}所在行和列的各元素划去,其余元素按原来的次序构成一个新的行列式,称这个行列式为元素 a_{ij} 的余子式,记作 M_{ij}. $(-1)^{i+j} \cdot M_{ij}$称为元素 a_{ij}的代数余子式,记作 A_{ij},即:

$$A_{ij}=(-1)^{i+j}\cdot M_{ij} \tag{1.3}$$

例如，在行列式$\begin{vmatrix}1&2&3\\-2&0&1\\2&4&-1\end{vmatrix}$中，

$M_{11}=\begin{vmatrix}0&1\\4&-1\end{vmatrix}=-4, A_{11}=(-1)^{1+1}\begin{vmatrix}0&1\\4&-1\end{vmatrix}=-4$；

$M_{23}=\begin{vmatrix}1&2\\2&4\end{vmatrix}=0, A_{23}=(-1)^{2+3}\begin{vmatrix}1&2\\2&4\end{vmatrix}=0.$

有了代数余子式的概念，就很容易把三阶行列式按第一行的元素写出它的展开式：

$$\begin{vmatrix}a_{11}&a_{12}&a_{13}\\a_{21}&a_{22}&a_{23}\\a_{31}&a_{32}&a_{33}\end{vmatrix}=a_{11}A_{11}+a_{12}A_{12}+a_{13}A_{13}$$

若规定一阶行列式$|a|=a$，则二阶行列式按第一行的元素展开为：

$$\begin{vmatrix}a_{11}&a_{12}\\a_{21}&a_{22}\end{vmatrix}=a_{11}A_{11}+a_{12}A_{12}$$

根据二、三阶行列式的定义给出下面 n 阶行列式的定义：

定义 1.4　将 n^2 个数 $a_{ij}(i,j=1,2,3,\cdots,n)$ 排成一个正方形数表，并在它的两旁各加一条竖线，即：

$$\begin{vmatrix}a_{11}&a_{12}&\cdots&a_{1n}\\a_{21}&a_{22}&\cdots&a_{2n}\\\vdots&\vdots&&\vdots\\a_{n1}&a_{n2}&\cdots&a_{nn}\end{vmatrix} \tag{1.4}$$

称为 n 阶行列式. 当 $n=1$ 时，规定一阶行列式$|a_{11}|=a_{11}$；当 $n\geqslant 2$ 时，规定 n 阶行列式

$$\begin{vmatrix}a_{11}&a_{12}&\cdots&a_{1n}\\a_{21}&a_{22}&\cdots&a_{2n}\\\vdots&\vdots&&\vdots\\a_{n1}&a_{n2}&\cdots&a_{nn}\end{vmatrix}=a_{11}A_{11}+a_{12}A_{12}+\cdots+a_{1n}A_{1n} \tag{1.5}$$

例 1　计算行列式 $D=\begin{vmatrix}1&0&-2&0\\-1&2&3&1\\0&1&-1&2\\2&1&0&3\end{vmatrix}$的值.

解　根据定义有：

$$D=\begin{vmatrix}1&0&-2&0\\-1&2&3&1\\0&1&-1&2\\2&1&0&3\end{vmatrix}=1\times(-1)^{1+1}\begin{vmatrix}2&3&1\\1&-1&2\\1&0&3\end{vmatrix}+(-2)\times(-1)^{1+3}\begin{vmatrix}-1&2&1\\0&1&2\\2&1&3\end{vmatrix}=-18$$

在 n 阶行列式中，有一类特殊的行列式，它们形如：

$$\begin{vmatrix}a_{11}&0&\cdots&0\\a_{21}&a_{22}&\cdots&0\\\vdots&\vdots&&\vdots\\a_{n1}&a_{n2}&\cdots&a_{nn}\end{vmatrix}\tag{1.6}$$

或：

$$\begin{vmatrix}a_{11}&a_{12}&\cdots&a_{1n}\\0&a_{22}&\cdots&a_{2n}\\\vdots&\vdots&&\vdots\\0&0&\cdots&a_{nn}\end{vmatrix}\tag{1.7}$$

称它们为三角形行列式，其中式(1.6)称为下三角形行列式，式(1.7)称为上三角形行列式. 由定义易知，三角形行列式 D 的值等于其主对角线上各元素的乘积，即：

$$D=a_{11}a_{22}\cdots a_{nn}$$

1.2.2 行列式的性质

按定义计算行列式是一种较为复杂的过程. 利用下面的 n 阶行列式的性质，能简化行列式的计算过程.

性质 1 行列式所有的行与相应的列互换，行列式的值不变，即：

$$D=\begin{vmatrix}a_{11}&a_{12}&\cdots&a_{1n}\\a_{21}&a_{22}&\cdots&a_{2n}\\\vdots&\vdots&&\vdots\\a_{n1}&a_{n2}&\cdots&a_{nn}\end{vmatrix}=\begin{vmatrix}a_{11}&a_{21}&\cdots&a_{n1}\\a_{12}&a_{22}&\cdots&a_{n2}\\\vdots&\vdots&&\vdots\\a_{1n}&a_{2n}&\cdots&a_{nn}\end{vmatrix}$$

把行列式 D 的行与列互换后所得到的行列式称为 D 的转置行列式，记作 D^T.

这个性质说明，对于行列式的行成立的性质，对于列也一定成立，反之亦然.

性质 2 行列式的任意两行(列)互换，行列式的值改变符号.

例如，$\begin{vmatrix}a_{11}&a_{12}&a_{13}\\a_{21}&a_{22}&a_{23}\\a_{31}&a_{32}&a_{33}\end{vmatrix}=-\begin{vmatrix}a_{21}&a_{22}&a_{23}\\a_{11}&a_{12}&a_{13}\\a_{31}&a_{32}&a_{33}\end{vmatrix}$

性质 3 若行列式中某两行(列)的对应元素相同，则此行列式的值为零.

例如，$\begin{vmatrix} a_{11} & a_{12} & a_{13} \\ a_{21} & a_{22} & a_{23} \\ a_{11} & a_{12} & a_{13} \end{vmatrix}=0$

性质4　行列式中某行(列)的各元素有公因子时，可把公因子提到行列式符号外面.

例如，$\begin{vmatrix} ka_{11} & ka_{12} & ka_{13} \\ a_{21} & a_{22} & a_{23} \\ a_{31} & a_{32} & a_{33} \end{vmatrix}=k\begin{vmatrix} a_{11} & a_{12} & a_{13} \\ a_{21} & a_{22} & a_{23} \\ a_{31} & a_{32} & a_{33} \end{vmatrix}$

例2　设$\begin{vmatrix} a_{11} & a_{12} & a_{13} \\ a_{21} & a_{22} & a_{23} \\ a_{31} & a_{32} & a_{33} \end{vmatrix}=1$，求$\begin{vmatrix} 6a_{11} & -2a_{12} & -10a_{13} \\ -3a_{21} & a_{22} & 5a_{23} \\ -3a_{31} & a_{32} & 5a_{33} \end{vmatrix}$.

解　$\begin{vmatrix} 6a_{11} & -2a_{12} & -10a_{13} \\ -3a_{21} & a_{22} & 5a_{23} \\ -3a_{31} & a_{32} & 5a_{33} \end{vmatrix}=-2\begin{vmatrix} -3a_{11} & a_{12} & 5a_{13} \\ -3a_{21} & a_{22} & 5a_{23} \\ -3a_{31} & a_{32} & 5a_{33} \end{vmatrix}$

$=-2\times(-3)\times5\begin{vmatrix} a_{11} & a_{12} & a_{13} \\ a_{21} & a_{22} & a_{23} \\ a_{31} & a_{32} & a_{33} \end{vmatrix}=-2\times(-3)\times5\times1=30$

例3　计算行列式$\begin{vmatrix} -8 & 4 & -2 \\ -12 & 6 & 3 \\ -4 & -1 & -1 \end{vmatrix}$的值.

解　$\begin{vmatrix} -8 & 4 & -2 \\ -12 & 6 & 3 \\ -4 & -1 & -1 \end{vmatrix}=2\times3\begin{vmatrix} -4 & 2 & -1 \\ -4 & 2 & 1 \\ -4 & -1 & -1 \end{vmatrix}$

$=2\times3\times(-4)\begin{vmatrix} 1 & 2 & -1 \\ 1 & 2 & 1 \\ 1 & -1 & -1 \end{vmatrix}=-24\times6=-144$

推论1　若行列式有一行(列)各元素都是零，则此行列式等于零.

例如，$\begin{vmatrix} 0 & 0 & 0 \\ a_{21} & a_{22} & a_{23} \\ a_{31} & a_{32} & a_{33} \end{vmatrix}=0$

推论2　若行列式有两行(列)对应元素成比例，则此行列式等于零.

例如，$\begin{vmatrix} a_{11} & a_{12} & a_{13} \\ ka_{11} & ka_{12} & ka_{13} \\ a_{31} & a_{32} & a_{33} \end{vmatrix}=0\qquad(K\neq0)$

性质 5 若行列式某一行(列)的各元素均是两项之和,则此行列式可以表示为两个行列式之和,其中这两个行列式的该行(列)元素分别为两项中的一项,而其他元素不变.

例如,$$\begin{vmatrix} a_{11}+b_1 & a_{12}+b_2 & a_{13}+b_3 \\ a_{21} & a_{22} & a_{23} \\ a_{31} & a_{32} & a_{33} \end{vmatrix} = \begin{vmatrix} a_{11} & a_{12} & a_{13} \\ a_{21} & a_{22} & a_{23} \\ a_{31} & a_{32} & a_{33} \end{vmatrix} + \begin{vmatrix} b_1 & b_2 & b_3 \\ a_{21} & a_{22} & a_{23} \\ a_{31} & a_{32} & a_{33} \end{vmatrix}$$

性质 6 将行列式某一行(列)的所有元素同乘以数 k 后加到另一行(列)对应位置的元素上,行列式的值不变.

例如,$$\begin{vmatrix} a_{11} & a_{12} & a_{13} \\ a_{21} & a_{22} & a_{23} \\ a_{31} & a_{32} & a_{33} \end{vmatrix} \xlongequal{①\times k+②} \begin{vmatrix} a_{11} & a_{12} & a_{13} \\ a_{21}+ka_{11} & a_{22}+ka_{12} & a_{23}+ka_{13} \\ a_{31} & a_{32} & a_{33} \end{vmatrix}$$

对行(列)用性质 6,可称对行列式作行(列)变换. 一般地,行变换写在"="上面,列变换写在"="下面.

计算行列式时,常用行列式的性质,把它化为三角形行列式来计算. 例如化为上三角形行列式的步骤是:如果第一列第一个元素为 0,先将第一行与其他行交换,使第一列第一个元素不为 0;然后把第一行分别乘以适当的数加到其他各行,使第一列除第一个元素外其余元素全为 0;再用同样的方法处理除去第一行和第一列后余下的低一阶的行列式;依次做下去,直至使它成为上三角形行列式,这时主对角线上元素的乘积就是此行列式的值.

例 4 计算行列式:

$$D=\begin{vmatrix} 0 & -1 & -1 & 2 \\ 1 & -1 & 0 & 2 \\ -1 & 2 & -1 & 0 \\ 2 & 1 & 1 & 0 \end{vmatrix}$$

解 $$D=\begin{vmatrix} 0 & -1 & -1 & 2 \\ 1 & -1 & 0 & 2 \\ -1 & 2 & -1 & 0 \\ 2 & 1 & 1 & 0 \end{vmatrix} \xlongequal{\text{交换①、②行}} -\begin{vmatrix} 1 & -1 & 0 & 2 \\ 0 & -1 & -1 & 2 \\ -1 & 2 & -1 & 0 \\ 2 & 1 & 1 & 0 \end{vmatrix}$$

$$\xlongequal[]{\substack{①\times 1+③ \\ ①\times(-2)+④}} -\begin{vmatrix} 1 & -1 & 0 & 2 \\ 0 & -1 & -1 & 2 \\ 0 & 1 & -1 & 2 \\ 0 & 3 & 1 & -4 \end{vmatrix} \xlongequal[]{\substack{②\times 1+③ \\ ②\times 3+④}} -\begin{vmatrix} 1 & -1 & 0 & 2 \\ 0 & -1 & -1 & 2 \\ 0 & 0 & -2 & 4 \\ 0 & 0 & -2 & 2 \end{vmatrix}$$

$$\xlongequal{③\times(-1)+④} -\begin{vmatrix} 1 & -1 & 0 & 2 \\ 0 & -1 & -1 & 2 \\ 0 & 0 & -2 & 4 \\ 0 & 0 & 0 & -2 \end{vmatrix} = -1\times(-1)\times(-2)\times(-2)=4$$

例 5　计算 n 阶行列式：

$$\begin{vmatrix} x & a & a & \cdots & a & a \\ a & x & a & \cdots & a & a \\ a & a & x & \cdots & a & a \\ \vdots & \vdots & \vdots & & \vdots & \vdots \\ a & a & a & \cdots & x & a \\ a & a & a & \cdots & a & x \end{vmatrix}$$

解

$$\begin{vmatrix} x & a & a & \cdots & a & a \\ a & x & a & \cdots & a & a \\ a & a & x & \cdots & a & a \\ \vdots & \vdots & \vdots & & \vdots & \vdots \\ a & a & a & \cdots & x & a \\ a & a & a & \cdots & a & x \end{vmatrix} \xlongequal{\text{各列乘1加到第1列上}} \begin{vmatrix} x+(n-1)a & a & a & \cdots & a & a \\ x+(n-1)a & x & a & \cdots & a & a \\ x+(n-1)a & a & x & \cdots & a & a \\ \vdots & \vdots & \vdots & & \vdots & \vdots \\ x+(n-1)a & a & a & \cdots & x & a \\ x+(n-1)a & a & a & \cdots & a & x \end{vmatrix}$$

$$\xlongequal[\substack{① \times (-1) + ② \\ ① \times (-1) + ③ \\ \vdots \\ ① \times (-1) + ⓝ}]{} \begin{vmatrix} x+(n-1)a & a & a & \cdots & a & a \\ 0 & x-a & 0 & \cdots & 0 & 0 \\ 0 & 0 & x-a & \cdots & 0 & 0 \\ \vdots & \vdots & \vdots & & \vdots & \vdots \\ 0 & 0 & 0 & \cdots & x-a & 0 \\ 0 & 0 & 0 & \cdots & 0 & x-a \end{vmatrix}$$

$$=[x+(n-1)a](x-a)^{n-1}$$

在 n 阶行列式的定义中，是将行列式按第一行展开的. 事实上 n 阶行列式也可以按任何一行(列)展开.

性质 7(行列式展开性质)　行列式等于它的任意一行(列)的各元素与其对应的代数余子式乘积之和.

例 6　利用性质 7 计算行列式 $\begin{vmatrix} 1 & 2 & -1 \\ 3 & 0 & 1 \\ 2 & 0 & 3 \end{vmatrix}$ 的值.

解　$\begin{vmatrix} 1 & 2 & -1 \\ 3 & 0 & 1 \\ 2 & 0 & 3 \end{vmatrix} = 2 \times (-1)^{1+2} \times \begin{vmatrix} 3 & 1 \\ 2 & 3 \end{vmatrix} = -14$

性质 8　行列式某一行(列)的各元素与另一行(列)对应元素的代数余子式的乘积之和等于零.

例如,对三阶行列式 $\begin{vmatrix} a_{11} & a_{12} & a_{13} \\ a_{21} & a_{22} & a_{23} \\ a_{31} & a_{32} & a_{33} \end{vmatrix}$ 有:

$$a_{11}A_{21}+a_{12}A_{22}+a_{13}A_{23}=0$$

$$a_{13}A_{11}+a_{23}A_{21}+a_{33}A_{31}=0$$

计算行列式时,可以先用行列式的性质将行列式中某一行(列)化为仅含有一个非零元素,再按此行(列)展开,变为低一阶的行列式,如此继续下去,直到化为三阶或二阶行列式再计算.

例 7 计算四阶行列式:

$$D=\begin{vmatrix} 1 & 2 & 3 & 4 \\ 1 & 0 & 1 & 2 \\ 3 & -1 & -1 & 0 \\ 1 & 2 & 0 & -5 \end{vmatrix}$$

解 先将第二列除 -1 以外的元素化为零,再按第二列展开,得:

$$D=\begin{vmatrix} 1 & 2 & 3 & 4 \\ 1 & 0 & 1 & 2 \\ 3 & -1 & -1 & 0 \\ 1 & 2 & 0 & -5 \end{vmatrix} \xlongequal[③\times2+④]{③\times2+①} \begin{vmatrix} 7 & 0 & 1 & 4 \\ 1 & 0 & 1 & 2 \\ 3 & -1 & -1 & 0 \\ 7 & 0 & -2 & -5 \end{vmatrix}$$

$$=(-1)\times(-1)^{3+2}\begin{vmatrix} 7 & 1 & 4 \\ 1 & 1 & 2 \\ 7 & -2 & -5 \end{vmatrix} \xlongequal[②\times2+③]{②\times(-1)+①} \begin{vmatrix} 6 & 0 & 2 \\ 1 & 1 & 2 \\ 9 & 0 & -1 \end{vmatrix}$$

$$=1\times(-1)^{2+2}\begin{vmatrix} 6 & 2 \\ 9 & -1 \end{vmatrix}=-6-18=-24$$

例 8 讨论当 k 为何值时,$D=\begin{vmatrix} 1 & 1 & 0 & 0 \\ 1 & k & 1 & 0 \\ 0 & 0 & k & 2 \\ 0 & 0 & 2 & k \end{vmatrix}\neq0$.

解

$$D=\begin{vmatrix} 1 & 1 & 0 & 0 \\ 1 & k & 1 & 0 \\ 0 & 0 & k & 2 \\ 0 & 0 & 2 & k \end{vmatrix} \xlongequal{①\times(-1)+②} \begin{vmatrix} 1 & 1 & 0 & 0 \\ 0 & k-1 & 1 & 0 \\ 0 & 0 & k & 2 \\ 0 & 0 & 2 & k \end{vmatrix}$$

$$=\begin{vmatrix} k-1 & 1 & 0 \\ 0 & k & 2 \\ 0 & 2 & k \end{vmatrix}=(k-1)\begin{vmatrix} k & 2 \\ 2 & k \end{vmatrix}=(k-1)(k^2-4)$$

所以，当 $k\neq1$ 且 $k\neq2$ 且 $k\neq-2$ 时，$D=\begin{vmatrix}1&1&0&0\\1&k&1&0\\0&0&k&2\\0&0&2&k\end{vmatrix}\neq0$.

练习 1.2

1. 利用对角线法则求下列各行列式的值：

(1) $\begin{vmatrix}3&1\\4&-3\end{vmatrix}$　　(2) $\begin{vmatrix}a+b&a+1\\a-1&a-b\end{vmatrix}$

(3) $\begin{vmatrix}2&7&5\\1&3&3\\-1&4&-2\end{vmatrix}$　　(4) $\begin{vmatrix}5&0&0\\9&-8&0\\13&2&-7\end{vmatrix}$

2. 写出下列行列式中元素 a_{12},a_{23},a_{33} 的代数余子式：

(1) $\begin{vmatrix}2&1&3\\3&2&1\\1&2&3\end{vmatrix}$　　(2) $\begin{vmatrix}1&2&-1&1\\2&1&2&0\\-2&1&0&-1\\3&-1&1&2\end{vmatrix}$

3. 用行列式的性质计算下列行列式：

(1) $\begin{vmatrix}-3&4&2\\14&10&1\\1&1&-1\end{vmatrix}$　　(2) $\begin{vmatrix}1&-2&5\\4&-1&-3\\4&1&-2\end{vmatrix}$

(3) $\begin{vmatrix}1&1&1\\1&1+\cos\alpha&1+\sin\alpha\\1&1-\sin\alpha&1+\cos\alpha\end{vmatrix}$　　(4) $\begin{vmatrix}1&1&1\\a&b&c\\b+c&a+c&a+b\end{vmatrix}$

(5) $\begin{vmatrix}1&1&1&1\\1&2&3&4\\1&3&6&10\\1&4&10&20\end{vmatrix}$　　(6) $\begin{vmatrix}x&y&x+y\\y&x+y&x\\x+y&x&y\end{vmatrix}$

4. 求下列各行列式的值：

(1) $\begin{vmatrix}1&2&2&1\\0&1&0&-2\\-2&0&1&1\\0&-2&0&1\end{vmatrix}$　　(2) $\begin{vmatrix}1&2&3&4\\2&3&4&1\\3&4&1&2\\4&1&2&3\end{vmatrix}$

(3) $\begin{vmatrix} 1 & 1 & 1 & 1 \\ 1 & 1+a & 1 & 1 \\ 1 & 1 & 1+b & 1 \\ 1 & 1 & 1 & 1+c \end{vmatrix}$ (4) $\begin{vmatrix} \frac{1}{\sqrt{2}} & \frac{1}{\sqrt{6}} & -\frac{1}{\sqrt{12}} & \frac{1}{2} \\ \frac{1}{\sqrt{2}} & -\frac{1}{\sqrt{6}} & \frac{1}{\sqrt{12}} & -\frac{1}{2} \\ 0 & \frac{2}{\sqrt{6}} & \frac{1}{\sqrt{12}} & -\frac{1}{2} \\ 0 & 0 & \frac{3}{\sqrt{12}} & \frac{1}{2} \end{vmatrix}$

5. 用行列式的性质证明：

(1) $\begin{vmatrix} a_1+kb_1 & b_1+c_1 & c_1 \\ a_2+kb_2 & b_2+c_2 & c_2 \\ a_3+kb_3 & b_3+c_3 & c_3 \end{vmatrix} = \begin{vmatrix} a_1 & b_1 & c_1 \\ a_2 & b_2 & c_2 \\ a_3 & b_3 & c_3 \end{vmatrix}$

(2) $\begin{vmatrix} b_1+c_1 & c_1+a_1 & a_1+b_1 \\ b_2+c_2 & c_2+a_2 & a_2+b_2 \\ b_3+c_3 & c_3+a_3 & a_3+b_3 \end{vmatrix} = 2\begin{vmatrix} a_1 & b_1 & c_1 \\ a_2 & b_2 & c_2 \\ a_3 & b_3 & c_3 \end{vmatrix}$

(3) $\begin{vmatrix} y+z & z+x & x+y \\ x+y & y+z & z+x \\ z+x & x+y & y+z \end{vmatrix} = 2\begin{vmatrix} x & y & z \\ z & x & y \\ y & z & x \end{vmatrix}$

6. 试证明：

$$\begin{vmatrix} 1 & 1 & 1 \\ a & b & c \\ a^2 & b^2 & c^2 \end{vmatrix} = (b-a)(c-a)(c-b)$$

1.3 克莱姆法则

对于 n 元线性方程组,其一般形式为：

$$\begin{cases} a_{11}x_1 + a_{12}x_2 + \cdots + a_{1n}x_n = b_1 \\ a_{21}x_1 + a_{22}x_2 + \cdots + a_{2n}x_n = b_2 \\ \qquad \cdots\cdots \\ a_{n1}x_1 + a_{n2}x_2 + \cdots + a_{nn}x_n = b_n \end{cases} \tag{1.8}$$

有如下结论：

定理 1.1(克莱姆法则) 若形式如(1.8)的 n 元线性方程组的系数行列式

$$D=\begin{vmatrix} a_{11} & a_{12} & \cdots & a_{1n} \\ a_{21} & a_{22} & \cdots & a_{2n} \\ \vdots & \vdots & & \vdots \\ a_{n1} & a_{n2} & \cdots & a_{nn} \end{vmatrix}\neq 0$$

则此方程组有且仅有一个解：

$$x_1=\frac{D_1}{D},\quad x_2=\frac{D_2}{D},\quad \cdots,\quad x_n=\frac{D_n}{D}.$$

其中 $D_j(j=1,2,\cdots,n)$ 是把 D 的第 j 列元素换成方程组的常数项 $b_1,b_2,\cdots,b_n$ 而得到的 n 阶行列式.

例 1　解线性方程组：

$$\begin{cases} 2x_1+x_2-5x_3+x_4=8 \\ x_1-3x_2-6x_4=9 \\ 2x_2-x_3+2x_4=-5 \\ x_1+4x_2-7x_3+6x_4=0 \end{cases}$$

解　方程组的系数行列式：

$$D=\begin{vmatrix} 2 & 1 & -5 & 1 \\ 1 & -3 & 0 & -6 \\ 0 & 2 & -1 & 2 \\ 1 & 4 & -7 & 6 \end{vmatrix}=27\neq 0$$

所以,方程组有唯一解. 又因为：

$$D_1=\begin{vmatrix} 8 & 1 & -5 & 1 \\ 9 & -3 & 0 & -6 \\ -5 & 2 & -1 & 2 \\ 0 & 4 & -7 & 6 \end{vmatrix}=81$$

$$D_2=\begin{vmatrix} 2 & 8 & -5 & 1 \\ 1 & 9 & 0 & -6 \\ 0 & -5 & -1 & 2 \\ 1 & 0 & -7 & 6 \end{vmatrix}=-108$$

$$D_3=\begin{vmatrix} 2 & 1 & 8 & 1 \\ 1 & -3 & 9 & -6 \\ 0 & 2 & -5 & 2 \\ 1 & 4 & 0 & 6 \end{vmatrix}=-27$$

$$D_4=\begin{vmatrix}2&1&-5&8\\1&-3&0&9\\0&2&-1&-5\\1&4&-7&0\end{vmatrix}=27$$

由克莱姆法则,得方程组的解为:

$$x_1=\frac{81}{27}=3,\quad x_2=\frac{-108}{27}=-4,\quad x_3=\frac{-27}{27}=-1,\quad x_4=\frac{27}{27}=1.$$

例 2 某企业一次投料生产能获得产品及副产品共四种,每种产品的成本未单独核算. 再投料四次,得四批产品的总成本如表 1-1 所示. 试求每种产品的单位成本.

表 1-1

批　次	产品/千克				总成本/元
	A	B	C	D	
第一批产品	40	20	20	10	580
第二批产品	100	50	40	20	1 410
第三批产品	20	8	8	4	272
第四批产品	80	36	32	12	1 100

解 设 A、B、C、D 四种产品的单位成本分别为 x_1、x_2、x_3、x_4,依题意列方程组:

$$\begin{cases}40x_1+20x_2+20x_3+10x_4=580\\100x_1+50x_2+40x_3+20x_4=1\ 410\\20x_1+8x_2+8x_3+4x_4=272\\80x_1+36x_2+32x_3+12x_4=1\ 100\end{cases}$$

利用克莱姆法则解这个方程组,得解为:

$$x_1=10,\quad x_2=5,\quad x_3=3,\quad x_4=2.$$

所以,四种产品的单位成本分别为 10 元、5 元、3 元、2 元.

如果 n 元线性方程组(1.8)的常数项均为零,即:

$$\begin{cases}a_{11}x_1+a_{12}x_2+\cdots+a_{1n}x_n=0\\a_{21}x_1+a_{22}x_2+\cdots+a_{2n}x_n=0\\\cdots\cdots\\a_{n1}x_1+a_{n2}x_2+\cdots+a_{nn}x_n=0\end{cases}\tag{1.9}$$

则当系数行列式 $D\neq0$ 时,方程组(1.9)有唯一的零解:

$$x_1=0,\quad x_2=0,\quad \cdots,\quad x_n=0.$$

由克莱姆法则可以知道,解线性方程组,只有在方程组中的未知数的个数与方程的个数相等以及方程组的系数行列式 $D\neq0$ 时,才能应用克莱姆法则. 当 $D=0$ 或者未知数的个数与方程的个数不相等时,可以用矩阵的知识来求解.

练习 1.3

1. 用克莱姆法则解下列线性方程组：

(1) $\begin{cases} x_1 - x_2 + x_3 - 2x_4 = 2 \\ 3x_1 + 2x_2 + x_3 = -1 \\ 2x_1 - x_3 + 4x_4 = 4 \\ x_1 - 2x_2 + x_3 - 2x_4 = 4 \end{cases}$　　(2) $\begin{cases} x_1 + x_2 + 2x_3 + 3x_4 = 1 \\ 3x_1 - x_2 - x_3 - 2x_4 = -4 \\ 2x_1 + 3x_2 - x_3 - x_4 = -6 \\ x_1 + 2x_2 + 3x_3 - x_4 = -4 \end{cases}$

2. 一位节食者一餐的食物包括 A、B、C 三类. 已知每 28 克 A 含有 2 单位的蛋白质、3 单位的脂肪、4 单位的糖；每 28 克 B 含有 3 单位的蛋白质、2 单位的脂肪、1 单位的糖；每 28 克 C 含有 3 单位的蛋白质、2 单位的脂肪、2 单位的糖. 如果这一餐必须精确地含有 25 单位的蛋白质、24 单位的脂肪、21 单位的糖，请问该节食者每类食物需要准备多少克？

3. 试根据表 1 – 2 所示的资料求每类商品的利润率.

表 1 – 2

商品 / 月份	销售额/万元				总利润/万元
	A	B	C	D	
1	4	6	8	10	2.74
2	4	6	9	9	2.76
3	5	6	8	10	2.89
4	5	5	9	9	2.79

1.4　矩阵的概念

矩阵是线性代数的一个重要内容，在应用数学和社会经济管理中有着广泛应用，也是经济研究和经济工作中处理线性经济模型的重要工具.

首先看下面的几个例子.

例 1　一个国家的两个机场 A_1、A_2 与另一个国家的三个机场 B_1、B_2、B_3 的通航网络图见图 1 – 3.

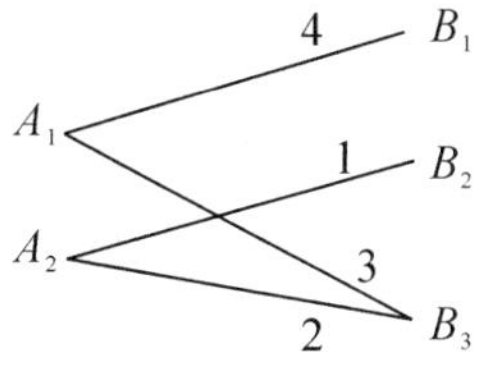

图 1 – 3

若每条连线上的数字表示航线上不同航班的数目，例如由 A_1 到 B_1 有 4 个航班，于是可将这些信息表示见表 1 - 3：

表 1 - 3

	B_1	B_2	B_3
A_1	4	0	3
A_2	0	1	2

这些数字排成 2 行 3 列的表，表示两个国家间航班的信息.

例 2 某文具车间有三个班组，第一天生产铅笔、钢笔的数量(支)报表可表示为：

$$\begin{array}{c} \\ 一组 \\ 二组 \\ 三组 \end{array}\begin{array}{c} \begin{array}{cc} 铅笔 & 钢笔 \end{array} \\ \begin{bmatrix} 3\,000 & 1\,000 \\ 2\,500 & 1\,100 \\ 2\,000 & 1\,000 \end{bmatrix} \end{array}$$

例 3 在三个不同的商场 H_1、H_2、H_3 中，四种商品 S_1、S_2、S_3、S_4 的价格(单位：元)见表 1 - 4：

表 1 - 4

	S_1	S_2	S_3	S_4
H_1	15	27	8	11
H_2	14	25	9	12
H_3	16	26	7	13

容易看出，在商场 H_3 中，商品 S_2 的价格是 26 元. 这些价格排成 3 行 4 列的数字表，能清晰地表明不同商场里各种商品的价格.

像上述各例中，以数表表达一些数量和关系的方法，在经济、管理和工程技术中是常用的，我们把这种数表称为矩阵.

定义 1.5 由 $m \times n$ 个数 $a_{ij}(i = 1,2,\cdots,m; j = 1,2,\cdots,n)$ 排成一个 m 行 n 列的矩形数表：

$$\begin{bmatrix} a_{11} & a_{12} & \cdots & a_{1n} \\ a_{21} & a_{22} & \cdots & a_{2n} \\ \vdots & \vdots & & \vdots \\ a_{m1} & a_{m2} & \cdots & a_{mn} \end{bmatrix}$$

称为一个 $m \times n$ 矩阵，通常用大写字母 $A,B,C\cdots$表示. 例如：

$$A = \begin{bmatrix} a_{11} & a_{12} & \cdots & a_{1n} \\ a_{21} & a_{22} & \cdots & a_{2n} \\ \vdots & \vdots & & \vdots \\ a_{m1} & a_{m2} & \cdots & a_{mn} \end{bmatrix}$$

有时,为了标明一个矩阵的行数和列数,用$A_{m\times n}$或$A=(a_{ij})_{m\times n}$表示一个 m 行 n 列的矩阵,简记为$A=(a_{ij})$,其中,a_{ij}称为矩阵第 i 行第 j 列的元素,第 1 个脚标 i 称为元素 a_{ij} 的行脚标,第 2 个脚标 j 称为元素 a_{ij}的列脚标.

于是,例 1 中的数表可用矩阵表示为:

$$B=\begin{bmatrix}4 & 0 & 3\\ 0 & 1 & 2\end{bmatrix}$$

例 2 中的数表可表示为:

$$A=\begin{bmatrix}3\,000 & 1\,000\\ 2\,500 & 1\,100\\ 2\,000 & 1\,000\end{bmatrix}$$

这是一个 3×2 的矩阵 $A_{3\times2}$,而例 3 中的数表可表示为:

$$C=\begin{bmatrix}15 & 27 & 8 & 11\\ 14 & 25 & 9 & 12\\ 16 & 26 & 7 & 13\end{bmatrix}$$

这是一个 3×4 的矩阵 $C_{3\times4}$.

例 4 掷两颗骰子,令 $a_{ij}=\{$第一颗出现 i 点,第二颗出现 j 点$\}(i,j=1,2,\cdots,6)$,于是,出现的点数分布可用矩阵表示为:

$$\begin{bmatrix}a_{11} & a_{12} & a_{13} & a_{14} & a_{15} & a_{16}\\ a_{21} & a_{22} & a_{23} & a_{24} & a_{25} & a_{26}\\ a_{31} & a_{32} & a_{33} & a_{34} & a_{35} & a_{36}\\ a_{41} & a_{42} & a_{43} & a_{44} & a_{45} & a_{46}\\ a_{51} & a_{52} & a_{53} & a_{54} & a_{55} & a_{56}\\ a_{61} & a_{62} & a_{63} & a_{64} & a_{65} & a_{66}\end{bmatrix}$$

行数和列数都等于 n 的矩阵称为 n 阶方阵或 n 阶矩阵,n 阶方阵可简记为 A_n 或 B_n. 如例 4 中的矩阵就是一个 6 阶矩阵 A_6. 在 n 阶方阵中,从左上到右下的对角线,叫主对角线,$a_{11},a_{22},\cdots,a_{nn}$就称为主对角线上的元素.

n 阶方阵 A_n 的元素按原来排列的形式构成的 n 阶行列式称为矩阵 A 的行列式,记作 $|A|$或 $detA$.

在 $m\times n$ 矩阵中,若 $m=1$,即只有 1 行的矩阵,记为:

$$A_{1\times n}=[a_1,a_2,\cdots,a_n]$$

称为行矩阵(或行阵);若 $n=1$,即只有 1 列的矩阵,记为:

$$A_{m\times1}=\begin{bmatrix}a_1\\ a_2\\ \vdots\\ a_m\end{bmatrix}$$

称为列矩阵(或列阵). 一行或一列的矩阵有时也用小写黑体字母 $\boldsymbol{a}$、$\boldsymbol{b}$、$\boldsymbol{x}$…表示.

所有元素都是零的矩阵称为零矩阵,记作 O,强调零矩阵的行数和列数时,记作 $O_{m\times n}$ 或 O_n. 例如:

$$\begin{bmatrix}0&0&0\\0&0&0\end{bmatrix} \quad 和 \quad \begin{bmatrix}0&0&0\\0&0&0\\0&0&0\end{bmatrix}$$

分别是 2×3 的零矩阵和 3 阶零矩阵. 零矩阵可以是方阵,也可以不是方阵.

定义 1.6 若两个矩阵 $A=(a_{ij})_{s\times n}$,$B=(b_{ij})_{r\times m}$ 满足下列条件:

①行数相等 $s=r$;

②列数相等 $n=m$;

③所有对应元素相等 $a_{ij}=b_{ij}(i=1,2,\cdots,s;j=1,2,\cdots,n)$,

则称矩阵 A 与 B 相等,记作:

$$A=B$$

根据定义,矩阵:

$$\begin{bmatrix}1&10&-3\\2&-7&0\end{bmatrix},\quad \begin{bmatrix}a&c\\b&d\end{bmatrix}$$

无论 a,b,c,d 是什么数,它们都不可能相等,因为它们的列数不同.

例 5 设矩阵

$$A=\begin{bmatrix}x&5\\0&-7\\y&8\end{bmatrix},\quad B=\begin{bmatrix}2&b\\0&c\\a&8\end{bmatrix}$$

若 $A=B$,求 x,y,a,b,c.

解 由矩阵相等的定义,有:

$x=2,y=a$(可取任意实数),$b=5,c=-7$.

满足定义 1.6 中的第①、②两条的矩阵,称为同形矩阵. 例如:

$$A=\begin{bmatrix}0&2&-3\\1&1&5\\4&0&20\\7&8&5\end{bmatrix},\quad B=\begin{bmatrix}1&5&-3\\1&7&4\\3&0&7\\9&9&10\end{bmatrix}$$

是两个同形矩阵. 只有同形矩阵才可以讨论是否相等的问题.

有了矩阵后,很多实际问题都可以通过矩阵表示出来.

练习 1.4

1. 某学生在高中一、二、三年级中各科成绩分别为:

语文: 90 85 94

数学：　100　90　95

外语：　80　85　91

试写出表示该学生高中三年成绩的矩阵.

2. 北京、天津、上海、沈阳四个城市中，北京到天津 130 千米，北京到沈阳 750 千米，北京到上海 1 200 千米，天津到沈阳 610 千米，天津到上海 1 070 千米，上海到沈阳 1 560 千米. 试写出表示这四个城市距离的矩阵.

3. 图 1－4 中的网络表示 A 国三个城市 d_1、d_2、d_3 与 B 国三个城市 e_1、e_2、e_3 的通路，用 1 表示两个城市相通，用 0 表示两个城市不通. 试写出这两个国家城市间的通路矩阵.

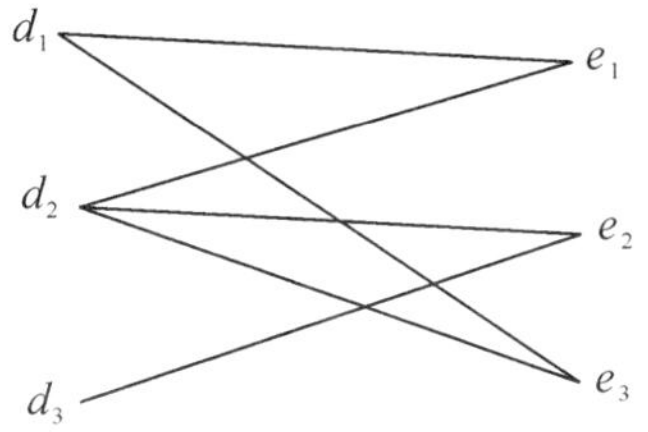

图 1－4

1.5　矩阵的运算

1.5.1　矩阵的加法

对 1.4 节例 2 文具车间的三个班组，第二天生产的报表用矩阵 B 表示为：

$$\begin{array}{c} \qquad\quad 铅笔 \quad 钢笔 \\ B=\begin{bmatrix} 3\ 100 & 1\ 000 \\ 2\ 600 & 1\ 200 \\ 2\ 800 & 1\ 300 \end{bmatrix} \begin{array}{l} 一班 \\ 二班 \\ 三班 \end{array} \end{array}$$

则两天生产数量的汇总报表用矩阵 C 表示，显然有：

$$C=\begin{bmatrix} 3\ 000+3\ 100 & 1\ 000+1\ 000 \\ 2\ 500+2\ 600 & 1\ 100+1\ 200 \\ 2\ 000+2\ 800 & 1\ 000+1\ 300 \end{bmatrix}=\begin{bmatrix} 6\ 100 & 2\ 000 \\ 5\ 100 & 2\ 300 \\ 4\ 800 & 2\ 300 \end{bmatrix}$$

也就是说，矩阵 A、B 的对应元素相加，就得到矩阵 C，我们将这种运算称为矩阵加法.

定义 1.7　设 $m\times n$ 矩阵：

$$A=\begin{bmatrix} a_{11} & a_{12} & \cdots & a_{1n} \\ a_{21} & a_{22} & \cdots & a_{2n} \\ \vdots & \vdots & & \vdots \\ a_{m1} & a_{m2} & \cdots & a_{mn} \end{bmatrix},\quad B=\begin{bmatrix} b_{11} & b_{12} & \cdots & b_{1n} \\ b_{21} & b_{22} & \cdots & b_{2n} \\ \vdots & \vdots & & \vdots \\ b_{m1} & b_{m2} & \cdots & b_{mn} \end{bmatrix}$$

若 $m\times n$ 矩阵 $C=(c_{ij})$ 满足：

$$c_{ij}=a_{ij}+b_{ij}\quad (i=1,2,\cdots,m;j=1,2,\cdots,n)$$

则称矩阵 C 为矩阵 A 与 B 的和，记作 $C=A+B$.

两个矩阵的和还是一个矩阵，它的元素 c_{ij} 是这两个矩阵对应元素 a_{ij} 与 b_{ij} 的和.

不难验证，矩阵的加法适合以下运算规律：

① 交换律：$A+B=B+A$

② 结合律：$(A+B)+C=A+(B+C)$

③ $A+O=A$

④ $A+(-A)=O$

从③、④可见，零矩阵 O 在矩阵加法运算中与数 0 在数的加法运算中有着同样的性质.

例 1 设 $A=\begin{bmatrix}3 & -2 & 7\\ 1 & 0 & 4\end{bmatrix}$, $B=\begin{bmatrix}-2 & 0 & 1\\ 15 & -1 & 7\end{bmatrix}$

计算 $A+B$.

解 $$A+B=\begin{bmatrix}3+(-2) & -2+0 & 7+1\\ 1+15 & 0+(-1) & 4+7\end{bmatrix}=\begin{bmatrix}1 & -2 & 8\\ 16 & -1 & 11\end{bmatrix}$$

例 2 有某种物资（单位：吨）从 3 个出产地运往 4 个销售地，两次调运方案分别为矩阵 A 与矩阵 B：

$$A=\begin{pmatrix}3 & 5 & 7 & 2\\ 2 & 0 & 4 & 3\\ 0 & 1 & 2 & 3\end{pmatrix},\quad B=\begin{pmatrix}1 & 3 & 2 & 0\\ 2 & 1 & 5 & 7\\ 0 & 6 & 4 & 8\end{pmatrix}$$

则从各出产地运往各销售地两次的物资调运量（单位：吨）共为：

$$\begin{aligned}A+B&=\begin{pmatrix}3 & 5 & 7 & 2\\ 2 & 0 & 4 & 3\\ 0 & 1 & 2 & 3\end{pmatrix}+\begin{pmatrix}1 & 3 & 2 & 0\\ 2 & 1 & 5 & 7\\ 0 & 6 & 4 & 8\end{pmatrix}\\ &=\begin{pmatrix}3+1 & 5+3 & 7+2 & 2+0\\ 2+2 & 0+1 & 4+5 & 3+7\\ 0+0 & 1+6 & 2+4 & 3+8\end{pmatrix}=\begin{pmatrix}4 & 8 & 9 & 2\\ 4 & 1 & 9 & 10\\ 0 & 7 & 6 & 11\end{pmatrix}\end{aligned}$$

1.5.2 矩阵的数量乘法

如果 1.4 节例 2 的文具车间第一天和第二天的产量完全相同，将两天的产量进行汇总，得：

$$\begin{bmatrix}3\,000+3\,000 & 1\,000+1\,000\\ 2\,500+2\,500 & 1\,100+1\,100\\ 2\,000+2\,000 & 1\,000+1\,000\end{bmatrix}$$

$$=\begin{bmatrix}3\ 000\times 2 & 1\ 000\times 2\\ 2\ 500\times 2 & 1\ 100\times 2\\ 2\ 000\times 2 & 1\ 000\times 2\end{bmatrix}=\begin{bmatrix}6\ 000 & 2\ 000\\ 5\ 000 & 2\ 200\\ 4\ 000 & 2\ 000\end{bmatrix}$$

就是说把矩阵 A 的所有元素都乘以同一个数,得到另一个矩阵,这就是数与矩阵的乘法.

定义 1.8　设 $m\times n$ 矩阵 $A=[a_{ij}]$,λ 是任意常数,称 $m\times n$ 矩阵:

$$C=[c_{ij}]=\begin{bmatrix}\lambda a_{11} & \lambda a_{12} & \cdots & \lambda a_{1n}\\ \lambda a_{21} & \lambda a_{22} & \cdots & \lambda a_{2n}\\ \vdots & \vdots & & \vdots\\ \lambda a_{m1} & \lambda a_{m2} & \cdots & \lambda a_{mn}\end{bmatrix}$$

为数 λ 与矩阵 A 的数量乘积,记作 $C=\lambda A$.

矩阵的数量乘法也称数乘矩阵.

数乘矩阵还是一个矩阵,它的元素 c_{ij} 等于原矩阵的 a_{ij} 乘以数 λ.

当 $\lambda=-1$ 时,记为:

$$-A=(-1)A$$

称为矩阵 A 的负矩阵,显然有 $A+(-A)=O$.

有了负矩阵,可定义矩阵的减法为:

$$A-B=A+(-B)$$

用定义容易验证,矩阵的数量乘法满足以下运算规律:

①结合律:$(\lambda\mu)A=\lambda(\mu A)$

②矩阵对数的分配律:$(\lambda+\mu)A=\lambda A+\lambda A$

③数对矩阵的分配律:$\lambda(A+B)=\lambda A+\lambda B$

④对于数 1 则满足:$1A=A$

例 3　设 $A=\begin{bmatrix}4 & -7 & -2\\ 1 & 3 & 0\end{bmatrix}$,计算 $3A$.

解　$3A=\begin{bmatrix}3\times 4 & 3\times(-7) & 3\times(-2)\\ 3\times 1 & 3\times 3 & 3\times 0\end{bmatrix}=\begin{bmatrix}12 & -21 & -6\\ 3 & 9 & 0\end{bmatrix}$

例 4　已知:

$$A=\begin{pmatrix}-1 & 2 & 3 & 1\\ 0 & 3 & -2 & 1\\ 4 & 0 & 3 & 2\end{pmatrix},\quad B=\begin{pmatrix}4 & 3 & 2 & -1\\ 5 & -3 & 0 & 1\\ 1 & 2 & -5 & 0\end{pmatrix}$$

求 $3A-2B$.

解

$$3A-2B=3\begin{pmatrix}-1 & 2 & 3 & 1\\ 0 & 3 & -2 & 1\\ 4 & 0 & 3 & 2\end{pmatrix}-2\begin{pmatrix}4 & 3 & 2 & -1\\ 5 & -3 & 0 & 1\\ 1 & 2 & -5 & 0\end{pmatrix}$$

$$=\begin{pmatrix}-3-8 & 6-6 & 9-4 & 3+2\\ 0-10 & 9+6 & -6-0 & 3-2\\ 12-2 & 0-4 & 9+10 & 6-0\end{pmatrix}$$

$$=\begin{pmatrix}-11 & 0 & 5 & 5\\ -10 & 15 & -6 & 1\\ 10 & -4 & 19 & 6\end{pmatrix}$$

例 5 已知：

$$A=\begin{pmatrix}3 & -1 & 2 & 0\\ 1 & 5 & 7 & 9\\ 2 & 4 & 6 & 8\end{pmatrix},\quad B=\begin{pmatrix}7 & 5 & -2 & 4\\ 5 & 1 & 9 & 7\\ 3 & 2 & -1 & 6\end{pmatrix}$$

且 $A+2X=B$，求 X.

解 $X=\dfrac{1}{2}(B-A)=\dfrac{1}{2}\begin{pmatrix}4 & 6 & -4 & 4\\ 4 & -4 & 2 & -2\\ 1 & -2 & -7 & -2\end{pmatrix}$

$$=\begin{pmatrix}2 & 3 & -2 & 2\\ 2 & -2 & 1 & -1\\ \dfrac{1}{2} & -1 & -\dfrac{7}{2} & -1\end{pmatrix}$$

例 6 设 $A=(a_{ij})$ 为三阶矩阵，若已知其行列式 $|A|=-2$，求 $||A|A|$.

解 $|A|A=-2A=\begin{bmatrix}-2a_{11} & -2a_{12} & -2a_{13}\\ -2a_{21} & -2a_{22} & -2a_{23}\\ -2a_{31} & -2a_{32} & -2a_{33}\end{bmatrix}$

$$||A|A|=\begin{vmatrix}-2a_{11} & -2a_{12} & -2a_{13}\\ -2a_{21} & -2a_{22} & -2a_{23}\\ -2a_{31} & -2a_{32} & -2a_{33}\end{vmatrix}$$

$$=(-2)^3\begin{vmatrix}a_{11} & a_{12} & a_{13}\\ a_{21} & a_{22} & a_{23}\\ a_{31} & a_{32} & a_{33}\end{vmatrix}$$

$$=(-2)^3|A|=(-2)^3(-2)=16$$

1.5.3 矩阵的乘法

若用矩阵 A 表示 1.4 节例 2 中文具车间三个班组一天的产量，用矩阵 B 表示铅笔和钢笔的单位售价和单位利润，即：

单价(元)　单位利润(元)

$$A=\begin{bmatrix}3\ 000 & 1\ 000\\ 2\ 500 & 1\ 100\\ 2\ 000 & 1\ 000\end{bmatrix},\quad B=\begin{bmatrix}0.5 & 0.2\\ 10 & 2\end{bmatrix}\begin{matrix}\text{铅笔}\\ \text{钢笔}\end{matrix}$$

若用矩阵 E 表示三个班组一天创造的总产值和总利润，则有：

$$\begin{matrix} & \text{总产值} & \text{总利润} & \end{matrix}$$

$$E=\begin{bmatrix}e_{11} & e_{12}\\ e_{21} & e_{22}\\ e_{31} & e_{32}\end{bmatrix}\begin{matrix}\text{一班}\\ \text{二班}\\ \text{三班}\end{matrix}$$

$$=\begin{bmatrix}11\ 500 & 2\ 600\\ 12\ 250 & 2\ 700\\ 11\ 000 & 2\ 400\end{bmatrix}$$

可见，E 的元素 e_{11} 正是矩阵 A 的第 1 行与矩阵 B 的第 1 列所有对应元素的乘积之和；e_{12} 是 A 的第 1 行与 B 的第 2 列所有对应元素的乘积之和……我们称矩阵 E 为矩阵 A 与矩阵 B 的乘积.

定义 1.9　设 $m\times s$ 矩阵：

$$A=\begin{bmatrix}a_{11} & a_{12} & \cdots & a_{1s}\\ a_{21} & a_{22} & \cdots & a_{2s}\\ \vdots & \vdots & & \vdots\\ a_{m1} & a_{m2} & \cdots & a_{ms}\end{bmatrix}$$

和 $s\times n$ 矩阵：

$$B=\begin{bmatrix}b_{11} & b_{12} & \cdots & b_{1n}\\ b_{21} & b_{22} & \cdots & b_{2n}\\ \vdots & \vdots & & \vdots\\ b_{s1} & b_{s2} & \cdots & b_{sn}\end{bmatrix}$$

则称 $m\times n$ 矩阵：

$$C=\begin{bmatrix}c_{11} & c_{12} & \cdots & c_{1n}\\ c_{21} & c_{22} & \cdots & c_{2n}\\ \vdots & \vdots & & \vdots\\ c_{m1} & c_{m2} & \cdots & c_{mn}\end{bmatrix}$$

为矩阵 A 与 B 的乘积，记作 $C=AB$，其中：

$$\begin{aligned}c_{ij} &= a_{i1}b_{1j}+a_{i2}b_{2j}+\cdots+a_{is}b_{sj}\\ &= \sum_{k=1}^{S}a_{ik}b_{kj}\quad (i=1,2,\cdots,m;j=1,2,\cdots,n)\end{aligned}$$

根据定义可知：

①只有当左边矩阵 A 的列数与右边矩阵 B 的行数相等时，矩阵 A 与 B 才能相乘，并且乘积为 AB；

②两个矩阵的乘积 AB 是一个矩阵，它的行数等于左边矩阵 A 的行数，列数等于右边矩阵 B 的列数；

③乘积矩阵 AB 的第 i 行第 j 列的元素 c_{ij} 等于 A 的第 i 行与 B 的第 j 列对应元素乘积之和，简称行乘列法则.

例 7　设 A 是 3×4 矩阵，B 是 3×3 矩阵，C 是 4×2 矩阵，试判断运算 AB，AC，BA，BC，CA，CB 能否进行？若能，写出乘积矩阵的行数和列数.

解　对于 AB，BC，CA，CB，因为它们左边矩阵的列数不等于右边矩阵的行数，所以它们不能进行矩阵的乘法运算.

因为 B 的列数等于 A 的行数，A 的列数等于 C 的行数，所以乘法运算 BA，AC 能进行，且由上述②知，BA 为 3×4 矩阵，AC 为 3×2 矩阵.

例 8　设矩阵：

$$A=\begin{bmatrix}2 & -1\\ -4 & 0\\ 3 & 1\end{bmatrix},\quad B=\begin{bmatrix}7 & -9\\ -8 & 10\end{bmatrix}$$

计算 AB 与 BA.

解

$$AB=\begin{bmatrix}2\times7+(-1)\times(-8) & 2\times(-9)+(-1)\times10\\ -4\times7+0\times(-8) & -4\times(-9)+0\times10\\ 3\times7+1\times(-8) & 3\times(-9)+1\times10\end{bmatrix}$$

$$=\begin{bmatrix}22 & -28\\ -28 & 36\\ 13 & -17\end{bmatrix}$$

显然 BA 是无意义的，因此 BA 不存在.

例 9　设 $A=\begin{bmatrix}1 & -1\\ -1 & 1\end{bmatrix}$，$B=\begin{bmatrix}1 & 1\\ -1 & -1\end{bmatrix}$，计算 AB 与 BA.

解　$AB=\begin{bmatrix}1 & -1\\ -1 & 1\end{bmatrix}\begin{bmatrix}1 & 1\\ -1 & -1\end{bmatrix}=\begin{bmatrix}2 & 2\\ -2 & -2\end{bmatrix}$

$BA=\begin{bmatrix}1 & 1\\ -1 & -1\end{bmatrix}\begin{bmatrix}1 & -1\\ -1 & 1\end{bmatrix}=\begin{bmatrix}0 & 0\\ 0 & 0\end{bmatrix}$

由例 8、例 9 可以看出：

①两个矩阵相乘，AB 有意义，但 BA 可能无意义，即使 BA 有意义，也不一定有 $AB=BA$. 所以，矩阵的乘法一般不满足交换律.

②由例 9 可知，矩阵 $A\neq O$，$B\neq O$，然而 $BA=O$，即两个非零矩阵的乘积为零矩阵，这

是与数的乘法不同的地方，由此说明，若 $AB=O$，一般不能推出 $A=O$ 或 $B=O$.

另外，不能在矩阵乘积的等式两边消去相同的矩阵，例如：

$$\begin{bmatrix}3 & 1\\4 & 6\end{bmatrix}\begin{bmatrix}0 & 0\\1 & 1\end{bmatrix}=\begin{bmatrix}-2 & 1\\4 & 6\end{bmatrix}\begin{bmatrix}0 & 0\\1 & 1\end{bmatrix}$$

但是，

$$\begin{bmatrix}3 & 1\\4 & 6\end{bmatrix}\neq\begin{bmatrix}-2 & 1\\4 & 6\end{bmatrix}$$

即在一般情况下，若 $AC=BC$，即使 $C\neq O$，也不一定有 $A=B$，这表明矩阵乘法不适合消去律.

由以上例题可知，矩阵乘法一般不满足交换律和消去律.

对于有些矩阵，也可能有 $AB=BA$ 的情况. 如果两个矩阵 A 与 B 满足 $AB=BA$，则称矩阵 A 与 B 是可交换的. 例如：

$$A=\begin{bmatrix}-1 & 4\\1 & 2\end{bmatrix},\quad B=\begin{bmatrix}0 & 4\\1 & 3\end{bmatrix}$$

因为 $AB=\begin{bmatrix}-1 & 4\\1 & 2\end{bmatrix}\begin{bmatrix}0 & 4\\1 & 3\end{bmatrix}=\begin{bmatrix}4 & 8\\2 & 10\end{bmatrix}=\begin{bmatrix}0 & 4\\1 & 3\end{bmatrix}\begin{bmatrix}-1 & 4\\1 & 2\end{bmatrix}=BA$

所以 A、B 是可交换的矩阵.

不难证明，矩阵乘法满足以下运算规律：

①结合律：$(AB)C=A(BC)$

②数乘结合律：$k(AB)=(kA)B=A(kB)$，其中 k 是任意常数.

③　$A(B+C)=AB+AC$　　（左分配律）

④　$(B+C)A=BA+CA$　　（右分配律）

对于零矩阵，在可以进行运算的前提下，有：

$$A+O=O+A=A,\quad AO=O,\quad OB=O$$

可见，零矩阵起到了类似于数 0 的作用.

设 A_n 为 n 阶矩阵，由矩阵乘法的结合律，m 个 A 的连乘积可记作：

$$A^m=\underbrace{A\cdot A\cdot\cdots\cdot A}_{m\text{个}}\quad（其中 m 为正整数）$$

则 A^m 称为矩阵 A 的 m 次幂. n 阶矩阵 A 的幂运算满足如下运算规律：

① $A^kA^l=A^{k+l}$

② $(A^k)^l=A^{kl}$

由于矩阵乘法不适合交换律，因此一般 $(AB)^k\neq A^kB^k$.

例 10　求与矩阵 $A=\begin{pmatrix}0 & 1 & 0 & 0\\0 & 0 & 1 & 0\\0 & 0 & 0 & 1\\0 & 0 & 0 & 0\end{pmatrix}$ 可交换的一切矩阵.

解 显然与矩阵 A 可交换的矩阵必为 4 阶矩阵,设为:

$$B=\begin{pmatrix} a & b & c & d \\ a_1 & b_1 & c_1 & d_1 \\ a_2 & b_2 & c_2 & d_2 \\ a_3 & b_3 & c_3 & d_3 \end{pmatrix}$$

那么:

$$AB=\begin{pmatrix} 0 & 1 & 0 & 0 \\ 0 & 0 & 1 & 0 \\ 0 & 0 & 0 & 1 \\ 0 & 0 & 0 & 0 \end{pmatrix}\begin{pmatrix} a & b & c & d \\ a_1 & b_1 & c_1 & d_1 \\ a_2 & b_2 & c_2 & d_2 \\ a_3 & b_3 & c_3 & d_3 \end{pmatrix}$$

$$=\begin{pmatrix} a_1 & b_1 & c_1 & d_1 \\ a_2 & b_2 & c_2 & d_2 \\ a_3 & b_3 & c_3 & d_3 \\ 0 & 0 & 0 & 0 \end{pmatrix}$$

$$BA=\begin{pmatrix} a & b & c & d \\ a_1 & b_1 & c_1 & d_1 \\ a_2 & b_2 & c_2 & d_2 \\ a_3 & b_3 & c_3 & d_3 \end{pmatrix}\begin{pmatrix} 0 & 1 & 0 & 0 \\ 0 & 0 & 1 & 0 \\ 0 & 0 & 0 & 1 \\ 0 & 0 & 0 & 0 \end{pmatrix}$$

$$=\begin{pmatrix} 0 & a & b & c \\ 0 & a_1 & b_1 & c_1 \\ 0 & a_2 & b_2 & c_2 \\ 0 & a_3 & b_3 & c_3 \end{pmatrix}$$

由 $AB=BA$,有:

$$a_1=0, b_1=a, c_1=b, d_1=c$$

$$a_2=0, b_2=a_1=0, c_2=b_1=a, d_2=c_1=b$$

$$a_3=0, b_3=a_2=0, c_3=b_2=0, d_3=c_2=a$$

于是可得:

$$B=\begin{pmatrix} a & b & c & d \\ 0 & a & b & c \\ 0 & 0 & a & b \\ 0 & 0 & 0 & a \end{pmatrix}$$

其中 a、b、c、d 为任意数.

例 11 在线性方程组:

$$\begin{cases} a_{11}x_1 + a_{12}x_2 + \cdots + a_{1n}x_n = b_1 \\ a_{21}x_1 + a_{22}x_2 + \cdots + a_{2n}x_n = b_2 \\ \cdots\cdots \\ a_{m1}x_1 + a_{m2}x_2 + \cdots + a_{mn}x_n = b_m \end{cases} \tag{1.10}$$

中，若令 $A = \begin{pmatrix} a_{11} & a_{12} & \cdots & a_{1n} \\ a_{21} & a_{22} & \cdots & a_{2n} \\ \vdots & \vdots & & \vdots \\ a_{m1} & a_{m2} & \cdots & a_{mn} \end{pmatrix}$，$X = \begin{pmatrix} x_1 \\ x_2 \\ \vdots \\ x_n \end{pmatrix}$，　$\boldsymbol{b} = \begin{pmatrix} \mathrm{b}_1 \\ \mathrm{b}_2 \\ \vdots \\ \mathrm{b}_m \end{pmatrix}$

则方程组可以表示为矩阵形式：$\mathrm{AX} = \boldsymbol{b}$.

例 12　解矩阵方程：

$$\begin{pmatrix} 2 & 1 \\ 1 & 2 \end{pmatrix} X = \begin{pmatrix} 1 & 2 \\ -1 & 4 \end{pmatrix}$$

其中 X 为二阶矩阵.

解　设 $X = \begin{bmatrix} x_{11} & x_{12} \\ x_{21} & x_{22} \end{bmatrix}$

由题设，有：

$$\begin{pmatrix} 2 & 1 \\ 1 & 2 \end{pmatrix} \begin{bmatrix} x_{11} & x_{12} \\ x_{21} & x_{22} \end{bmatrix} = \begin{pmatrix} 1 & 2 \\ -1 & 4 \end{pmatrix}$$

即
$$\begin{pmatrix} 2x_{11} + x_{21} & 2x_{12} + x_{22} \\ x_{11} + 2x_{21} & x_{12} + 2x_{22} \end{pmatrix} = \begin{pmatrix} 1 & 2 \\ -1 & 4 \end{pmatrix}$$

即
$$\begin{cases} 2x_{11} + x_{21} = 1 & ① \\ x_{11} + 2x_{21} = -1 & ② \end{cases}$$

$$\begin{cases} 2x_{12} + x_{22} = 2 & ③ \\ x_{12} + 2x_{22} = 4 & ④ \end{cases}$$

分别解上面两个方程组得：

$$x_{11} = 1, x_{21} = -1, x_{12} = 0, x_{22} = 2$$

所以，$X = \begin{pmatrix} 1 & 0 \\ -1 & 2 \end{pmatrix}$.

1.5.4　矩阵的转置

如果把 1.4 节例 2 某文具车间的报表写成：

$$\begin{array}{ccc} \text{一班} & \text{二班} & \text{三班} & \\ \end{array}$$

$$\begin{bmatrix} 3\ 000 & 2\ 500 & 2\ 000 \\ 1\ 000 & 1\ 100 & 1\ 000 \end{bmatrix} \begin{array}{l} \text{铅笔} \\ \text{钢笔} \end{array}$$

也就是把矩阵 A 的第 1 行写为第 1 列，把 A 的第 2、3 行分别写为第 2、3 列，可得上面的矩阵，它称为 A 的转置矩阵.

定义 1.10 设 $m \times n$ 矩阵：

$$A = \begin{bmatrix} a_{11} & a_{12} & \cdots & a_{1n} \\ a_{21} & a_{22} & \cdots & a_{2n} \\ \vdots & \vdots & & \vdots \\ a_{m1} & a_{m2} & \cdots & a_{mn} \end{bmatrix}$$

把 A 的行、列按原顺序互换得到 $n \times m$ 矩阵，称为矩阵 A 的转置矩阵，记作 A^T，即：

$$A^T = \begin{bmatrix} a_{11} & a_{21} & \cdots & a_{m1} \\ a_{12} & a_{22} & \cdots & a_{m2} \\ \vdots & \vdots & & \vdots \\ a_{1n} & a_{2n} & \cdots & a_{mn} \end{bmatrix}$$

由定义可知，矩阵 A 与其转置 A^T 的关系是：A 的第 1 行是 A^T 的第 1 列，……A 的第 i 行是 A^T 的第 i 列；A 的第 i 行第 j 列元素等于 A^T 的第 j 行第 i 列元素. 显然，如果 A 是 $m \times n$ 矩阵，那么 A^T 是 $n \times m$ 矩阵. 即将矩阵 A 的行与列互换，得到 A 的转置矩阵 A^T.

转置矩阵具有下列运算规律：

① $(A^T)^T = A$

② $(A+B)^T = A^T + B^T$

③ $(kA)^T = kA^T$ （k 为常数）

④ $(AB)^T = B^T A^T$

例 13 设矩阵：

$$A = \begin{bmatrix} 1 & -2 & 3 \\ 0 & 1 & -2 \\ 1 & -1 & 1 \end{bmatrix}, \quad B = \begin{bmatrix} 3 & 1 \\ 1 & -1 \\ 1 & 0 \end{bmatrix}$$

求 $A^T, B^T, AB, (AB)^T, B^TA^T$.

解 $A^T = \begin{bmatrix} 1 & 0 & 1 \\ -2 & 1 & -1 \\ 3 & -2 & 1 \end{bmatrix}, \quad B^T = \begin{bmatrix} 3 & 1 & 1 \\ 1 & -1 & 0 \end{bmatrix}$

$$\because \quad AB = \begin{bmatrix} 1 & -2 & 3 \\ 0 & 1 & -2 \\ 1 & -1 & 1 \end{bmatrix} \begin{bmatrix} 3 & 1 \\ 1 & -1 \\ 1 & 0 \end{bmatrix} = \begin{bmatrix} 4 & 3 \\ -1 & -1 \\ 3 & 2 \end{bmatrix}$$

$\therefore \quad (AB)^T=\begin{bmatrix}4 & -1 & 3\\ 3 & -1 & 2\end{bmatrix}$

$\because \quad B^TA^T=\begin{bmatrix}3 & 1 & 1\\ 1 & -1 & 0\end{bmatrix}\begin{bmatrix}1 & 0 & 1\\ -2 & 1 & -1\\ 3 & -2 & 1\end{bmatrix}=\begin{bmatrix}4 & -1 & 3\\ 3 & -1 & 2\end{bmatrix}$

$\therefore \quad (AB)^T=B^TA^T.$

对于多个矩阵乘积的转置,可以类推以上结论④.

练习 1.5

1. 设 $A=\begin{bmatrix}1 & -2\\ 3 & 0\\ -4 & 2\\ 5 & 6\end{bmatrix}$, $B=\begin{bmatrix}0 & -1 & 3 & 4\\ 2 & 5 & -6 & -2\end{bmatrix}$,计算 A^T+B, $2A-B^T$, BA, AB, A^TB^T.

2. 计算:

(1) $\begin{bmatrix}-2 & 1\\ 5 & 3\end{bmatrix}\begin{bmatrix}0 & 1\\ 1 & 0\end{bmatrix}$　　(2) $\begin{bmatrix}0 & 1\\ 1 & 0\end{bmatrix}\begin{bmatrix}-2 & 1\\ 5 & 3\end{bmatrix}$

(3) $\begin{bmatrix}0 & 2\\ 0 & -3\end{bmatrix}\begin{bmatrix}1 & 1\\ 0 & 0\end{bmatrix}$　　(4) $\begin{bmatrix}1 & 1\\ 0 & 0\end{bmatrix}\begin{bmatrix}0 & 2\\ 0 & -3\end{bmatrix}$

(5) $\begin{bmatrix}-2 & 2 & 5 & 4\end{bmatrix}\begin{bmatrix}3\\ 0\\ -1\\ 2\end{bmatrix}$

(6) $\begin{bmatrix}3\\ 0\\ -1\\ 2\end{bmatrix}\begin{bmatrix}-2 & 2 & 5 & 4\end{bmatrix}$

(7) $=\begin{bmatrix}3 & 1 & 6\\ -2 & 0 & 8\\ 7 & 4 & 0\\ 5 & -3 & 2\end{bmatrix}\begin{bmatrix}-2 & 0 & 1 & 4\\ -5 & -1 & 7 & 6\\ 4 & -2 & 1 & -9\end{bmatrix}$

(8) $\begin{bmatrix}\frac{1}{3} & \frac{2}{3} & \frac{2}{3}\\ \frac{2}{3} & \frac{1}{3} & -\frac{2}{3}\\ \frac{2}{3} & -\frac{2}{3} & \frac{1}{3}\end{bmatrix}^2$

3. 计算$\begin{bmatrix}1&2&3\\-1&2&3\\1&-3&2\end{bmatrix}\begin{bmatrix}-1&2&4\\1&4&3\\2&3&-1\end{bmatrix}-\begin{bmatrix}2&4&5\\6&1&0\\3&-2&7\end{bmatrix}$.

4. 计算$[x_1,x_2,x_3]\begin{bmatrix}a_{11}&a_{12}&a_{13}\\a_{12}&a_{22}&a_{23}\\a_{13}&a_{23}&a_{33}\end{bmatrix}\begin{bmatrix}x_1\\x_2\\x_3\end{bmatrix}$.

5. 计算：

(1) $\begin{bmatrix}1&1\\0&1\end{bmatrix}^5$ (2) $\begin{bmatrix}1&1&1&1\\1&1&-1&-1\\1&-1&1&-1\\1&-1&-1&1\end{bmatrix}^4$

1.6 几种特殊矩阵

下面介绍几种常见的特殊矩阵，它们是单位矩阵、数量矩阵、对角矩阵、三角形矩阵和对称矩阵，这些矩阵都是 n 阶方阵.

1.6.1 单位矩阵

主对角线上的元素全是 1，其余元素全是 0 的 n 阶矩阵：

$$\begin{bmatrix}1&0&\cdots&0\\0&1&\cdots&0\\\vdots&\vdots&&\vdots\\0&0&\cdots&1\end{bmatrix}$$

称为 n 阶单位矩阵，记作 I 或 I_n.

容易验证：

$$I_m A_{m\times n}=A_{m\times n},\quad A_{m\times n}I_n=A_{m\times n}$$

若 A 为 n 阶矩阵，则有：

$$IA=AI=A$$

可见单位矩阵 I 在矩阵乘法中与数 1 在数的乘法中有类似的作用，且 I_n 与任何 n 阶矩阵可交换.

若 A 为 n 阶矩阵，规定：$A^0=I$.

1.6.2 数量矩阵

在 n 阶矩阵 A 中，如果主对角线的元素均为 $a_{11}=a_{22}=\cdots=a_{nn}=a$，其余元素全是 0，

则称 A 为 n 阶数量矩阵. 即:

$$A=\begin{pmatrix} a & & & \\ & a & & \\ & & \ddots & \\ & & & a \end{pmatrix}=aI$$

以数量矩阵 A 左乘或右乘(如果可乘)一个矩阵 B,其乘积等于以数 a 乘矩阵 B.

如　$A=\begin{pmatrix} a & 0 & \cdots & 0 \\ 0 & a & \cdots & 0 \\ \vdots & \vdots & & \vdots \\ 0 & 0 & \cdots & a \end{pmatrix}$, $B=\begin{pmatrix} b_{11} & b_{12} & \cdots & b_{1l} \\ b_{21} & b_{22} & \cdots & b_{2l} \\ \vdots & \vdots & & \vdots \\ b_{n1} & b_{n2} & \cdots & b_{nl} \end{pmatrix}_{n\times l}$

$$AB=\begin{pmatrix} a & 0 & \cdots & 0 \\ 0 & a & \cdots & 0 \\ \vdots & \vdots & & \vdots \\ 0 & 0 & \cdots & a \end{pmatrix}\begin{pmatrix} b_{11} & b_{12} & \cdots & b_{1l} \\ b_{21} & b_{22} & \cdots & b_{2l} \\ \vdots & \vdots & & \vdots \\ b_{n1} & b_{n2} & \cdots & b_{nl} \end{pmatrix}$$

$$=\begin{pmatrix} ab_{11} & ab_{12} & \cdots & ab_{1l} \\ ab_{21} & ab_{22} & \cdots & ab_{2l} \\ \vdots & \vdots & & \vdots \\ ab_{n1} & ab_{n2} & \cdots & ab_{nl} \end{pmatrix}$$

$$=a\begin{pmatrix} b_{11} & b_{12} & \cdots & b_{1l} \\ b_{21} & b_{22} & \cdots & b_{2l} \\ \vdots & \vdots & & \vdots \\ b_{n1} & b_{n2} & \cdots & b_{nl} \end{pmatrix}$$

$$=aB$$

性质　n 阶数量矩阵与所有 n 阶矩阵可交换.

证明　设 n 阶数量矩阵为 kI,A 为 n 阶矩阵,那么:

$$(kI)A=k(IA)=k(AI)=A(kI)$$

反之也成立,即能与所有 n 阶矩阵可交换的矩阵一定是 n 阶数量矩阵.

1.6.3　对角矩阵

如果 n 阶矩阵 $A=(a_{ij})$ 中的元素满足条件:

$$a_{ij}=0 \quad i\neq j(i,j=1,2,\cdots,n)$$

则称 A 为 n 阶对角矩阵. 即:

$$A=\begin{pmatrix} a_{11} & & & \\ & a_{22} & & \\ & & \ddots & \\ & & & a_{nn} \end{pmatrix}$$

这种记法表示主对角线以外没有注明的元素均为零.

由 $$k\begin{pmatrix} a_1 & & & \\ & a_2 & & \\ & & \ddots & \\ & & & a_n \end{pmatrix}=\begin{pmatrix} ka_1 & & & \\ & ka_2 & & \\ & & \ddots & \\ & & & ka_n \end{pmatrix}$$

$$\begin{pmatrix} a_1 & & & \\ & a_2 & & \\ & & \ddots & \\ & & & a_n \end{pmatrix}+\begin{pmatrix} b_1 & & & \\ & b_2 & & \\ & & \ddots & \\ & & & b_n \end{pmatrix}=\begin{pmatrix} a_1+b_1 & & & \\ & a_2+b_2 & & \\ & & \ddots & \\ & & & a_n+b_n \end{pmatrix}$$

$$\begin{pmatrix} a_1 & & & \\ & a_2 & & \\ & & \ddots & \\ & & & a_n \end{pmatrix}\begin{pmatrix} b_1 & & & \\ & b_2 & & \\ & & \ddots & \\ & & & b_n \end{pmatrix}=\begin{pmatrix} a_1b_1 & & & \\ & a_2b_2 & & \\ & & \ddots & \\ & & & a_nb_n \end{pmatrix}$$

$$\begin{pmatrix} a_1 & & & \\ & a_2 & & \\ & & \ddots & \\ & & & a_n \end{pmatrix}^T=\begin{pmatrix} a_1 & & & \\ & a_2 & & \\ & & \ddots & \\ & & & a_n \end{pmatrix}$$

可见,如果 A、B 为同阶对角矩阵,则 $kA,A+B,AB$ 仍为同阶对角矩阵. 如果 A 是对角矩阵,则 $A^T=A$.

例 1 设矩阵 A、B 是两个三阶矩阵:

$$A=\begin{bmatrix} 2 & 0 & 0 \\ 0 & 5 & 0 \\ 0 & 0 & -3 \end{bmatrix},\quad B=\begin{bmatrix} 2 & 0 & 0 \\ 0 & 1 & 0 \\ 0 & 0 & 3 \end{bmatrix}$$

试计算 $A+B,5A,AB,(AB)^T$.

解

$$A+B=\begin{bmatrix} 2 & 0 & 0 \\ 0 & 5 & 0 \\ 0 & 0 & -3 \end{bmatrix}+\begin{bmatrix} 2 & 0 & 0 \\ 0 & 1 & 0 \\ 0 & 0 & 3 \end{bmatrix}=\begin{bmatrix} 4 & 0 & 0 \\ 0 & 6 & 0 \\ 0 & 0 & 0 \end{bmatrix}$$

$$5A=5\begin{bmatrix}2&0&0\\0&5&0\\0&0&-3\end{bmatrix}=\begin{bmatrix}10&0&0\\0&25&0\\0&0&-15\end{bmatrix}$$

$$AB=\begin{bmatrix}2&0&0\\0&5&0\\0&0&-3\end{bmatrix}\begin{bmatrix}2&0&0\\0&1&0\\0&0&3\end{bmatrix}=\begin{bmatrix}4&0&0\\0&5&0\\0&0&-9\end{bmatrix}$$

$$(AB)^T=AB$$

1.6.4　三角形矩阵

主对角线下方的元素全为 0 的 n 阶方阵：

$$\begin{bmatrix}a_{11}&a_{12}&\cdots&a_{1n}\\0&a_{22}&\cdots&a_{2n}\\\vdots&\vdots&&\vdots\\0&0&\cdots&a_{nn}\end{bmatrix}$$

称为上三角形矩阵.

主对角线上方的元素全为 0 的 n 阶方阵：

$$\begin{bmatrix}a_{11}&0&\cdots&0\\a_{21}&a_{22}&\cdots&0\\\vdots&\vdots&&\vdots\\a_{n1}&a_{n2}&\cdots&a_{nn}\end{bmatrix}$$

称为下三角形矩阵.

不难验证，上(下)三角形矩阵的和、数乘、乘积仍为上(下)三角形矩阵，而上(下)三角形矩阵的转置为下(上)三角形矩阵.

上、下三角形矩阵统称三角形矩阵.

例 2　设矩阵：

$$A=\begin{bmatrix}-2&4&0\\0&1&-3\\0&0&5\end{bmatrix},\quad B=\begin{bmatrix}1&0&-5\\0&3&0\\0&0&-2\end{bmatrix}$$

计算 $A+B$, $-3B$, AB.

解

$$A+B=\begin{bmatrix}-2&4&0\\0&1&-3\\0&0&5\end{bmatrix}+\begin{bmatrix}1&0&-5\\0&3&0\\0&0&-2\end{bmatrix}=\begin{bmatrix}-1&4&-5\\0&4&-3\\0&0&3\end{bmatrix}$$

$$-3B=-3\begin{bmatrix}1&0&-5\\0&3&0\\0&0&-2\end{bmatrix}=\begin{bmatrix}-3&0&15\\0&-9&0\\0&0&6\end{bmatrix}$$

$$AB=\begin{bmatrix}-2&4&0\\0&1&-3\\0&0&5\end{bmatrix}\begin{bmatrix}1&0&-5\\0&3&0\\0&0&-2\end{bmatrix}=\begin{bmatrix}-2&12&10\\0&3&6\\0&0&-10\end{bmatrix}$$

1.6.5 对称矩阵

如果 n 阶矩阵 $A=(a_{ij})$ 满足 $a_{ij}=a_{ji}(i,j=1,2,\cdots,n)$，则称 A 为对称矩阵.

例如$\begin{pmatrix}0&-1\\-1&0\end{pmatrix}$，$\begin{pmatrix}1&0&\frac{1}{2}\\0&2&-1\\\frac{1}{2}&-1&3\end{pmatrix}$均为对称矩阵.

显然，对称矩阵 A 的元素关于主对角线对称，因此必有 $A^T=A$. 反之亦然.

数乘对称矩阵及同阶对称矩阵之和仍为对称矩阵，但对称矩阵乘积未必对称.

例如，$\begin{pmatrix}0&-1\\-1&2\end{pmatrix}$及$\begin{pmatrix}1&1\\1&1\end{pmatrix}$均为对称矩阵，但是它们的乘积：

$$\begin{pmatrix}0&-1\\-1&2\end{pmatrix}\begin{pmatrix}1&1\\1&1\end{pmatrix}=\begin{pmatrix}-1&-1\\1&1\end{pmatrix}$$

为非对称矩阵.

例 3 若 A 与 B 是两个 n 阶对称矩阵，则当且仅当 A 与 B 可交换时，AB 是对称的.

证明 由于 A 与 B 均是对称矩阵，所以 $A^T=A,B^T=B$.

如果 $AB=BA$，则有：

$$(AB)^T=B^TA^T=BA=AB$$

所以 AB 是对称的.

如果 AB 是对称的，即 $(AB)^T=AB$，则有 $AB=(AB)^T=B^TA^T=BA$，即 A 与 B 可交换.

对任意矩阵 A，有 A^TA 和 AA^T 都是对称矩阵.

练习 1.6

1. 计算：

$$\begin{bmatrix}d_1&0&0\\0&d_2&0\\0&0&d_3\end{bmatrix}\begin{bmatrix}a_{11}&a_{12}&a_{13}\\a_{21}&a_{22}&a_{23}\\a_{31}&a_{32}&a_{33}\end{bmatrix}\text{与}\begin{bmatrix}a_{11}&a_{12}&a_{13}\\a_{21}&a_{22}&a_{23}\\a_{31}&a_{32}&a_{33}\end{bmatrix}\begin{bmatrix}d_1&0&0\\0&d_2&0\\0&0&d_3\end{bmatrix}$$

由此能得出什么结论？

2. 试证：对于任意的 n 阶方阵 A，$A+A^T$ 是对称矩阵.

1.7　分块矩阵

人们在处理阶数较高的矩阵（称大型矩阵）的运算时，常常感到很麻烦. 如果把一个大型矩阵分成若干块，构成一个分块矩阵，它不仅可以把一个大型矩阵的运算化成若干小型矩阵的运算，以减少计算量，而且可以使运算更加简明，这就是矩阵运算中的一个技巧. 本节将讨论几种常见的矩阵分块运算.

1.7.1　矩阵分块

对于一个任意的 $m\times n$ 矩阵 A，按某种需要用竖线和横线将其划分为若干个行数和列数较少的矩阵块，这些矩阵块称为矩阵 A 的子块，对矩阵的这种划分称为矩阵的分块.

下面通过例子说明各种运算对矩阵如何分块和分块后的运算方法.

设矩阵：

$$A=\left[\begin{array}{ccc:cc}1&0&0&0&2\\0&1&0&-1&3\\0&0&1&2&-4\\ \hdashline 0&0&0&1&-1\\0&0&0&2&3\end{array}\right]$$

在第 3 行和第 3 列后用水平和垂直的虚线，将矩阵 A 分成 4 块，分别记作：

$$I_3=\begin{bmatrix}1&0&0\\0&1&0\\0&0&1\end{bmatrix},\quad C=\begin{bmatrix}0&2\\-1&3\\2&-4\end{bmatrix}$$

$$O=\begin{bmatrix}0&0&0\\0&0&0\end{bmatrix},\quad B=\begin{bmatrix}1&-1\\2&3\end{bmatrix}$$

我们可以把 A 看成由 4 个小矩阵组成，并将 I_3、C、O、B 当作矩阵 A 的元素，于是，矩阵 A 可以表示成：

$$A=\begin{bmatrix}I_3&C\\O&B\end{bmatrix}$$

这是一个 2×2 的分块矩阵. 把一个矩阵分成几块，每块如何构成，应根据需要来定；必要时，也可以分成一行一块或一列一块. 例如：

$$A=\left[\begin{array}{cccc}a_{11} & a_{12} & \cdots & a_{1n}\\ \hdashline a_{21} & a_{22} & \cdots & a_{2n}\\ \hdashline \vdots & \vdots & & \vdots\\ \hdashline a_{m1} & a_{m2} & \cdots & a_{mn}\end{array}\right]$$

按行分块，$A=\begin{bmatrix}A_1\\A_2\\\vdots\\A_m\end{bmatrix}$，其中 $A_i=(a_{i1},a_{i2},\cdots,a_{in}),i=1,2,\cdots,m.$

又如：

$$B=\left[\begin{array}{c:c:c:c}b_{11} & b_{12} & \cdots & b_{1s}\\ b_{21} & b_{22} & \cdots & b_{2s}\\ \vdots & \vdots & & \vdots\\ b_{p1} & b_{p2} & \cdots & b_{ps}\end{array}\right]$$

按列分块 $B=[B_1\quad B_2\quad\cdots\quad B_s]$，其中：

$$B_j=\begin{bmatrix}b_{1j}\\b_{2j}\\\vdots\\b_{pj}\end{bmatrix},\quad j=1,2,\cdots,s.$$

当 n 阶矩阵 A 中非 0 元素都集中在主对角线附近时，可以分成如下的对角块矩阵（又称准对角矩阵）：

$$\begin{bmatrix}A_{t_1} & 0 & \cdots & 0\\0 & A_{t_2} & \cdots & 0\\\vdots & \vdots & & \vdots\\0 & 0 & \cdots & A_{t_s}\end{bmatrix}$$

其中 A_{t_i} 是 t_i 阶方阵，$i=1,\cdots,s$，且 $t_1+t_2+\cdots+t_s=n$.

例 1

$$A=\begin{bmatrix}1 & 2 & 0 & 0 & 0 & 0\\-3 & -1 & 0 & 0 & 0 & 0\\0 & 0 & 5 & 0 & 0 & 0\\0 & 0 & 0 & -2 & 0 & 3\\0 & 0 & 0 & 1 & 2 & -4\\0 & 0 & 0 & 0 & -1 & 5\end{bmatrix}=\begin{bmatrix}A_1 & 0 & 0\\0 & A_2 & 0\\0 & 0 & A_3\end{bmatrix}$$

其中 $A_1=\begin{bmatrix}1 & 2\\ -3 & -1\end{bmatrix}$，$A_2=[5]$，$A_3=\begin{bmatrix}-2 & 0 & 3\\ 1 & 2 & -4\\ 0 & -1 & 5\end{bmatrix}$.

注意：此分法不是唯一的，矩阵 A 还可以分成：

$$A=\begin{bmatrix}B_1 & 0\\ 0 & B_2\end{bmatrix}\ (\text{其中 } B_1=\begin{bmatrix}1 & 2 & 0\\ -3 & -1 & 0\\ 0 & 0 & 5\end{bmatrix},B_2=A_3=\begin{bmatrix}-2 & 0 & 3\\ 1 & 2 & -4\\ 0 & -1 & 5\end{bmatrix})$$

等分块矩阵的形式.

1.7.2　分块矩阵的运算

设 $A=\begin{bmatrix}A_{11} & A_{12}\\ A_{21} & A_{22}\end{bmatrix}$，$B=\begin{bmatrix}B_{11} & B_{12}\\ B_{21} & B_{22}\end{bmatrix}$.

1. 分块矩阵的加法（减法）

如果矩阵 A、B 对应的子块都是同形矩阵，则有：

$$A\pm B=\begin{bmatrix}A_{11}\pm B_{11} & A_{12}\pm B_{12}\\ A_{21}\pm B_{21} & A_{22}\pm B_{22}\end{bmatrix}$$

2. 分块矩阵的数量乘法

$$kA=\begin{bmatrix}kA_{11} & kA_{12}\\ kA_{21} & kA_{22}\end{bmatrix}$$

例 2　设矩阵：

$$A=\begin{bmatrix}1 & 0 & 0 & 2\\ 0 & 1 & 0 & 3\\ 0 & 0 & 1 & -1\\ 0 & 0 & 0 & 4\\ 0 & 0 & 0 & 0\end{bmatrix},\quad B=\begin{bmatrix}1 & -2 & 0 & 1\\ 2 & 3 & 1 & -2\\ 3 & 0 & -1 & 4\\ 0 & 0 & 1 & 0\\ 0 & 0 & 0 & 1\end{bmatrix}$$

将 A、B 进行分块，并计算 $A+B$.

解　设 $A=\begin{bmatrix}A_1 & A_2\\ O & A_4\end{bmatrix}$

其中 $A_1=\begin{bmatrix}1 & 0\\ 0 & 1\\ 0 & 0\end{bmatrix}$，$A_2=\begin{bmatrix}0 & 2\\ 0 & 3\\ 1 & -1\end{bmatrix}$，$O=\begin{bmatrix}0 & 0\\ 0 & 0\end{bmatrix}$，$A_4=\begin{bmatrix}0 & 4\\ 0 & 0\end{bmatrix}$；

$$B=\begin{bmatrix}B_1 & B_2\\ O & I_2\end{bmatrix}$$

其中 $B_1=\begin{bmatrix}1&-2\\2&3\\3&0\end{bmatrix}, B_2=\begin{bmatrix}0&1\\1&-2\\-1&4\end{bmatrix}, O=\begin{bmatrix}0&0\\0&0\end{bmatrix}, I_2=\begin{bmatrix}1&0\\0&1\end{bmatrix}$.

于是:

$$A+B=\begin{bmatrix}A_1&A_2\\O&A_4\end{bmatrix}+\begin{bmatrix}B_1&B_2\\O&I_2\end{bmatrix}=\begin{bmatrix}A_1+B_1&A_2+B_2\\O+O&A_4+I_2\end{bmatrix}$$

$$=\begin{bmatrix}2&-2&0&3\\2&4&1&1\\3&0&0&3\\0&0&1&4\\0&0&0&1\end{bmatrix}$$

3. 分块矩阵的乘法

若矩阵 A、B 能相乘且分成的相应子块也能进行乘法运算,则有:

$$AB=\begin{bmatrix}A_{11}&A_{12}\\A_{21}&A_{22}\end{bmatrix}\begin{bmatrix}B_{11}&B_{12}\\B_{21}&B_{22}\end{bmatrix}$$

$$=\begin{bmatrix}A_{11}B_{11}+A_{12}B_{21}&A_{11}B_{12}+A_{12}B_{22}\\A_{21}B_{11}+A_{22}B_{21}&A_{21}B_{12}+A_{22}B_{22}\end{bmatrix}$$

例 3 设矩阵:

$$A=\begin{bmatrix}1&0&0&2&5\\0&1&0&3&-2\\0&0&1&-1&6\\0&0&0&4&0\\0&0&0&0&4\end{bmatrix}, B=\begin{bmatrix}a_1&a_2&a_3&a_4\\b_1&b_2&b_3&b_4\\c_1&c_2&c_3&c_4\\0&0&1&0\\0&0&0&1\end{bmatrix}$$

用分块矩阵乘法计算 AB.

解 将 A、B 进行如下分块:

$$A=\begin{bmatrix}I_3&A_1\\O&4I_2\end{bmatrix}$$

其中 $I_3=\begin{bmatrix}1&0&0\\0&1&0\\0&0&1\end{bmatrix}, A_1=\begin{bmatrix}2&5\\3&-2\\-1&6\end{bmatrix}, O=\begin{bmatrix}0&0&0\\0&0&0\end{bmatrix}, I_2=\begin{bmatrix}1&0\\0&1\end{bmatrix}$;

$$B=\begin{bmatrix}B_1&B_2\\O&I_2\end{bmatrix}$$

其中 $B_1=\begin{bmatrix}a_1 & a_2\\ b_1 & b_2\\ c_1 & c_2\end{bmatrix}, B_2=\begin{bmatrix}a_3 & a_4\\ b_3 & b_4\\ c_3 & c_4\end{bmatrix}, O=\begin{bmatrix}0 & 0\\ 0 & 0\end{bmatrix}, I_2=\begin{bmatrix}1 & 0\\ 0 & 1\end{bmatrix}$

则：

$$AB=\begin{bmatrix}I_3 & A_1\\ O & 4I_2\end{bmatrix}\begin{bmatrix}B_1 & B_2\\ O & I_2\end{bmatrix}=\begin{bmatrix}I_3B_1 & I_3B_2+A_1I_2\\ O & 4I_2I_2\end{bmatrix}$$

$$=\begin{bmatrix}a_1 & a_2 & a_3+2 & a_4+5\\ b_1 & b_2 & b_3+3 & b_4-2\\ c_1 & c_2 & c_3-1 & c_4+6\\ 0 & 0 & 4 & 0\\ 0 & 0 & 0 & 4\end{bmatrix}$$

同学们也可以用原矩阵计算，验证分块相乘计算的结果.

从这个例子可以得到，要使分块矩阵乘法可以进行，必须要求：

①左矩阵 A 的列组数等于右矩阵 B 的行组数；

②左矩阵 A 的子块的列数等于右矩阵 B 相应子块的行数.

总而言之，左矩阵的列的分法必须与右矩阵行的分法一致.

上面通过一个例子说明了矩阵分块乘法. 可以证明用分块矩阵乘法求得的 AB 与直接计算 AB 的结果是相等的. 矩阵的分块乘法使得在工程技术和生产实际中，遇到阶数较高的矩阵相乘时，可通过分块转化成小型矩阵之间的乘法，使计算大为简化.

4. 分块矩阵的转置

若分块矩阵：

$$A=\begin{bmatrix}A_{11} & A_{12} & A_{13}\\ A_{21} & A_{22} & A_{23}\end{bmatrix}$$

则它的转置为：

$$A^T=\begin{bmatrix}A_{11}^T & A_{21}^T\\ A_{12}^T & A_{22}^T\\ A_{13}^T & A_{23}^T\end{bmatrix}$$

形式上 A 的转置等于子块的转置，子块的转置使得子块的元素也需要转置.

例 4　设矩阵：

$$A=\begin{pmatrix}1 & 0 & 1 & 3\\ 0 & 1 & 2 & 4\\ 0 & 0 & -1 & 0\\ 0 & 0 & 0 & -1\end{pmatrix}, B=\begin{pmatrix}1 & 2 & 0 & 0\\ 2 & 0 & 0 & 0\\ 6 & 3 & 1 & 0\\ 0 & -2 & 0 & 1\end{pmatrix}$$

用分块矩阵计算 $kA, A+B, AB$ 及 A^T.

解 将矩阵 A、B 分块如下：

$$A=\left(\begin{array}{cc:cc}1&0&1&3\\0&1&2&4\\\hdashline 0&0&-1&0\\0&0&0&-1\end{array}\right)=\begin{pmatrix}I&C\\O&-I\end{pmatrix}$$

$$B=\left(\begin{array}{cc:cc}1&2&0&0\\2&0&0&0\\\hdashline 6&3&1&0\\0&-2&0&1\end{array}\right)=\begin{pmatrix}D&O\\F&I\end{pmatrix}$$

则
$$kA=k\begin{pmatrix}I&C\\O&-I\end{pmatrix}=\begin{pmatrix}kI&kC\\O&-kI\end{pmatrix}$$

$$A+B=\begin{pmatrix}I&C\\O&-I\end{pmatrix}+\begin{pmatrix}D&O\\F&I\end{pmatrix}=\begin{pmatrix}I+D&C\\F&O\end{pmatrix}$$

$$AB=\begin{pmatrix}I&C\\O&-I\end{pmatrix}\begin{pmatrix}D&O\\F&I\end{pmatrix}=\begin{pmatrix}D+CF&C\\-F&-I\end{pmatrix}$$

然后再分别计算 $kI,kC,I+D,D+CF$，代入上面三式，得：

$$kA=\begin{pmatrix}k&0&k&3k\\0&k&2k&4k\\0&0&-k&0\\0&0&0&-k\end{pmatrix},\ A+B=\begin{pmatrix}2&2&1&3\\2&1&2&4\\6&3&0&0\\0&-2&0&0\end{pmatrix}$$

$$AB=\begin{pmatrix}7&-1&1&3\\14&-2&2&4\\-6&-3&-1&0\\0&2&0&-1\end{pmatrix}$$

$$A^T=\begin{bmatrix}I^T&O^T\\C^T&(-I)^T\end{bmatrix}=\begin{pmatrix}1&0&0&0\\0&1&0&0\\1&2&-1&0\\3&4&0&-1\end{pmatrix}$$

容易验证这个结果与不分块矩阵运算所得到的结果相同.

练习 1.7

1. 用分块矩阵的乘法，计算下列矩阵的乘积 AB：

(1) $A=\begin{bmatrix}1&0&1&0&0\\0&2&-1&0&0\\3&1&0&0&0\\0&0&0&-2&0\\0&0&0&0&-2\end{bmatrix}$，$B=\begin{bmatrix}1&0&0&0&0\\0&2&0&0&0\\0&0&3&0&0\\0&0&0&-1&3\\0&0&0&4&2\end{bmatrix}$

(2) $A=\begin{bmatrix}1&3&0&0&0\\2&8&0&0&0\\0&0&1&0&1\\0&0&2&3&2\\0&0&3&1&1\end{bmatrix}$，$B=\begin{bmatrix}1&3&0&0&0\\2&8&0&0&0\\1&0&1&0&1\\0&1&2&3&2\\2&3&3&1&1\end{bmatrix}$

2. 按指定分块的方法，用分块矩阵乘法求下列矩阵的乘积：

(1) $\left[\begin{array}{cc:c}1&-2&0\\-1&0&1\\\hdashline 0&3&2\end{array}\right]\left[\begin{array}{c:c}0&1\\1&0\\\hdashline 0&-1\end{array}\right]$

(2) $\left[\begin{array}{ccc}2&1&-1\\\hdashline 3&0&-2\\\hdashline 1&-1&1\end{array}\right]\left[\begin{array}{c:c:c}1&1&0\\0&0&-1\\-1&2&1\end{array}\right]$

(3) $\left[\begin{array}{cc:cc}a&0&0&0\\0&a&0&0\\\hdashline 1&0&b&0\\0&1&0&b\end{array}\right]\left[\begin{array}{cc:cc}1&0&c&0\\0&1&0&c\\\hdashline 0&0&d&0\\0&0&0&d\end{array}\right]$

1.8　矩阵的初等行变换与矩阵的秩

矩阵的初等行变换和矩阵的秩在矩阵理论和求解线性方程组中占有重要地位，因此其作用是可想而知的.

1.8.1　矩阵的初等行变换

定义 1.11　矩阵的**初等行变换**是指对矩阵进行下列三种变换：

(1) 互换矩阵某两行的位置；

(2) 用非 0 常数遍乘矩阵某一行（的元素）；

(3) 将矩阵某一行（的元素）遍乘一个常数 k 加到另一行（的对应元素）上去.

称(1)为对换变换,例如,第 1 行与第 3 行互换,可记为:

$$\begin{bmatrix} a_{11} & a_{12} & a_{13} \\ a_{21} & a_{22} & a_{23} \\ a_{31} & a_{32} & a_{33} \end{bmatrix} \xrightarrow{\text{交换①、③两行}} \begin{bmatrix} a_{31} & a_{32} & a_{33} \\ a_{21} & a_{22} & a_{23} \\ a_{11} & a_{12} & a_{13} \end{bmatrix}$$

称(2)为倍乘变换,例如,第 2 行遍乘非 0 常数 k,可记为:

$$\begin{bmatrix} a_{11} & a_{12} & a_{13} \\ a_{21} & a_{22} & a_{23} \\ a_{31} & a_{32} & a_{33} \end{bmatrix} \xrightarrow{②\times k} \begin{bmatrix} a_{11} & a_{12} & a_{13} \\ ka_{21} & ka_{22} & ka_{23} \\ a_{31} & a_{32} & a_{33} \end{bmatrix}$$

称(3)为倍加变换,例如,第 1 行元素遍乘常数 k 加到第 2 行对应元素上,可记为:

$$\begin{bmatrix} a_{11} & a_{12} & a_{13} \\ a_{21} & a_{22} & a_{23} \\ a_{31} & a_{32} & a_{33} \end{bmatrix} \xrightarrow{①\times k+②} \begin{bmatrix} a_{11} & a_{12} & a_{13} \\ a_{21}+ka_{11} & a_{22}+ka_{12} & a_{23}+ka_{13} \\ a_{31} & a_{32} & a_{33} \end{bmatrix}$$

由矩阵 A 经过初等行变换得到矩阵 B,一般记作 $A \to B$,有的书也用"$A \Rightarrow B$",意义相同.

若把定义中对矩阵的"行"的三种变换改为对"列"的三种变换,则称为矩阵的**初等列变换**,矩阵的初等行变换和初等列变换统称矩阵的**初等变换**. 习惯上行变换写在"$\longrightarrow$"上面,列变换写在"$\longrightarrow$"下面.

1.8.2 阶梯形矩阵

定义 1.12 满足下列条件的矩阵称为阶梯形矩阵(简称梯矩阵):

(1)各个非 0 行(元素不全为 0 的行)的第 1 个非 0 元素的列标随着行标的递增而严格增大;

(2)如果矩阵有 0 行,0 行在矩阵的最下方.

例如:

$$\begin{bmatrix} a_{11} & a_{12} & a_{13} & a_{14} \\ 0 & a_{22} & a_{23} & a_{24} \\ 0 & 0 & a_{33} & a_{34} \end{bmatrix}, \begin{bmatrix} -1 & 0 & 1 \\ 0 & 2 & 1 \\ 0 & 0 & 3 \end{bmatrix}, \begin{bmatrix} 1 & -3 & 0 & 0 \\ 0 & -2 & 0 & 1 \\ 0 & 0 & 0 & 1 \end{bmatrix},$$

$$\begin{bmatrix} -2 & 0 & -3 & 5 & 1 \\ 0 & 0 & 2 & 1 & 0 \\ 0 & 0 & 0 & 1 & 2 \\ 0 & 0 & 0 & 0 & 0 \end{bmatrix}, \begin{bmatrix} 0 & 0 & 0 & 0 \\ 0 & 0 & 0 & 0 \\ 0 & 0 & 0 & 0 \end{bmatrix}$$

都是阶梯形矩阵,而:

$$\begin{bmatrix} a_{11} & a_{12} & a_{13} \\ 0 & a_{22} & a_{23} \\ 0 & a_{32} & a_{33} \end{bmatrix}, \begin{bmatrix} 0 & -3 & 0 & 0 \\ 0 & 0 & 0 & 0 \\ 0 & 1 & 0 & 0 \end{bmatrix}$$

不是阶梯形矩阵.

一个矩阵 A 可以通过初等行变换化为阶梯形矩阵，这时，就称此阶梯形矩阵为矩阵 A 的阶梯形矩阵，也简称 A 的梯矩阵.

例1　求矩阵：

$$A=\begin{bmatrix} 0 & 16 & -7 & -5 & 5 \\ 1 & -5 & 2 & 1 & -1 \\ -1 & -11 & 5 & 4 & -4 \\ 2 & 6 & -3 & -3 & 7 \end{bmatrix}$$

的阶梯形矩阵.

解　为了方便运算，避免作分数计算，我们总是习惯于把第 1 行第 1 列元素变成 1 或 (-1)，为此先将第 1 行与第 2 行互换.

$$A=\begin{bmatrix} 0 & 16 & -7 & -5 & 5 \\ 1 & -5 & 2 & 1 & -1 \\ -1 & -11 & 5 & 4 & -4 \\ 2 & 6 & -3 & -3 & 7 \end{bmatrix} \xrightarrow{\text{交换①、②两行}} \begin{bmatrix} 1 & -5 & 2 & 1 & -1 \\ 0 & 16 & -7 & -5 & 5 \\ -1 & -11 & 5 & 4 & -4 \\ 2 & 6 & -3 & -3 & 7 \end{bmatrix}$$

将第 1 行加到第 3 行（即第 1 行遍乘 1 加到第 3 行）上；第 1 行遍乘 (-2) 加到第 4 行上，就得到：

$$\xrightarrow[\text{①}\times(-2)+\text{④}]{\text{①}\times 1+\text{③}} \begin{bmatrix} 1 & -5 & 2 & 1 & -1 \\ 0 & 16 & -7 & -5 & 5 \\ 0 & -16 & 7 & 5 & -5 \\ 0 & 16 & -7 & -5 & 9 \end{bmatrix}$$

将第 2 行遍乘 1 和 (-1) 分别加到第 3 行和第 4 行上去，

$$\xrightarrow[\text{②}\times(-1)+\text{④}]{\text{②}\times 1+\text{③}} \begin{bmatrix} 1 & -5 & 2 & 1 & -1 \\ 0 & 16 & -7 & -5 & 5 \\ 0 & 0 & 0 & 0 & 0 \\ 0 & 0 & 0 & 0 & 4 \end{bmatrix}$$

将第 3、4 行互换，得到：

$$\xrightarrow{\text{交换③、④两行}} \begin{bmatrix} 1 & -5 & 2 & 1 & -1 \\ 0 & 16 & -7 & -5 & 5 \\ 0 & 0 & 0 & 0 & 4 \\ 0 & 0 & 0 & 0 & 0 \end{bmatrix}$$

为所求矩阵 A 的阶梯形矩阵.

若对上面的矩阵继续作初等行变换，有：

$$\xrightarrow{③\times(1/4)}\begin{bmatrix}1 & -5 & 2 & 1 & -1\\0 & 16 & -7 & -5 & 5\\0 & 0 & 0 & 0 & 1\\0 & 0 & 0 & 0 & 0\end{bmatrix}$$

根据定义，这也是矩阵 A 的阶梯形矩阵. 可见，一个矩阵的阶梯形矩阵不是唯一的，但是，一个矩阵的阶梯形矩阵中所含非 0 行的行数是唯一的. 矩阵的这一性质在矩阵理论中占有重要地位.

1.8.3 矩阵的秩

矩阵的秩是矩阵本质属性的重要概念之一.

定义 1.13 矩阵 A 的阶梯形矩阵的非 0 行的行数称为矩阵 A 的秩，记作秩(A)或 $r(A)$.

在例 1 中，矩阵 A 的阶梯形矩阵中非 0 行有 3 行，可见，秩$(A)=3$.

例 2 设矩阵：

$$A=\begin{bmatrix}3 & -3 & 0 & 7 & 0\\1 & -1 & 0 & 2 & 1\\1 & -1 & 2 & 3 & 2\\2 & -2 & 2 & 5 & 3\end{bmatrix}$$

求秩(A)与秩(A^T).

解 先用矩阵的初等行变换求矩阵 A 的阶梯形矩阵.

$$\because\quad A=\begin{bmatrix}3 & -3 & 0 & 7 & 0\\1 & -1 & 0 & 2 & 1\\1 & -1 & 2 & 3 & 2\\2 & -2 & 2 & 5 & 3\end{bmatrix}\xrightarrow{\text{交换①、②行}}\begin{bmatrix}1 & -1 & 0 & 2 & 1\\3 & -3 & 0 & 7 & 0\\1 & -1 & 2 & 3 & 2\\2 & -2 & 2 & 5 & 3\end{bmatrix}$$

$$\xrightarrow[\substack{①\times(-1)+③\\①\times(-2)+④}]{①\times(-3)+②}\begin{bmatrix}1 & -1 & 0 & 2 & 1\\0 & 0 & 0 & 1 & -3\\0 & 0 & 2 & 1 & 1\\0 & 0 & 2 & 1 & 1\end{bmatrix}$$

$$\xrightarrow{③\times(-1)+④}\begin{bmatrix}1 & -1 & 0 & 2 & 1\\0 & 0 & 0 & 1 & -3\\0 & 0 & 2 & 1 & 1\\0 & 0 & 0 & 0 & 0\end{bmatrix}$$

$$\xrightarrow{\text{交换②、③两行}}\begin{bmatrix}1 & -1 & 0 & 2 & 1\\0 & 0 & 2 & 1 & 1\\0 & 0 & 0 & 1 & -3\\0 & 0 & 0 & 0 & 0\end{bmatrix}$$

∴　秩$(A)=3$.

$$\because\quad A^T=\begin{bmatrix}3 & 1 & 1 & 2\\-3 & -1 & -1 & -2\\0 & 0 & 2 & 2\\7 & 2 & 3 & 5\\0 & 1 & 2 & 3\end{bmatrix}$$

$$\xrightarrow[\text{①}\times(-2)+\text{④}]{\text{①}\times 1+\text{②}}\begin{bmatrix}3 & 1 & 1 & 2\\0 & 0 & 0 & 0\\0 & 0 & 2 & 2\\1 & 0 & 1 & 1\\0 & 1 & 2 & 3\end{bmatrix}\xrightarrow[\text{交换②、⑤行}]{\text{交换①、④行}}\begin{bmatrix}1 & 0 & 1 & 1\\0 & 1 & 2 & 3\\0 & 0 & 2 & 2\\3 & 1 & 1 & 2\\0 & 0 & 0 & 0\end{bmatrix}$$

$$\xrightarrow{\text{①}\times(-3)+\text{④}}\begin{bmatrix}1 & 0 & 1 & 1\\0 & 1 & 2 & 3\\0 & 0 & 2 & 2\\0 & 1 & -2 & -1\\0 & 0 & 0 & 0\end{bmatrix}\xrightarrow{\text{②}\times(-1)+\text{④}}\begin{bmatrix}1 & 0 & 1 & 1\\0 & 1 & 2 & 3\\0 & 0 & 2 & 2\\0 & 0 & -4 & -4\\0 & 0 & 0 & 0\end{bmatrix}$$

$$\xrightarrow{\text{③}\times 2+\text{④}}\begin{bmatrix}1 & 0 & 1 & 1\\0 & 1 & 2 & 3\\0 & 0 & 2 & 2\\0 & 0 & 0 & 0\\0 & 0 & 0 & 0\end{bmatrix}$$

∴　秩$(A^T)=3$.

可以证明,对于任意矩阵A,秩$(A)=$秩(A^T);一个矩阵的秩是唯一的.

规定零矩阵的秩为0.

定义 1.14　设A是$m\times n$矩阵,此时总有$0<r(A)\leqslant\min(m,n)$. 当$r(A)=\min(m,n)$时,则称矩阵A为满秩矩阵.

例如:

$$A=\begin{bmatrix}1 & 0 & 1\\0 & 1 & 2\\0 & 0 & -1\end{bmatrix},\ r(A)=3$$

$$B=\begin{bmatrix}1 & 1\\0 & 2\\0 & 0\end{bmatrix},\ r(B)=2$$

$$C=\begin{bmatrix}1 & -2 & 3 & 0\\ 0 & 1 & 0 & 1\\ 0 & 0 & -1 & 0\end{bmatrix},\ r(C)=3$$

这里 A、B、C 都是满秩矩阵.

显然,n 阶方阵 A 为满秩矩阵的充要条件是其行列式 $detA\neq0$,此时亦称 A 为非奇异矩阵. 下面给出两个重要定理:

定理 1.2 任意一个矩阵经过若干次初等行变换一定可以化成阶梯形矩阵.

证明 设 $A=[a_{ij}]$ 为 $m\times n$ 矩阵.

若 $A=[a_{ij}]=O$,即 A 为 0 矩阵,0 矩阵是阶梯形矩阵.

若 $A=[a_{ij}]\neq O$,则至少有一个元素不为零,不妨设 $a_{11}\neq0$,把第 1 行遍乘$(-\frac{a_{21}}{a_{11}})$加到第 2 行对应元素上,把第 1 行遍乘$(-\frac{a_{31}}{a_{11}})$加到第 3 行对应元素上……依此类推,就可以把第 1 列除 a_{11}外的其余元素化成 0:

$$\begin{bmatrix}a_{11} & a_{12} & \cdots & a_{1n}\\ a_{21} & a_{22} & \cdots & a_{2n}\\ \vdots & \vdots & & \vdots\\ a_{m1} & a_{m2} & \cdots & a_{mn}\end{bmatrix}\longrightarrow\begin{bmatrix}a_{11} & a_{12} & \cdots & a_{1n}\\ 0 & a'_{22} & \cdots & a'_{2n}\\ \vdots & \vdots & & \vdots\\ 0 & a'_{m2} & \cdots & a'_{mn}\end{bmatrix}=\begin{bmatrix}a_{11} & *\\ 0 & B_1\end{bmatrix}$$

若 $B_1=O$,则 A 已化成阶梯形矩阵;若 $B_1\neq O$,则对 B_1 施行与上述类似的初等行变换,这样经过有限次的初等行变换,总可以把 A 化成阶梯形矩阵.

定理 1.3 若 n 阶方阵 A 为满秩矩阵,则 A 经过初等行变换必能化成单位矩阵.

事实上,任意矩阵经初等行变换都能化成阶梯形矩阵. A 为满秩方阵,它的阶梯形矩阵不出现 0 行,即主对角线上的元素均不等于 0,若再对这个阶梯形矩阵施行初等行变换,把除主对角线元素以外的其他元素化成 0,最后用倍乘变换把主对角线上的元素化成 1,这样就把满秩方阵化成单位矩阵了. 因此,满秩方阵 A 可以用初等行变换化为单位矩阵.

例 3 设矩阵:

$$A=\begin{bmatrix}0 & 2 & -1\\ 1 & 1 & 2\\ -1 & -1 & -1\end{bmatrix}$$

判断 A 是否为满秩矩阵,若是,将 A 化成单位矩阵.

解 先求矩阵 A 的阶梯形矩阵:

$$\because\ A=\begin{bmatrix}0 & 2 & -1\\ 1 & 1 & 2\\ -1 & -1 & -1\end{bmatrix}\xrightarrow{\text{交换①、②行}}\begin{bmatrix}1 & 1 & 2\\ 0 & 2 & -1\\ -1 & -1 & -1\end{bmatrix}\xrightarrow{①\times1+③}\begin{bmatrix}1 & 1 & 2\\ 0 & 2 & -1\\ 0 & 0 & 1\end{bmatrix}$$

$\therefore$ 秩$(A)=3$,故 A 是满秩矩阵.

对最后一个矩阵继续施行初等行变换,把除主对角线元素以外的元素化成0:

$$\begin{bmatrix}1&1&2\\0&2&-1\\0&0&1\end{bmatrix}\xrightarrow[\text{③}\times(-2)+\text{①}]{\text{③}\times1+\text{②}}\begin{bmatrix}1&1&0\\0&2&0\\0&0&1\end{bmatrix}\xrightarrow{\text{②}\times\frac{1}{2}}\begin{bmatrix}1&1&0\\0&1&0\\0&0&1\end{bmatrix}$$

$$\xrightarrow{\text{②}\times(-1)+\text{①}}\begin{bmatrix}1&0&0\\0&1&0\\0&0&1\end{bmatrix}$$

可见,矩阵 A 经过上述初等行变换最后化为一个单位矩阵.

练习 1.8

1. 将下列矩阵化成阶梯形矩阵(即梯矩阵):

(1) $\begin{bmatrix}7&-2&0&1\\-1&4&5&-3\\2&0&3&8\end{bmatrix}$　　(2) $\begin{bmatrix}-3&0&1&5\\2&-1&4&7\\1&3&0&6\\2&0&-4&5\end{bmatrix}$

(3) $\begin{bmatrix}2&1&2&3\\4&1&3&5\\2&0&1&2\end{bmatrix}$　　(4) $\begin{bmatrix}1&0&1\\2&1&0\\-3&2&-5\end{bmatrix}$

2. 求下列矩阵的秩:

(1) $\begin{bmatrix}3&-2&0&1&-7\\-1&-3&2&0&4\\2&0&-4&5&1\\4&1&-2&1&-11\end{bmatrix}$　(2) $\begin{bmatrix}1&-1&1&2\\2&3&3&2\\1&1&2&1\end{bmatrix}$

(3) $\begin{bmatrix}1&3&-1&-2\\2&-1&2&3\\3&2&1&1\\1&-4&3&5\end{bmatrix}$

3. 设 $A=\begin{bmatrix}3&-1&2&0\\1&0&-4&2\\0&-2&3&1\end{bmatrix}$,求秩$(A)$与秩$(A^T)$.

4. 设 $A=\begin{bmatrix}1&2&4\\2&\lambda&1\\1&1&0\end{bmatrix}$,求 λ,使秩(A)有最小值.

1.9 逆矩阵

在 1.2 节中定义了矩阵的加法、乘法运算. 矩阵能定义除法吗? 为了弄清这个问题,我们先看数的乘法与除法的关系.

设 a 为实数,当 $a \neq 0$ 时,a 的倒数存在,记作 $b = \frac{1}{a}$,且有:

$$a \times b = a \times \frac{1}{a} = \frac{1}{a} \times a = 1$$

这种运算在实数的运算中叫作除法. 矩阵没有除法,但是有类似的运算.

1.9.1 逆矩阵

定义 1.15 对矩阵 A,如果存在一个矩阵 B,使得:

$$AB = BA = I \tag{1.11}$$

则称 A 为可逆矩阵(简称 A 可逆),并称 B 是 A 的逆矩阵,记作 A^{-1},即 $B = A^{-1}$.

因为公式(1.11)中,A 与 B 的地位是平等的,所以也称 B 可逆,A 是 B 的逆矩阵,即 $B^{-1} = A$.

例 1 设矩阵 $A = \begin{bmatrix} 1 & 0 & 1 \\ 2 & 1 & 0 \\ -3 & 2 & -5 \end{bmatrix}$

$B = \begin{bmatrix} -\frac{5}{2} & 1 & -\frac{1}{2} \\ 5 & -1 & 1 \\ \frac{7}{2} & -1 & \frac{1}{2} \end{bmatrix}$,验证 A、B 都是可逆矩阵,且 $A^{-1} = B$,$B^{-1} = A$.

验证,容易计算出:

$$AB = BA = \begin{bmatrix} 1 & 0 & 0 \\ 0 & 1 & 0 \\ 0 & 0 & 1 \end{bmatrix}$$

由可逆的定义知,A、B 都是可逆矩阵,且有 $A^{-1} = B$,$B^{-1} = A$.

例 2 因为 $II = I$,所以 I 是可逆矩阵,且 $I^{-1} = I$.

例 3 因为任何方阵 B,都有:

$$BO = OB = O$$

所以零矩阵不可逆.

由定义可知:

①可逆矩阵一定是方阵；

②可逆矩阵 A 的逆矩阵是唯一的.

第①条作为课后练习，现在证明第②条.

证明　若 B、C 都是 A 的逆矩阵，则有：

$$AB = BA = I$$

$$AC = CA = I$$

因为　$B = IB = (CA)B = C(AB) = CI = C$

所以 A 的逆矩阵是唯一的.

那么，如何判断矩阵 A 是否可逆？

容易验证例 1 中矩阵 A、B 都是满秩矩阵，为了说明这种满秩矩阵与可逆矩阵的关系，先给出下面的定理.

定理 1.4　n 阶矩阵 A 可逆的充分必要条件是 A 为满秩矩阵，即秩$(A) = n$.

例如：

$$A = \begin{bmatrix} 1 & 0 & 0 & 1 \\ 1 & 2 & 0 & -1 \\ 3 & -1 & 0 & 4 \\ 1 & 4 & 5 & 1 \end{bmatrix} \xrightarrow{\text{初等变换}} \begin{bmatrix} 1 & 0 & 0 & 1 \\ 0 & 1 & 0 & -1 \\ 0 & 0 & 5 & 4 \\ 0 & 0 & 0 & 0 \end{bmatrix}$$

故秩$(A) = 3 < 4 = n$，A 不可逆.

$$B = \begin{bmatrix} 1 & -1 & 1 \\ 2 & 3 & 3 \\ 1 & 1 & 2 \end{bmatrix} \xrightarrow{\text{初等变换}} \begin{bmatrix} 1 & -1 & 1 \\ 0 & 1 & -1 \\ 0 & 0 & 3 \end{bmatrix}$$

故秩$(B) = 3 = 3 = n$，B 可逆.

推论：n 阶矩阵 A 可逆的充要条件是 $|A| \neq 0$.

定理 1.5　设 A、B 都是 n 阶矩阵，若 $AB = I$，则 A、B 均可逆，并且 $A^{-1} = B$，$B^{-1} = A$.

利用定理 1.5 判定矩阵是否可逆，比直接用定义判定简单些. 但是必须注意，矩阵 A、B 是同阶方阵.

例 4　设 n 阶矩阵 A 满足 $A^2 = 2I$，证明 $I + A$ 可逆，并求$(I + A)^{-1}$.

证明　已知$A^2 = 2I$，即 $A^2 - I = I$，得：

$$(A + I)(A - I) = I，即(I + A)(A - I) = I$$

由定理 1.5 知$(I + A)$可逆，且$(I + A)^{-1} = A - I$.

1.9.2　可逆矩阵的性质

可逆矩阵主要有以下性质：

性质 1　若 A 可逆，则 A^{-1}也可逆，且$(A^{-1})^{-1} = A$.

证明　A 可逆，所以 A^{-1}存在，且 $AA^{-1} = I$，由定理 1.5，A^{-1}也可逆，且$(A^{-1})^{-1} = A$.

性质 2 若 n 阶矩阵 A、B 均可逆，则 AB 也可逆，且：

$$(AB)^{-1}=B^{-1}A^{-1}$$

证明 因为 n 阶矩阵 A、B 可逆，所以 A^{-1}，B^{-1} 存在，又：

$$(AB)(B^{-1}A^{-1})=A(BB^{-1})A^{-1}=AIA^{-1}=AA^{-1}=I$$

故由定理 1.5 知，AB 可逆，且 $(AB)^{-1}=B^{-1}A^{-1}$.

这个性质可以推广到多个同阶矩阵相乘的情形. 即设 n 阶矩阵 A_1、…、A_{m-1}、A_m 都可逆，则 $A_1\cdots A_{m-1}A_m$ 也可逆，且 $(A_1\cdots A_{m-1}A_m)^{-1}=A_m^{-1}A_{m-1}^{-1}\cdots A_2^{-1}A_1^{-1}$.

性质 3 若矩阵 A 可逆，则 A^T 也可逆，且 $(A^T)^{-1}=(A^{-1})^T$.

证明 因为 A 可逆，故 A^{-1} 存在，又：

$$A^T(A^{-1})^T=(A^{-1}A)^T=I^T=I$$

所以 A^T 可逆，且 $(A^T)^{-1}=(A^{-1})^T$.

练习 1.9

1. 下列矩阵可逆吗？

(1) $\begin{bmatrix}1 & 0\\0 & 0\end{bmatrix}$　　(2) $\begin{bmatrix}1 & -1\\-1 & 1\end{bmatrix}$

(3) $\begin{bmatrix}1 & 2 & -1\\3 & 4 & -2\\5 & -4 & 1\end{bmatrix}$　　(4) $\begin{bmatrix}1 & 2 & 3\\-2 & 0 & 1\\2 & 4 & -1\end{bmatrix}$

2. 考查下列矩阵 A、B 是否互为逆矩阵：

(1) $A=\begin{bmatrix}8 & -4\\-5 & 3\end{bmatrix}$，　$B=\begin{bmatrix}\frac{3}{4} & 1\\\frac{5}{4} & 2\end{bmatrix}$

(2) $A=\begin{bmatrix}3 & -1\\2 & -1\end{bmatrix}$，　$B=\begin{bmatrix}1 & -1\\2 & -3\end{bmatrix}$

(3) $A=\begin{bmatrix}1 & -2 & 5\\-3 & 0 & 4\\2 & 1 & 6\end{bmatrix}$，　$B=\begin{bmatrix}-4 & 17 & -8\\26 & -4 & -19\\-3 & -5 & -6\end{bmatrix}$

3. 设矩阵：

$$A=\begin{bmatrix}1 & 2\\-3 & 4\end{bmatrix},\quad B=\begin{bmatrix}\frac{4}{10} & x\\\frac{3}{10} & y\end{bmatrix}$$

试确定 x、y，使 B 是 A 的逆矩阵.

4. 已知：

$$A=\begin{bmatrix}1&2&1\\0&1&3\\1&2&4\end{bmatrix},\quad B^{-1}=\begin{bmatrix}2&1&0\\-1&2&1\\-2&3&1\end{bmatrix}$$

求：(1) $(AB)^{-1}$； (2) $(A^TB)^{-1}$； (3) $((AB)^T)^{-1}$.

1.10　逆矩阵的求法

1.10.1　用初等行变换求逆矩阵

若 A 可逆，则 A 是满秩矩阵，根据定理 1.3，矩阵 A 总可以经过一系列初等行变换化成单位矩阵 I，用一系列同样的初等行变换作用到 I 上，最后 I 就化成 A^{-1}，因此用初等行变换求逆矩阵的方法可表示如下：

$$(A,I)\xrightarrow{\text{初等行变换}}(I,A^{-1})$$

这就是说，在矩阵 A 的右边写上同阶的单位矩阵 I，构成一个 $n\times 2n$ 矩阵 (A,I)，然后对 (A,I) 施行初等行变换，将 A 化成单位矩阵，同时，I 化成 A 的逆矩阵 A^{-1}.

例 1　设 $A=\begin{bmatrix}3&-1\\2&-1\end{bmatrix}$，求 A^{-1}.

解　按上述方法，因为 A 是二阶矩阵，右侧并列 I_2，即 (A,I_2)，对它进行初等行变换.

$$\because\ (A,I_2)=\left[\begin{array}{cc:cc}3&-1&1&0\\2&-1&0&1\end{array}\right]\xrightarrow{②\times(-1)+①}\left[\begin{array}{cc:cc}1&0&1&-1\\2&-1&0&1\end{array}\right]$$

$$\xrightarrow{①\times(-2)+②}\left[\begin{array}{cc:cc}1&0&1&-1\\0&-1&-2&3\end{array}\right]\xrightarrow{②\times(-1)}\left[\begin{array}{cc:cc}1&0&1&-1\\0&1&2&-3\end{array}\right]$$

$$\therefore A^{-1}=\begin{bmatrix}1&-1\\2&-3\end{bmatrix}$$

不难验证：$AA^{-1}=\begin{bmatrix}3&-1\\2&-1\end{bmatrix}\begin{bmatrix}1&-1\\2&-3\end{bmatrix}=\begin{bmatrix}1&0\\0&1\end{bmatrix}=I_2$.

例 2　设矩阵：

$$A=\begin{bmatrix}0&2&-1\\1&1&2\\-1&-1&-1\end{bmatrix}$$

求 A 的逆矩阵 A^{-1}.

解

$$\because\ (A,I_3)=\left[\begin{array}{ccc|ccc}0&2&-1&1&0&0\\1&1&2&0&1&0\\-1&-1&-1&0&0&1\end{array}\right]$$

$$\xrightarrow{\text{交换①、②行}}\left[\begin{array}{ccc|ccc}1&1&2&0&1&0\\0&2&-1&1&0&0\\-1&-1&-1&0&0&1\end{array}\right]\xrightarrow{①\times1+③}\left[\begin{array}{ccc|ccc}1&1&2&0&1&0\\0&2&-1&1&0&0\\0&0&1&0&1&1\end{array}\right]$$

$$\xrightarrow[③\times(-2)+①]{③\times1+②}\left[\begin{array}{ccc|ccc}1&1&0&0&-1&-2\\0&2&0&1&1&1\\0&0&1&0&1&1\end{array}\right]\xrightarrow{②\times\frac{1}{2}}\left[\begin{array}{ccc|ccc}1&1&0&0&-1&-2\\0&1&0&\frac{1}{2}&\frac{1}{2}&\frac{1}{2}\\0&0&1&0&1&1\end{array}\right]$$

$$\xrightarrow{②\times(-1)+①}\left[\begin{array}{ccc|ccc}1&0&0&-\frac{1}{2}&-\frac{3}{2}&-\frac{5}{2}\\0&1&0&\frac{1}{2}&\frac{1}{2}&\frac{1}{2}\\0&0&1&0&1&1\end{array}\right]$$

$$\therefore A^{-1}=\begin{bmatrix}-\frac{1}{2}&-\frac{3}{2}&-\frac{5}{2}\\\frac{1}{2}&\frac{1}{2}&\frac{1}{2}\\0&1&1\end{bmatrix}$$

可以验证 $AA^{-1}=I$.

例 3 设 $A=\begin{bmatrix}-2&0&1\\1&1&2\\-1&1&3\end{bmatrix}$,问 A^{-1}存在吗? 若存在,求 A^{-1}.

解

$$(A,I)=\left[\begin{array}{ccc|ccc}-2&0&1&1&0&0\\1&1&2&0&1&0\\-1&1&3&0&0&1\end{array}\right]$$

$$\xrightarrow{\text{交换①、②行}}\left[\begin{array}{ccc|ccc}1&1&2&0&1&0\\-2&0&1&1&0&0\\-1&1&3&0&0&1\end{array}\right]$$

$$\xrightarrow[①\times1+③]{①\times2+②}\left[\begin{array}{ccc|ccc}1&1&2&0&1&0\\0&2&5&1&2&0\\0&2&5&0&1&1\end{array}\right]$$

$$\xrightarrow{②\times(-1)+③}\left[\begin{array}{ccc:ccc}1 & 1 & 2 & 0 & 1 & 0\\ 0 & 2 & 5 & 1 & 2 & 0\\ 0 & 0 & 0 & -1 & -1 & 1\end{array}\right]$$

因为左边矩阵 A 经过初等行变换出现了 0 行,可知矩阵 A 不是满秩矩阵,所以 A 不可逆.

总之,当给定了 n 阶矩阵 A,不管其是否可逆,总可用上述方法计算,当进行到一定时候,矩阵 A 变出了 0 行时,则可判定原来的矩阵 A 是不可逆的,若 A 化成了单位矩阵 I,则说明矩阵 A 是可逆的,且此时这个单位矩阵 I 右侧的矩阵就是 A 的逆矩阵 A^{-1},它是由单位矩阵 I 变换得到的.

1.10.2　用伴随矩阵法求逆矩阵

定理 1.6　设 A_{ij} 是方阵 A 中元素 a_{ij} 的代数余子式,若 $|A|\neq 0$,则 A 可逆,且:

$$A^{-1}=\frac{1}{|A|}\begin{bmatrix}A_{11} & A_{21} & \cdots & A_{n1}\\ A_{12} & A_{22} & \cdots & A_{n2}\\ \vdots & \vdots & & \vdots\\ A_{1n} & A_{2n} & \cdots & A_{nn}\end{bmatrix}$$

其中,矩阵 $\begin{bmatrix}A_{11} & A_{21} & \cdots & A_{n1}\\ A_{12} & A_{22} & \cdots & A_{n2}\\ \vdots & \vdots & & \vdots\\ A_{1n} & A_{2n} & \cdots & A_{nn}\end{bmatrix}$ 称为矩阵 A 的伴随矩阵,记作 A^*. 于是有:

$$A^{-1}=\frac{1}{|A|}A^*$$

例 4　求矩阵 $A=\begin{pmatrix}1 & 0 & 1\\ 2 & 1 & 0\\ -3 & 2 & -5\end{pmatrix}$ 的逆矩阵.

解

因为 $|A|=\begin{vmatrix}1 & 0 & 1\\ 2 & 1 & 0\\ -3 & 2 & -5\end{vmatrix}=2\neq 0$

所以 A 可逆.

$$A_{11}=\begin{vmatrix}1 & 0\\ 2 & -5\end{vmatrix}=-5,A_{12}=-\begin{vmatrix}2 & 0\\ -3 & -5\end{vmatrix}=10,A_{13}=\begin{vmatrix}2 & 1\\ -3 & 2\end{vmatrix}=7$$

$$A_{21}=-\begin{vmatrix}0 & 1\\ 2 & -5\end{vmatrix}=2,A_{22}=\begin{vmatrix}1 & 1\\ -3 & -5\end{vmatrix}=-2,A_{23}=-\begin{vmatrix}1 & 0\\ -3 & 2\end{vmatrix}=-2$$

$$A_{31}=\begin{vmatrix}0&1\\1&0\end{vmatrix}=-1,A_{32}=-\begin{vmatrix}1&1\\2&0\end{vmatrix}=2,A_{33}=\begin{vmatrix}1&0\\2&1\end{vmatrix}=1$$

于是得：

$$A^{-1}=\frac{1}{|A|}A^{*}=\frac{1}{2}\begin{pmatrix}-5&2&-1\\10&-2&2\\7&-2&1\end{pmatrix}$$

$$=\begin{pmatrix}-\frac{5}{2}&1&-\frac{1}{2}\\5&-1&1\\\frac{7}{2}&-1&\frac{1}{2}\end{pmatrix}$$

现在利用逆矩阵求解简单的矩阵方程.

例 5 解矩阵方程 $AX=B$，其中：

$$A=\begin{bmatrix}-2&1&0\\1&-2&1\\0&1&-2\end{bmatrix},\quad B=\begin{bmatrix}5&-1\\-2&3\\1&4\end{bmatrix}$$

解 由矩阵方程 $AX=B$ 可知，若矩阵 A 可逆，则在方程两边左乘 A^{-1}，得到：

$$A^{-1}(AX)=A^{-1}B$$

即矩阵方程的解为：

$$X=A^{-1}B$$

为此先对 (A,I_3) 进行初等行变换：

$$\because\ (A,I_3)=\left[\begin{array}{ccc:ccc}-2&1&0&1&0&0\\1&-2&1&0&1&0\\0&1&-2&0&0&1\end{array}\right]$$

$$\xrightarrow{\text{交换①、②行}}\left[\begin{array}{ccc:ccc}1&-2&1&0&1&0\\-2&1&0&1&0&0\\0&1&-2&0&0&1\end{array}\right]\xrightarrow{①\times2+②}\left[\begin{array}{ccc:ccc}1&-2&1&0&1&0\\0&-3&2&1&2&0\\0&1&-2&0&0&1\end{array}\right]$$

$$\xrightarrow{\text{交换②、③行}}\left[\begin{array}{ccc:ccc}1&-2&1&0&1&0\\0&1&-2&0&0&1\\0&-3&2&1&2&0\end{array}\right]\xrightarrow[②\times2+①]{②\times3+③}\left[\begin{array}{ccc:ccc}1&0&-3&0&1&2\\0&1&-2&0&0&1\\0&0&-4&1&2&3\end{array}\right]$$

$$\xrightarrow{③\times(-\frac{1}{4})}\left[\begin{array}{ccc:ccc}1&0&-3&0&1&2\\0&1&-2&0&0&1\\0&0&1&-\frac{1}{4}&-\frac{1}{2}&-\frac{3}{4}\end{array}\right]$$

$$\xrightarrow[\text{③}\times3+\text{①}]{\text{③}\times2+\text{②}}\left[\begin{array}{ccc|ccc}1&0&0&-\frac{3}{4}&-\frac{2}{4}&-\frac{1}{4}\\0&1&0&-\frac{2}{4}&-1&-\frac{2}{4}\\0&0&1&-\frac{1}{4}&-\frac{2}{4}&-\frac{3}{4}\end{array}\right]$$

$$\therefore\quad A^{-1}=\begin{bmatrix}-\frac{3}{4}&-\frac{2}{4}&-\frac{1}{4}\\-\frac{2}{4}&-\frac{4}{4}&-\frac{2}{4}\\-\frac{1}{4}&-\frac{2}{4}&-\frac{3}{4}\end{bmatrix}=-\frac{1}{4}\begin{bmatrix}3&2&1\\2&4&2\\1&2&3\end{bmatrix}$$

因此 $X=A^{-1}B=-\frac{1}{4}\begin{bmatrix}3&2&1\\2&4&2\\1&2&3\end{bmatrix}\begin{bmatrix}5&-1\\-2&3\\1&4\end{bmatrix}$

$$=-\frac{1}{4}\begin{bmatrix}12&7\\4&18\\4&17\end{bmatrix}$$

例 6　在例 5 中，如果矩阵 B 为列矩阵 $\begin{bmatrix}5\\-2\\1\end{bmatrix}$，那么矩阵方程的解：

$$X=A^{-1}B=-\frac{1}{4}\begin{bmatrix}3&2&1\\2&4&2\\1&2&3\end{bmatrix}\begin{bmatrix}5\\-2\\1\end{bmatrix}$$

$$=-\frac{1}{4}\begin{bmatrix}12\\4\\4\end{bmatrix}=\begin{bmatrix}-3\\-1\\-1\end{bmatrix}$$

矩阵 X 是只有 3 个元素的列矩阵，若记：

$$X=\begin{bmatrix}x_1\\x_2\\x_3\end{bmatrix}=\begin{bmatrix}-3\\-1\\-1\end{bmatrix}$$

那么，X 恰是三元一次方程组

$$\begin{cases}-2x_1+x_2=5\\x_1-2x_2+x_3=-2\\x_2-2x_3=1\end{cases}$$

的解. 这时三元一次方程组可以用矩阵表示为：

$$\begin{bmatrix} -2 & 1 & 0 \\ 1 & -2 & 1 \\ 0 & 1 & -2 \end{bmatrix}\begin{bmatrix} x_1 \\ x_2 \\ x_3 \end{bmatrix} = \begin{bmatrix} 5 \\ -2 \\ 1 \end{bmatrix}$$

练习 1.10

1. 求下列矩阵的逆矩阵：

(1) $\begin{bmatrix} 5 & -1 \\ 2 & -1 \end{bmatrix}$　　(2) $\begin{bmatrix} 4 & 1 & 2 \\ 3 & 2 & 1 \\ 5 & -3 & 2 \end{bmatrix}$

(3) $\begin{bmatrix} 3 & -2 & -5 \\ 2 & -1 & -3 \\ -4 & 0 & 1 \end{bmatrix}$　　(4) $\begin{bmatrix} 1 & 2 & 2 \\ 2 & 1 & -2 \\ 2 & -2 & 1 \end{bmatrix}$

(5) $\begin{bmatrix} 1 & a & a^2 & a^3 \\ 0 & 1 & a & a^2 \\ 0 & 0 & 1 & a \\ 0 & 0 & 0 & 1 \end{bmatrix}$

2. 解下列矩阵方程：

(1) $\begin{bmatrix} 1 & -2 & 0 \\ 4 & -2 & -1 \\ -3 & 1 & 2 \end{bmatrix} X = \begin{bmatrix} -1 & 4 \\ 2 & 5 \\ 1 & -3 \end{bmatrix}$

(2) $\begin{bmatrix} 2 & 2 & 3 \\ 1 & -1 & 0 \\ -1 & 2 & 1 \end{bmatrix} X = \begin{bmatrix} 4 & 2 & 3 \\ 1 & 1 & 0 \\ -1 & 2 & 3 \end{bmatrix}$

(3) $X\begin{bmatrix} 3 & -1 & 2 \\ 1 & 0 & -1 \\ -2 & 1 & 4 \end{bmatrix} = \begin{bmatrix} 3 & 0 & -2 \\ -1 & 4 & 1 \end{bmatrix}$

习题一

一、选择题

1. 设二阶行列式 $D=\begin{vmatrix}1 & -5\\ 7 & 2\end{vmatrix}$,则 $D=$(　　).

A. 70　　B. 33

C. 37　　D. -37

2. 设三阶行列式 $D=\begin{vmatrix}2 & 3 & 5\\ -4 & 3 & 1\\ 2 & 1 & 2\end{vmatrix}$,则 $A_{11}=$(　　).

A. $\begin{vmatrix}3 & 1\\ 1 & 2\end{vmatrix}$　　B. $-\begin{vmatrix}3 & 1\\ 3 & 5\end{vmatrix}$

C. $\begin{vmatrix}-4 & 1\\ 2 & 5\end{vmatrix}$　　D. $\begin{vmatrix}1 & 2\\ 3 & 1\end{vmatrix}$

3. 设 $\begin{vmatrix}0 & 0 & 3 & 0\\ 1 & 0 & 0 & 0\\ 0 & -2 & 0 & 0\\ 2 & 0 & 0 & a\end{vmatrix}=24$,则 $a=$(　　).

A. 4　　B. -4

C. 8　　D. -8

4. 设 $\begin{vmatrix}a_1 & a_2 & a_3\\ b_1 & b_2 & b_3\\ c_1 & c_2 & c_3\end{vmatrix}=3$,则 $\begin{vmatrix}a_1 & a_2 & a_3\\ 3a_1-b_1 & 3a_2-b_2 & 3a_3-b_3\\ c_1 & c_2 & c_3\end{vmatrix}=$(　　).

A. 3　　B. -3

C. -6　　D. 6

5. 已知行列式

$D=\begin{vmatrix}-1 & 0 & x & 1\\ 1 & 1 & -1 & -1\\ 1 & -1 & 1 & -1\\ 1 & -1 & -1 & 1\end{vmatrix}$,则行列式 D 中 x 的一次项系数是(　　).

A. -1　　B. 1

C. -4　　D. 4

6. 设

$$f(x)=\begin{vmatrix}1 & 1 & x^2-2\\ 1 & 1 & 2\\ 2 & x^2+1 & 1\end{vmatrix}$$，则方程 $f(x)=0$ 的根是(　　).

A. $-1,-1,2,2$

B. $1,-1,-2,-2$

C. $-1,-1,-2,-2$

D. $1,-1,-2,2$

7. 设行列式 $D=\begin{vmatrix}1 & 3 & -2\\ -1 & 0 & 3\\ 1 & 2 & -1\end{vmatrix}$，$D$ 中元素 $a_{23}=3$ 的代数余子式 $A_{23}=$(　　).

A. $\begin{vmatrix}1 & 3\\ 1 & 2\end{vmatrix}$

B. $\begin{vmatrix}-1 & 0\\ 1 & 2\end{vmatrix}$

C. $-\begin{vmatrix}1 & 3\\ 1 & 2\end{vmatrix}$

D. $\begin{vmatrix}1 & 3\\ -1 & 0\end{vmatrix}$

8. 设行列式 $D=\begin{vmatrix}0 & 1 & 0 & 6\\ 1 & 2 & 0 & 1\\ 1 & 3 & 1 & 0\\ 0 & 1 & 0 & 6\end{vmatrix}$，则其值为(　　).

A. 0

B. -17

C. 1

D. 17

9. 设矩阵 $A=\begin{bmatrix}1 & 2 & 4\\ 0 & 2 & 1\end{bmatrix}$，$B=\begin{bmatrix}0 & 0 & 1\\ 0 & 2 & 4\\ 1 & 0 & 1\end{bmatrix}$，则 $AB=$(　　).

A. $\begin{bmatrix}0 & 4 & 13\\ 1 & 2 & 6\end{bmatrix}$

B. $\begin{bmatrix}4 & 4 & 13\\ 1 & 4 & 9\end{bmatrix}$

C. $\begin{bmatrix}0 & 4 & 3\\ 1 & 4 & 9\end{bmatrix}$

D. $\begin{bmatrix}2 & 3 & 9\\ 1 & 2 & 6\end{bmatrix}$

10. 设矩阵 $A=\begin{bmatrix}a_{11} & a_{12}\\ a_{21} & a_{22}\\ a_{31} & a_{32}\end{bmatrix}$，则能左乘 A 的矩阵是(　　).

A. $\begin{bmatrix}b_{11} & b_{12}\\ b_{21} & b_{22}\\ b_{31} & b_{32}\end{bmatrix}$

B. $\begin{bmatrix}b_{11}\\ b_{21}\\ b_{31}\end{bmatrix}$

C. $\begin{bmatrix}b_{11} & b_{12} & b_{13}\end{bmatrix}$

D. $\begin{bmatrix}b_{21} & b_{22}\\ b_{31} & b_{32}\end{bmatrix}$

11. 设矩阵 $A=\begin{bmatrix}1 & -1\\ -2 & 3\end{bmatrix}$,则 $A^{-1}=($　　$)$.

A. $\begin{bmatrix}3 & -1\\ -2 & -1\end{bmatrix}$

B. $\begin{bmatrix}3 & 1\\ 2 & 1\end{bmatrix}$

C. $\begin{bmatrix}3 & -2\\ -1 & 0\end{bmatrix}$

D. 以上选项均错误

12. 若 $A=\begin{bmatrix}2 & 3\\ 1 & 1\end{bmatrix}$,则 $A^{-1}=($　　$)$.

A. $\begin{bmatrix}-1 & 3\\ -1 & 2\end{bmatrix}$

B. $\begin{bmatrix}-1 & 3\\ 1 & -2\end{bmatrix}$

C. $\begin{bmatrix}-1 & 1\\ -3 & -2\end{bmatrix}$

D. $\begin{bmatrix}-1 & -2\\ -1 & -3\end{bmatrix}$

13. 设矩阵 $A=\begin{bmatrix}1 & -1 & 1\\ 0 & 1 & -1\\ 1 & 1 & 0\end{bmatrix}$,则 $(A^T)^{-1}=($　　$)$.

A. $\begin{bmatrix}1 & -1 & -1\\ 1 & -1 & -2\\ 0 & 1 & 1\end{bmatrix}$

B. $\begin{bmatrix}1 & -2 & 1\\ -1 & 2 & 1\\ 1 & 0 & 0\end{bmatrix}$

C. $\begin{bmatrix}1 & 0 & 0\\ -1 & -2 & 1\\ 1 & -2 & 1\end{bmatrix}$

D. $\begin{bmatrix}1 & -2 & 0\\ 1 & -2 & 1\\ 1 & -2 & 1\end{bmatrix}$

14. 设矩阵 $A=\begin{bmatrix}1 & 2 & 3\\ 0 & 1 & 2\\ 2 & 0 & 1\end{bmatrix}$,则 $r(A)=($　　$)$.

A. 0

B. 2

C. 3

D. 1

15. 设行列式 $D=\begin{vmatrix}2 & 1 & 0\\ 1 & 3 & 1\\ 2 & 0 & 1\end{vmatrix}$,则 $A_{21}=($　　$)$.

A. 1

B. 0

C. -1

D. 3

16. 设 M_{ij}、$A_{ij}(i,j=1,2,3,\cdots,n)$分别为 n 阶行列式的余子式和代数余子式,则它们之间的关系是(　　).

A. $A_{ij}=(i+j)M_{ij}$

B. $A_{ij}=(-1)^{i+j}M_{ij}$

C. $A_{ij}=M_{ij}$

D. $A_{ij}=(-1)^{ij}M_{ij}$

17. 若矩阵 $A=\begin{bmatrix}1 & 1 & 1\\ 1 & 2 & 1\\ 2 & 3 & \lambda+1\end{bmatrix}$ 的秩为 2,则 $\lambda=$(　　).

A. 1　　B. −1

C. −2　　D. 0

18. 若有 $\begin{bmatrix}\lambda & 1 & 1\\ 3 & 0 & 1\\ 0 & 2 & -1\end{bmatrix}\begin{bmatrix}3\\ \lambda\\ -3\end{bmatrix}=\begin{bmatrix}\lambda\\ 6\\ 5\end{bmatrix}$,则 $\lambda=$(　　).

A. −1　　B. 1

C. 2　　D. −2

19. 若 A 既是上三角形矩阵,又是下三角形矩阵时,则 A 必是(　　).

A. 转置矩阵　　B. 数量矩阵

C. 分块矩阵　　D. 对角矩阵

20. 设 $A=\begin{bmatrix}1 & 2\\ 4 & 3\end{bmatrix}$,$B=\begin{bmatrix}x & 1\\ 2 & y\end{bmatrix}$,若有 $AB=BA$,则 x 与 y 具有的关系为(　　).

A. $2y=x$　　B. $y=x+1$

C. $y=x-1$　　D. $y=2x$

二、填空题

1. 设行列式的转置行列式为 D^T,则 $(D^T)^T=$____________.

2. 设行列式 $D=\begin{vmatrix}a_{11} & a_{12}\\ \lambda a_{11} & \lambda a_{12}\end{vmatrix}$,则 $D=$____________.

3. 若已知 $\begin{vmatrix}x & 4 & 0\\ 2 & -1 & 0\\ 3 & 5 & x+2\end{vmatrix}=0$,则 $x=$____________.

4. 已知 $\begin{vmatrix}k_1 & 0 & 3\\ -2 & 1 & k_2\\ 1 & 0 & 1\end{vmatrix}=0$,则 $k_1=$____________,$k_2=$____________.

5. 行列式中两行(列)对应成比例,则行列式的值为____________.

6. 行列式 D 与其转置行列式 D^T 的值____________.

7. 互换行列式中任意两行(列),则行列式的值____________.

8. 若 $\begin{vmatrix}0 & 0 & 0 & 1\\ 0 & 0 & a & 0\\ 0 & 2 & 0 & 0\\ 1 & 0 & 0 & a\end{vmatrix}=-1$,则 $a=$____________.

9. $\begin{vmatrix} -2a_{11} & -2a_{12} & -2a_{13} \\ 3a_{21} & 3a_{22} & 3a_{23} \\ -5a_{31} & -5a_{32} & -5a_{33} \end{vmatrix} =$__________$\begin{vmatrix} a_{11} & a_{12} & a_{13} \\ a_{21} & a_{22} & a_{23} \\ a_{31} & a_{32} & a_{33} \end{vmatrix}$.

10. 已知矩阵 A 的转置矩阵 A^T，则 $(A^T)^T =$__________.

11. 已知矩阵 AB 有意义，则 $(AB)^T =$__________.

12. 已知矩阵 A 可逆，则 $(A^T)^{-1} =$__________.

13. 若 n 阶方阵 A 与 B 均为可逆矩阵，则 $(AB)^{-1} =$__________.

14. 如果矩阵 A、B 相等，则矩阵 A 与矩阵 B 的行数和列数应__________.

15. 当且仅当左矩阵 A 的列数与右矩阵 B 的行数__________时，AB 才有意义.

16. 设矩阵 $A = \begin{bmatrix} 1 & -1 & 2 \\ 0 & 1 & -1 \\ 2 & 1 & 0 \end{bmatrix}$，则 $A^{-1} =$__________.

三、解答题

1. 计算下列行列式：

(1) $\begin{vmatrix} -2 & -4 & 1 \\ 3 & 0 & 3 \\ 5 & 4 & -2 \end{vmatrix}$　　(2) $\begin{vmatrix} 1 & 2 & 3 \\ 0 & 1 & 2 \\ 1 & 5 & 1 \end{vmatrix}$

(3) $\begin{vmatrix} 1 & 1 & 1 & 0 \\ 0 & 1 & 0 & 1 \\ 0 & 1 & 1 & 1 \\ 0 & 0 & 1 & 0 \end{vmatrix}$　　(4) $\begin{vmatrix} 3 & 1 & 1 & 1 \\ 1 & 3 & 1 & 1 \\ 1 & 1 & 3 & 1 \\ 1 & 1 & 1 & 3 \end{vmatrix}$

(5) $\begin{vmatrix} 1 & 2 & 3 & 4 \\ 2 & 3 & 4 & 1 \\ 3 & 4 & 1 & 2 \\ 4 & 1 & 2 & 3 \end{vmatrix}$　　(6) $\begin{vmatrix} -2 & 2 & -4 & 0 \\ 4 & -1 & 3 & 5 \\ 3 & 1 & -2 & -3 \\ 2 & 0 & 5 & 1 \end{vmatrix}$

(7) $\begin{vmatrix} 0 & 2 & 2 & -1 \\ -2 & 2 & 0 & -1 \\ 2 & -1 & 2 & 0 \\ -1 & -2 & -2 & 1 \end{vmatrix}$　　(8) $\begin{vmatrix} 1 & -1 & -5 & 7 \\ 1 & 9 & 0 & -6 \\ 0 & -5 & -1 & 2 \\ 1 & 5 & -6 & 4 \end{vmatrix}$

2. 证明：

$$\begin{vmatrix} a_1 & b_1 & c_1 \\ a_2 & b_2 & c_2 \\ a_3 & b_3 & c_3 \end{vmatrix} = a_1 \begin{vmatrix} b_2 & c_2 \\ b_3 & c_3 \end{vmatrix} - b_1 \begin{vmatrix} a_2 & c_2 \\ a_3 & c_3 \end{vmatrix} + c_1 \begin{vmatrix} a_2 & b_2 \\ a_3 & b_3 \end{vmatrix}$$

3. k 取何值时,

$$\begin{vmatrix} k & 3 & 4 \\ -1 & k & 0 \\ 0 & k & 1 \end{vmatrix} = 0$$

4. 已知 $\begin{vmatrix} a_1 & b_1 & c_1 \\ a_2 & b_2 & c_2 \\ a_3 & b_3 & c_3 \end{vmatrix} = 1$,求 $\begin{vmatrix} a_1 & 2a_1 - 3b_1 & c_1 \\ a_2 & 2a_2 - 3b_2 & c_2 \\ a_3 & 2a_3 - 3b_3 & c_3 \end{vmatrix}$ 的值.

5. 计算行列式:

$$\begin{vmatrix} 1+x & 1 & 1 & 1 \\ 1 & 1-x & 1 & 1 \\ 1 & 1 & 1+y & 1 \\ 1 & 1 & 1 & 1-y \end{vmatrix}$$

6. 计算 n 阶行列式:

$$\begin{vmatrix} x & y & o & \cdots & o & o \\ o & x & y & \cdots & o & o \\ \vdots & \vdots & \vdots & & \vdots & \vdots \\ o & o & o & \cdots & x & y \\ y & o & o & \cdots & o & x \end{vmatrix}$$

7. 计算 n 阶行列式:

$$\begin{vmatrix} a & 1 & \cdots & 1 & 1 \\ 1 & a & \cdots & 1 & 1 \\ \vdots & \vdots & & \vdots & \vdots \\ 1 & 1 & \cdots & a & 1 \\ 1 & 1 & \cdots & 1 & a \end{vmatrix}$$

8. 计算 n 阶行列式:

$$\begin{vmatrix} 0 & 1 & 1 & \cdots & 1 \\ 1 & 0 & 1 & \cdots & 1 \\ 1 & 1 & 0 & \cdots & 1 \\ \vdots & \vdots & \vdots & & \vdots \\ 1 & 1 & 1 & \cdots & 0 \end{vmatrix}$$

9. 用克莱姆法则解下列线性方程组:

(1) $\begin{cases} x_1 + 2x_2 + x_3 = 0 \\ x_1 + 3x_2 + 5x_3 = 1 \\ x_1 + 2x_2 + 3x_3 = 2 \end{cases}$

(2) $\begin{cases} 2x_1-5x_2+x_3+x_4=1 \\ 3x_2+2x_3+2x_4=2 \\ 2x_1-x_2+4x_3+2x_4=0 \\ x_1-2x_2+x_4=4 \end{cases}$

(3) $\begin{cases} x_1-3x_2+2x_3+5x_4=0 \\ 3x_1+2x_2-x_3-6x_4=0 \\ -2x_1-5x_2+x_3+7x_4=0 \\ -x_1-8x_2+2x_3+3x_4=0 \end{cases}$

(4) $\begin{cases} x_1+x_2+2x_3+3x_4=1 \\ x_1+2x_2-3x_3-x_4=-4 \\ 3x_1-x_2-x_3-2x_4=-4 \\ 2x_3+3x_2-x_3-x_4=-6 \end{cases}$

10. 设矩阵 $A=\begin{bmatrix} 0 & 1 & 5 & 3 \\ 2 & 1 & 0 & 7 \end{bmatrix}$，$B=\begin{bmatrix} 6 & -2 & -2 & 1 \\ 1 & 0 & 3 & 5 \end{bmatrix}$，若矩阵 X 满足 $3X-2A+B=0$，求 X.

11. 计算下列矩阵乘积：

(1) $[1\quad 0\quad 2\quad 3]\begin{bmatrix} 2 \\ -1 \\ 0 \\ 5 \end{bmatrix}$　　(2) $\begin{bmatrix} 3 & -2 \\ 5 & -4 \end{bmatrix}\begin{bmatrix} 3 & 4 \\ -2 & 5 \end{bmatrix}$

(3) $\begin{bmatrix} 2 \\ -1 \\ 0 \\ 5 \end{bmatrix}[1\quad 0\quad 2\quad 3]$　　(4) $\begin{bmatrix} 1 & 2 & 3 \\ -2 & 1 & 2 \end{bmatrix}\begin{bmatrix} 1 & 2 & 0 \\ 0 & 1 & 1 \\ 3 & 0 & -1 \end{bmatrix}$

12. 设矩阵 $A=\begin{bmatrix} 1 & 2 & -1 \\ 2 & 3 & 2 \\ -1 & 0 & 2 \end{bmatrix}$，$B=\begin{bmatrix} 0 & 1 & 2 \\ 2 & -1 & 0 \\ -1 & -1 & 3 \end{bmatrix}$，求 A^TB^T，B^TA^T，$(A^T)^2$，$(B^T)^2$.

13. 设矩阵 $A=\begin{bmatrix} 1 & 1 \\ 0 & -2 \\ 3 & 0 \end{bmatrix}$，$B=\begin{bmatrix} 1 & 3 & -2 \\ 0 & -1 & 2 \end{bmatrix}$，求 AB.

14. 设矩阵 $A=\begin{bmatrix} 2 & 1 & 3 & 0 \\ 0 & 2 & 1 & 0 \\ 1 & 0 & 1 & 0 \end{bmatrix}$，求 AA^T.

15. 设矩阵

$$A=\begin{bmatrix}3&1&1\\2&1&2\\1&2&3\end{bmatrix},\quad B=\begin{bmatrix}1&1&1\\2&-1&0\\1&0&1\end{bmatrix}$$

计算:(1)$3A-2B$;(2)$3A^T+B$;(3)$AB-BA$.

16. 计算:

(1)$\begin{bmatrix}a&0&0\\0&-b&0\\0&0&c\end{bmatrix}^n$ (2)$\begin{bmatrix}0&-1\\-1&0\end{bmatrix}^5$

17. 设$A=\begin{bmatrix}1&3&0&0&0\\2&8&0&0&0\\1&0&1&0&1\\0&1&2&3&2\\2&3&3&1&1\end{bmatrix}$,计算$A^2$.

18. 设$A=\begin{bmatrix}2&-2&3&5&-4\\2&3&8&-4&0\\3&-1&0&2&-5\\-2&0&-1&5&6\end{bmatrix}$,求秩$(A)$.

19. 设$A=\begin{bmatrix}1&0&-2\\-3&4&-1\\2&1&3\end{bmatrix}$,求$A^{-1}$.

20. 判断下列矩阵是否可逆,若可逆,求它的逆矩阵:

(1)$\begin{bmatrix}3&1\\4&2\end{bmatrix}$ (2)$\begin{bmatrix}1&-2&-1\\-3&4&5\\2&0&3\end{bmatrix}$

(3)$\begin{bmatrix}2&2&-3\\1&-1&0\\-1&2&1\end{bmatrix}$

21. 求下列矩阵的逆矩阵:

(1)$\begin{bmatrix}1&-1&0\\-1&2&1\\2&2&3\end{bmatrix}$ (2)$\begin{bmatrix}1&2&1\\3&2&4\\2&1&2\end{bmatrix}$

(3)$\begin{bmatrix}1&-1&-2\\0&1&2\\2&0&-1\end{bmatrix}$ (4)$\begin{bmatrix}2&2&3\\1&-1&0\\-1&2&1\end{bmatrix}$

22. 求下列矩阵的秩：

(1) $\begin{bmatrix} 1 & 3 & 5 \\ 0 & 1 & 2 \\ 1 & 0 & 1 \end{bmatrix}$

(2) $\begin{bmatrix} 1 & 2 & 3 & 2 \\ 1 & 4 & 5 & 3 \\ 0 & 2 & 2 & 1 \end{bmatrix}$

(3) $\begin{bmatrix} 2 & 4 & 1 & 0 \\ 1 & 0 & 3 & 2 \\ -1 & 5 & -3 & 1 \\ 0 & 1 & 0 & 2 \end{bmatrix}$

(4) $\begin{bmatrix} 1 & 1 & -1 & -1 \\ 2 & -1 & 4 & -5 \\ 1 & 2 & -3 & 0 \\ -1 & 1 & -3 & 3 \end{bmatrix}$

(5) $\begin{bmatrix} 1 & 2 & 3 & 4 \\ 1 & -2 & 4 & 5 \\ 1 & 10 & 1 & 2 \end{bmatrix}$

(6) $\begin{bmatrix} 1 & 1 & 1 & 0 & 1 \\ 2 & 1 & -1 & 1 & 1 \\ 1 & 2 & -1 & 1 & 2 \\ 0 & 1 & 2 & 3 & 3 \end{bmatrix}$

23. 已知矩阵：

$$A=\begin{bmatrix} 1 & 0 & -1 & k \\ 2 & -1 & k & 8 \\ 1 & 1 & -7 & k \end{bmatrix}$$

若 $r(A)=2$，求 k 的值.

24. 设矩阵：

$$A=\begin{bmatrix} 1 & 0 & 0 & 0 \\ 0 & 1 & 0 & 0 \\ -1 & 2 & 1 & 0 \\ 1 & 1 & 0 & 1 \end{bmatrix},\ B=\begin{bmatrix} 0 & 0 & 3 & 2 \\ 0 & 0 & 0 & 1 \\ 1 & 0 & 4 & 1 \\ 0 & 1 & 2 & 0 \end{bmatrix}$$

求 $kA, A+B, AB$.

25. 设矩阵：

$$A=\begin{bmatrix} 1 & 0 & 0 & 0 \\ 0 & 1 & -1 & 0 \\ 1 & 1 & 0 & 0 \\ 0 & 0 & 0 & 1 \end{bmatrix},\ B=\begin{bmatrix} 1 & 2 & 1 \\ 0 & 3 & 1 \\ -1 & 0 & 2 \\ 2 & 1 & 0 \end{bmatrix}$$

求 AB.

26. 已知 $A=\begin{bmatrix} 1 & 0 & 3 \\ 0 & 2 & 1 \\ 0 & 0 & 1 \end{bmatrix}$，$B=\begin{bmatrix} 1 & 0 & 0 \\ 0 & 2 & 1 \\ 3 & 0 & 1 \end{bmatrix}$，求：

(1) $(A+B)(A-B)$；

(2) A^2-B^2.

27. 解下列矩阵方程：

(1) $\begin{bmatrix} 2 & 3 & -1 \\ 1 & 2 & 0 \\ -1 & 2 & -2 \end{bmatrix} X = \begin{bmatrix} 2 & 1 \\ -1 & 0 \\ 3 & 1 \end{bmatrix}$

(2) $X\begin{bmatrix} 1 & 2 & -3 \\ 3 & 2 & -4 \\ 2 & -1 & 0 \end{bmatrix} = \begin{bmatrix} 1 & -3 & 0 \\ 10 & 2 & 7 \end{bmatrix}$

28. 解矩阵方程 $XA=B$，其中：

$A=\begin{bmatrix} 1 & -1 & 1 \\ 1 & 1 & 0 \\ 2 & 1 & 1 \end{bmatrix}$, $B=\begin{bmatrix} 1 & 2 & -3 \\ 2 & 0 & 4 \\ 0 & -1 & 5 \end{bmatrix}$

29. 利用逆矩阵，解线性方程组：

$$\begin{cases} x_1 + x_2 + x_3 = 1 \\ 2x_2 + 2x_3 = 1 \\ x_1 - x_2 = 2 \end{cases}$$

第二章 线性方程组

解线性方程组是实际工作中常常遇到的问题．虽然我们在中学时，曾学过方程个数与未知量个数相等的二元或三元三次方程组的解法，并且知道二元一次方程组的解只能是下列三种情况之一：有唯一解、有无穷多解、无解．但在许多实际问题中，经常要解未知量个数超过三个或方程个数与未知量个数不相等的线性方程组．例如：

$$\begin{cases} x_1+3x_2+2x_3+4x_4=6 \\ 2x_1+\ \ x_2+3x_3+2x_4=5 \\ 4x_1+2x_2+\ \ x_3+\ \ x_4=7 \end{cases}$$

这种方程组是否有解？如果有解，是有唯一解，还是有无穷多解？如何求解？这些就是本章要讨论的问题．

2.1　n 元线性方程组

一般地，称由 n 个未知量、m 个线性方程组成的方程组：

$$\begin{cases} a_{11}x_1+a_{12}x_2+\cdots+a_{1n}x_n=b_1 \\ a_{21}x_1+a_{22}x_2+\cdots+a_{2n}x_n=b_2 \\ \qquad\cdots\cdots \\ a_{m1}x_1+a_{m2}x_2+\cdots+a_{mn}x_n=b_m \end{cases} \tag{2.1}$$

为 n 元线性方程组．其中，x_j 是未知量（也称为未知数），a_{ij}是第 i 个方程中第 j 个未知量 x_j 的系数，b_i 是第 i 个方程的常数项（$i=1,2,\cdots,m;j=1,2,\cdots,n$）．

当方程组(2.1)中的常数项 $b_1,b_2,\cdots,b_m$ 不全为 0 时，称该方程组为非齐次线性方程组；当 $b_1,b_2,\cdots,b_m$ 全为 0 时，即：

$$\begin{cases} a_{11}x_1 + a_{12}x_2 + \cdots + a_{1n}x_n = 0 \\ a_{21}x_1 + a_{22}x_2 + \cdots + a_{2n}x_n = 0 \\ \quad \cdots\cdots \\ a_{m1}x_1 + a_{m2}x_2 + \cdots + a_{mn}x_n = 0 \end{cases} \tag{2.2}$$

称为齐次线性方程组.

由 n 个数 $c_1, c_2, \cdots, c_n$ 组成一个 n 元有序数组：

$$(c_1, c_2, \cdots, c_n)$$

若将它们依次代替(2.1)式中的 $x_1, x_2, \cdots, x_n$，即 $x_1 = c_1, x_2 = c_2, \cdots, x_n = c_n$，(2.1)式中的各个方程都变成恒等式，则称这个 n 元有序数组$(c_1, c_2, \cdots, c_n)$为方程组(2.1)的一个解. 显然，由 $x_1 = 0, x_2 = 0, \cdots, x_n = 0$ 组成的 n 元有序数组$(0, 0, \cdots, 0)$是齐次线性方程组(2.2)的一个解，称这个解为该齐次线性方程组的零解，而称齐次线性方程组的未知量取值不全为 0 的解$(x_1, x_2, \cdots, x_n)$为其非零解.

线性方程组还可以用矩阵形式表示，如 n 元线性方程组(2.1)可表示成：

$$\begin{bmatrix} a_{11} & a_{12} & \cdots & a_{1n} \\ a_{21} & a_{22} & \cdots & a_{2n} \\ \vdots & \vdots & & \vdots \\ a_{m1} & a_{m2} & \cdots & a_{mn} \end{bmatrix} \begin{bmatrix} x_1 \\ x_2 \\ \vdots \\ x_n \end{bmatrix} = \begin{bmatrix} b_1 \\ b_2 \\ \vdots \\ b_m \end{bmatrix}$$

其中矩阵：

$$A = \begin{bmatrix} a_{11} & a_{12} & \cdots & a_{1n} \\ a_{21} & a_{22} & \cdots & a_{2n} \\ \vdots & \vdots & & \vdots \\ a_{m1} & a_{m2} & \cdots & a_{mn} \end{bmatrix}$$

称为方程组(2.1)的系数矩阵，分别称列阵：

$$X = \begin{bmatrix} x_1 \\ x_2 \\ \vdots \\ x_n \end{bmatrix} \qquad \boldsymbol{b} = \begin{bmatrix} b_1 \\ b_2 \\ \vdots \\ b_m \end{bmatrix}$$

为方程组(2.1)的未知量矩阵和常数项矩阵. 于是线性方程组(2.1)可简单地记为：

$$AX = \boldsymbol{b} \tag{2.3}$$

这样，解线性方程组(2.1)等价于从(2.3)中解出未知量矩阵 X.

另外，称由系数和常数项组成的矩阵：

$$\begin{bmatrix} a_{11} & a_{12} & \cdots & a_{1n} & b_1 \\ a_{21} & a_{22} & \cdots & a_{2n} & b_2 \\ \vdots & \vdots & & \vdots & \vdots \\ a_{m1} & a_{m2} & \cdots & a_{mn} & b_m \end{bmatrix}$$

为方程组(2.1)的增广矩阵，记为$\bar{A}$或$[A \quad \boldsymbol{b}]$．由于线性方程组是由它的系数和常数项确定的，因此用增广矩阵可以完全清楚地表示一个线性方程组.

例 1　写出线性方程组：

$$\begin{cases} 4x_1 - 5x_2 - x_3 = 1 \\ -x_1 + 5x_2 + x_3 = 2 \\ x_1 \qquad + x_3 = 0 \\ 5x_1 - x_2 + 3x_3 = 4 \end{cases}$$

的增广矩阵与矩阵形式.

解　此方程组的增广矩阵是：

$$\bar{A} = \begin{bmatrix} 4 & -5 & -1 & 1 \\ -1 & 5 & 1 & 2 \\ 1 & 0 & 1 & 0 \\ 5 & -1 & 3 & 4 \end{bmatrix}$$

方程组的矩阵形式是：

$$\begin{bmatrix} 4 & -5 & -1 \\ -1 & 5 & 1 \\ 1 & 0 & 1 \\ 5 & -1 & 3 \end{bmatrix} \begin{bmatrix} x_1 \\ x_2 \\ x_3 \end{bmatrix} = \begin{bmatrix} 1 \\ 2 \\ 0 \\ 4 \end{bmatrix}$$

下面首先讨论一种特殊的线性方程组的解，它是未知量个数与方程个数相同且系数矩阵A可逆的线性方程组.

例 2　若n元线性方程组：

$$\begin{cases} a_{11}x_1 + a_{12}x_2 + \cdots + a_{1n}x_n = b_1 \\ a_{21}x_1 + a_{22}x_2 + \cdots + a_{2n}x_n = b_2 \\ \qquad \cdots\cdots \\ a_{n1}x_1 + a_{n2}x_2 + \cdots + a_{nn}x_n = b_n \end{cases}$$

的系数矩阵：

$$A = \begin{bmatrix} a_{11} & a_{12} & \cdots & a_{1n} \\ a_{21} & a_{22} & \cdots & a_{2n} \\ \vdots & \vdots & & \vdots \\ a_{n1} & a_{n2} & \cdots & a_{nn} \end{bmatrix}$$

是可逆矩阵,则此方程组有唯一解,且 $X=A^{-1}\boldsymbol{b}$.

证明 因为系数矩阵 A 是可逆矩阵,所以存在逆矩阵 A^{-1},用 A^{-1} 左乘矩阵方程 $AX=\boldsymbol{b}$ 的两端,即:

$$A^{-1}(AX)=A^{-1}\boldsymbol{b}$$

$$(A^{-1}A)X=A^{-1}\boldsymbol{b}$$

于是得到矩阵方程的解:

$$X=A^{-1}\boldsymbol{b}$$

由逆矩阵的唯一性可知:矩阵方程 $AX=\boldsymbol{b}$ 的解 $X=A^{-1}\boldsymbol{b}$ 是唯一的.

由该题的结论可知:若矩阵 A 可逆,则齐次线性方程组 $AX=O$ 只有 0 解.

除这种比较特殊的线性方程组外,对一般的线性方程组如何求解呢?这正是下一节要讨论的问题——用消元法解 n 元线性方程组.

练习 2.1

1. 验证下列每个方程组后面给出的有序数组是该方程组的解(其中 c 是任意常数):

(1) $\begin{cases} x_1-x_2+5x_3-x_4=0 \\ x_1+x_2-2x_3+3x_4=0 \\ 3x_1-x_2+8x_3+x_4=0 \\ x_1+3x_2-9x_3+7x_4=0 \end{cases}$

$(13,0,-4,-7)$,$\left(-\dfrac{13}{7}c,0,\dfrac{4}{7}c,c\right)$

(2) $\begin{cases} x_1+3x_2-x_3+2x_4+x_5=-4 \\ -3x_1+x_2+2x_3-5x_4-4x_5=-1 \\ 2x_1-3x_2-x_3-x_4+x_5=4 \\ -4x_1+16x_2+x_3+3x_4-9x_5=-21 \end{cases}$

$(2,-1,3,0,0)$,$(27c+2,\ 4c-1,\ 41c+3,\ c,\ 0)$

2. 先将下列方程组写成矩阵形式,再求解:

(1) $\begin{cases} 2x_1+x_2=5 \\ -2x_1+x_2+2x_3=3 \\ 3x_1-2x_2-4x_3=2 \end{cases}$

(2) $\begin{cases} 5x_1+6x_2=1 \\ x_1+5x_2+6x_3=-2 \\ x_2+5x_3+6x_4=2 \\ x_3+5x_4+6x_5=-2 \\ 5x_4+6x_5=-4 \end{cases}$

2.2　线性方程组的消元法

线性方程组的消元解法也称消元法. 消元法是解二元或三元一次线性方程组常用的方法,将其用来解 n 元线性方程组也是有效的. 它的基本思想是将方程组中的一部分方程变成未知量较少的方程,从而容易判断方程组解的情况或求出方程组的解. 下面通过例子说明消元法的具体做法.

例 1　解线性方程组:

$$\begin{cases} 2x_1+5x_2+3x_3-2x_4=3 \\ -3x_1-x_2+2x_3+x_4=-4 \\ -2x_1+3x_2-4x_3-7x_4=-13 \\ x_1+2x_2+4x_3+x_4=4 \end{cases}$$

解　为避免出现分数,将方程中的第 1 个与第 4 个交换位置,得:

$$\text{交换①、④行}\begin{cases} x_1+2x_2+4x_3+x_4=4 \\ -3x_1-x_2+2x_3+x_4=-4 \\ -2x_1+3x_2-4x_3-7x_4=-13 \\ 2x_1+5x_2+3x_3-2x_4=3 \end{cases}$$

将第 1 个方程的适当倍数分别加到第 2、3、4 个方程上,消去这些方程中含 x_1 的项,得:

$$\begin{matrix} \\ ①\times3+② \\ ①\times2+③ \\ ①\times(-2)+④ \end{matrix}\begin{cases} x_1+2x_2+4x_3+x_4=4 \\ 5x_2+14x_3+4x_4=8 \\ 7x_2+4x_3-5x_4=-5 \\ x_2-5x_3-4x_4=-5 \end{cases}$$

交换第 2 个与第 4 个方程位置,得:

$$\text{交换②、④行}\begin{cases} x_1+2x_2+4x_3+x_4=4 \\ x_2-5x_3-4x_4=-5 \\ 7x_2+4x_3-5x_4=-5 \\ 5x_2+14x_3+4x_4=8 \end{cases}$$

将第 2 个方程的适当倍数分别加到第 3 个与第 4 个方程上,消去它们中含 x_2 的项,得:

$$\begin{matrix} \\ ②\times(-7)+③ \\ ②\times(-5)+④ \\ \end{matrix}\begin{cases} x_1+2x_2+4x_3+x_4=4 \\ x_2-5x_3-4x_4=-5 \\ 39x_3+23x_4=30 \\ 39x_3+24x_4=33 \end{cases}$$

将第 3 个方程乘以(-1)加到第 4 个方程上,消去这个方程中含 x_3 的项,得:

$$③\times(-1)+④\begin{cases}x_1+2x_2+4x_3+x_4=4\\ x_2-5x_3-4x_4=-5\\ 39x_3+23x_4=30\\ x_4=3\end{cases}\qquad(2.4)$$

称方程组(2.4)为阶梯形方程组.

阶梯形方程组(2.4)的最后一个方程是一元一次方程,即:

$$x_4=3$$

回代至第 3 个方程,可解得:

$$x_3=-1$$

将 $x_3=-1,x_4=3$ 回代至第 2 个方程,可解得:

$$x_2=2$$

将 $x_2=2,x_3=-1,x_4=3$ 回代至第 1 个方程,可解得:

$$x_1=1$$

经过验算知(1,2,-1,3)是原方程组的解.

总结例 1 的求解过程,实际上是对方程组反复施行了三种变换:①交换两个方程的位置;②用一个不为 0 的数乘以某一个方程;③将一个方程倍乘一个数后加到另一个方程上. 可以证明:

①任一线性方程组利用这三种变换都能化成阶梯形方程组;

②这三种变换不改变线性方程组的解.

由此可知阶梯形方程组与原方程组是同解方程组. 于是解一般线性方程组的问题就化为解阶梯形方程组的问题. 从解(2.4)的过程看,阶梯形方程组用逐次回代的方法是很容易求解的. 因此一般线性方程组只要化成阶梯形方程组后,求解问题也就迎刃而解了.

由于线性方程组可以用增广矩阵表示,并且对方程组施行的三种变换实质上就是对矩阵施行初等行变换,故线性方程组的求解过程完全可用矩阵的初等行变换表示出来. 对于例 1,用增广矩阵表示线性方程组,则解题过程可写成:

$$\bar{A}=\begin{bmatrix}2&5&3&-2&3\\-3&-1&2&1&-4\\-2&3&-4&-7&-13\\1&2&4&1&4\end{bmatrix}$$

$$\xrightarrow{\text{交换①、④行}}\begin{bmatrix}1&2&4&1&4\\-3&-1&2&1&-4\\-2&3&-4&-7&-13\\2&5&3&-2&3\end{bmatrix}$$

$$\xrightarrow[\text{①}\times(-2)+\text{④}]{\substack{\text{①}\times 3+\text{②}\\ \text{①}\times 2+\text{③}}}\begin{bmatrix}1&2&4&1&4\\0&5&14&4&8\\0&7&4&-5&-5\\0&1&-5&-4&-5\end{bmatrix}$$

$$\xrightarrow{\text{交换②、④行}}\begin{bmatrix}1&2&4&1&4\\0&1&-5&-4&-5\\0&7&4&-5&-5\\0&5&14&4&8\end{bmatrix}$$

$$\xrightarrow[\text{②}\times(-5)+\text{④}]{\text{②}\times(-7)+\text{③}}\begin{bmatrix}1&2&4&1&4\\0&1&-5&-4&-5\\0&0&39&23&30\\0&0&39&24&33\end{bmatrix}$$

$$\xrightarrow{\text{③}\times(-1)+\text{④}}\begin{bmatrix}1&2&4&1&4\\0&1&-5&-4&-5\\0&0&39&23&30\\0&0&0&1&3\end{bmatrix}$$

最后一个矩阵表示的方程组就是阶梯形方程组(2.4),解为:

$$x_1=1,x_2=2,x_3=-1,x_4=3$$

即(1,2,-1,3)是原方程组的解.

可见,用矩阵表示线性方程组的求解过程,不仅简便,而且清晰明了,并且也易于在计算机上操作. 当未知量个数或方程数目较多时,优势更为明显.

归纳起来,例1的求解过程可以表述为:首先用增广矩阵 $\bar{A}$ 表示线性方程组 $AX=\boldsymbol{b}$,然后将 $\bar{A}$ 用初等行变换化成阶梯形,最后用逐次回代的方法解对应的阶梯形方程组,所得的解即为线性方程组 $AX=\boldsymbol{b}$ 的解. 这种解线性方程组的方法称为高斯消元法,简称消元法.

下面再看一个例子.

例2 解线性方程组:

$$\begin{cases}x_1+x_2+x_3+x_4=4\\2x_1+3x_2+x_3+x_4=9\\-3x_1+2x_2-8x_3-8x_4=-4\end{cases}$$

解 用初等行变换将增广矩阵化成阶梯形矩阵,即:

$$\bar{A}=\begin{bmatrix}1&1&1&1&4\\2&3&1&1&9\\-3&2&-8&-8&-4\end{bmatrix}$$

$$\xrightarrow[\text{①}\times 3+\text{③}]{\text{①}\times(-2)+\text{②}}\begin{bmatrix}1&1&1&1&4\\0&1&-1&-1&1\\0&5&-5&-5&8\end{bmatrix}$$

$$\xrightarrow{\text{②}\times(-5)+\text{③}}\begin{bmatrix}1&1&1&1&4\\0&1&-1&-1&1\\0&0&0&0&3\end{bmatrix}$$

这个矩阵对应的阶梯形方程组是：

$$\begin{cases}x_1+x_2+x_3+x_4=4\\ \qquad x_2-x_3-x_4=1\\ \qquad\qquad 0x_4=3\end{cases}\tag{2.5}$$

显然，无论 x_1,x_2,x_3,x_4 取哪一组数，都不能使(2.5)的第3个方程变成恒等式，这说明方程组(2.5)无解，从而原方程组无解.

例3 解线性方程组：

$$\begin{cases}x_1+x_2+x_3+2x_4=3\\ 2x_1-x_2+3x_3+8x_4=8\\ -3x_1+2x_2-x_3-9x_4=-5\\ x_2-2x_3-3x_4=-4\end{cases}\tag{2.6}$$

解 用初等行变换将增广矩阵化成阶梯形矩阵，即：

$$\bar{A}=\begin{bmatrix}1&1&1&2&3\\2&-1&3&8&8\\-3&2&-1&-9&-5\\0&1&-2&-3&-4\end{bmatrix}$$

$$\xrightarrow[\text{①}\times 3+\text{③}]{\text{①}\times(-2)+\text{②}}\begin{bmatrix}1&1&1&2&3\\0&-3&1&4&2\\0&5&2&-3&4\\0&1&-2&-3&-4\end{bmatrix}$$

$$\xrightarrow{\text{交换②、④行}}\begin{bmatrix}1&1&1&2&3\\0&1&-2&-3&-4\\0&5&2&-3&4\\0&-3&1&4&2\end{bmatrix}$$

$$\xrightarrow[\text{②}\times 3+\text{④}]{\text{②}\times(-5)+\text{③}}\begin{bmatrix}1&1&1&2&3\\0&1&-2&-3&-4\\0&0&12&12&24\\0&0&-5&-5&-10\end{bmatrix}$$

$$\xrightarrow[]{\substack{④\times(-\frac{1}{5})\\ ③\times\frac{1}{12}}}\begin{bmatrix}1 & 1 & 1 & 2 & 3\\0 & 1 & -2 & -3 & -4\\0 & 0 & 1 & 1 & 2\\0 & 0 & 1 & 1 & 2\end{bmatrix}$$

$$\xrightarrow{③\times(-1)+④}\begin{bmatrix}1 & 1 & 1 & 2 & 3\\0 & 1 & -2 & -3 & -4\\0 & 0 & 1 & 1 & 2\\0 & 0 & 0 & 0 & 0\end{bmatrix}$$

最后一个矩阵对应的阶梯形方程组是：

$$\begin{cases}x_1+x_2+x_3+2x_4=3\\ x_2-2x_3-3x_4=-4\\ x_3+x_4=2\end{cases}\tag{2.7}$$

现在通过解这个方程组来得到原方程组的解，先将方程组中含 x_4 的项移到等号的右端，得：

$$\begin{cases}x_1+x_2+x_3=-2x_4+3\\ x_2-2x_3=3x_4-4\\ x_3=-x_4+2\end{cases}$$

将最后一个方程：

$$x_3=-x_4+2$$

回代到第 2 个方程，得：

$$x_2=x_4$$

将 x_2,x_3 回代到第 1 个方程，得：

$$x_1=-2x_4+1$$

于是得到原方程组的解为：

$$\begin{cases}x_1=-2x_4+1\\ x_2=x_4\\ x_3=-x_4+2\end{cases}\tag{2.8}$$

显然，未知量 x_4 任取一个值代入(2.8)，都可求得相应的 x_1,x_2,x_3 的一组值，从而得到方程组的一个解. 因为未知量 x_4 可以任意取值，所以原方程组就有无穷多个解.

式(2.8)表示了方程组(2.6)的所有解，称式(2.8)等号右边的未知量 x_4 为原方程组的自由未知量，并称用自由未知量表示其他未知量的解的表达式(2.8)为方程组的一般解. 相对于一般解，方程组的任意一个解，也称为方程组的特解. 如例 3 中，自由未知量 x_4 取 0，代入一般解中，则得到方程组的一个特解(1,0,2,0)；若 x_4 取 2 时，则得到方程组的另一个特解(−3,2,0,2).

若自由未知量 x_4 取任意实数 c，即：

$$x_4 = c$$

则由(2.8)式得到原线性方程组的解为：

$$\begin{cases} x_1 = -2c+1 \\ x_2 = c \\ x_3 = -c+2 \\ x_4 = c \end{cases}$$

写成有序数组形式为：

$$(-2c+1, c, -c+2, c)$$

写成矩阵形式为：

$$\begin{bmatrix} x_1 \\ x_2 \\ x_3 \\ x_4 \end{bmatrix} = c\begin{bmatrix} -2 \\ 1 \\ -1 \\ 1 \end{bmatrix} + \begin{bmatrix} 1 \\ 0 \\ 2 \\ 0 \end{bmatrix} \tag{2.9}$$

其中 c 是任意常数.

称式(2.9)形式的解为线性方程组(2.6)的通解.

上面三个例子中的线性方程组分别是有唯一解、有无穷多解、无解的情况. 可以证明：一个线性方程组解的情况只可能是以上各例中出现的三种情况之一. 即有唯一解，或有无穷多解，或无解. (证明略)

用消元法解线性方程组的过程中，当增广矩阵经过初等行变换化成阶梯形矩阵后，要写出相应的阶梯形方程组，并用回代的方法来求解. 其实，回代的过程也可用矩阵的初等行变换表示出来，这个过程实际上就是对阶梯形矩阵进一步化简，使其最终化成一种特殊的矩阵，从这种矩阵中就可直接解出或"读出"方程组的解. 看例 3 的阶梯形矩阵(又称梯矩阵)：

$$\begin{bmatrix} 1 & 1 & 1 & 2 & 3 \\ 0 & 1 & -2 & -3 & -4 \\ 0 & 0 & 1 & 1 & 2 \\ 0 & 0 & 0 & 0 & 0 \end{bmatrix}$$

$$\xrightarrow[\text{③}\times(-1)+\text{①}]{\text{③}\times 2+\text{②}} \begin{bmatrix} 1 & 1 & 0 & 1 & 1 \\ 0 & 1 & 0 & -1 & 0 \\ 0 & 0 & 1 & 1 & 2 \\ 0 & 0 & 0 & 0 & 0 \end{bmatrix}$$

$$\xrightarrow{②\times(-1)+①}\begin{bmatrix}1&0&0&2&1\\0&1&0&-1&0\\0&0&1&1&2\\0&0&0&0&0\end{bmatrix}\tag{2.10}$$

这个矩阵所对应的阶梯形方程组是：

$$\begin{cases}x_1 \quad\quad\quad + 2x_4 = 1\\ \quad x_2 \quad\quad - \ x_4 = 0\\ \quad\quad x_3 + \ x_4 = 2\end{cases}$$

将此方程组中含 x_4 的项移到等号的右端，就得到原方程组(2.6)的一般解(2.8). 再观察矩阵(2.10)可知：前三列是未知量 x_1, x_2, x_3 的系数；第 4 列是自由未知量 x_4 的系数，最后一列是方程组的常数项. 写方程组的一般解时，x_4 项要移到等号的右端，所以 x_4 项系数的符号也要改变；因为常数项不用移项，所以它的符号不变. 掌握了上述规律后，从矩阵(2.10)中就可直接“读出”方程组的一般解. 即：

$$\begin{cases}x_1 = -2x_4 + 1\\ x_2 = x_4 \\ x_3 = -x_4 + 2\end{cases} \quad (x_4\text{ 是自由未知量})$$

可见，类似式(2.10)的阶梯形矩阵在求解线性方程组的过程中起着重要的作用.

定义 2.1　若阶梯形矩阵满足如下两个条件：

(1)各个非 0 行的第一个不为 0 的元素(简称为首非 0 元)都是 1；

(2)所有首非 0 元所在列的其余元素都是 0.

则称该矩阵为行简化阶梯形矩阵，也简称为行简化梯矩阵.

如：

$$\begin{bmatrix}1&3&0&2&0&1\\0&0&1&-1&0&0\\0&0&0&0&1&3\end{bmatrix},\begin{bmatrix}1&0&2&5&3\\0&1&4&0&1\\0&0&0&0&0\end{bmatrix}$$

都是行简化梯矩阵.

容易证明：任意梯矩阵都可以用初等行变换化成行简化梯矩阵；可逆矩阵化成的行简化梯矩阵一定是单位矩阵.

化梯矩阵为行简化梯矩阵时，一般从最后一个非 0 行的首非 0 元开始，将首非 0 元化为 1，然后将其所在列的其余元素化为 0；再把倒数第二个非 0 行的首非 0 元化为 1，将其所在列的其余元素化为 0；依次往上做，就得到行简化梯矩阵了.

下面将消元法解线性方程组的过程统一起来，请看下面的例子.

例 4 解线性方程组：

$$\begin{cases} x_1+4x_2+5x_3-3x_4=8 \\ 3x_1-x_2-x_3+4x_4=2 \\ 2x_1+x_2+x_3+x_4=3 \\ -x_1+3x_2-2x_3-4x_4=-13 \end{cases}$$

解 对增广矩阵进行初等行变换，将其化成行简化梯矩阵：

$$\bar{A}=\begin{bmatrix} 1 & 4 & 5 & -3 & 8 \\ 3 & -1 & -1 & 4 & 2 \\ 2 & 1 & 1 & 1 & 3 \\ -1 & 3 & -2 & -4 & -13 \end{bmatrix}$$

$$\xrightarrow[\text{①}\times 1+\text{④}]{\substack{\text{①}\times(-3)+\text{②} \\ \text{①}\times(-2)+\text{③}}}\begin{bmatrix} 1 & 4 & 5 & -3 & 8 \\ 0 & -13 & -16 & 13 & -22 \\ 0 & -7 & -9 & 7 & -13 \\ 0 & 7 & 3 & -7 & -5 \end{bmatrix}$$

$$\xrightarrow[\text{④}\times 2+\text{②}]{\text{④}\times 1+\text{③}}\begin{bmatrix} 1 & 4 & 5 & -3 & 8 \\ 0 & 1 & -10 & -1 & -32 \\ 0 & 0 & -6 & 0 & -18 \\ 0 & 7 & 3 & -7 & -5 \end{bmatrix}$$

$$\xrightarrow[\text{③}\times\left(-\frac{1}{6}\right)]{\text{②}\times(-7)+\text{④}}\begin{bmatrix} 1 & 4 & 5 & -3 & 8 \\ 0 & 1 & -10 & -1 & -32 \\ 0 & 0 & 1 & 0 & 3 \\ 0 & 0 & 73 & 0 & 219 \end{bmatrix}$$

$$\xrightarrow{\text{③}\times(-73)+\text{④}}\begin{bmatrix} 1 & 4 & 5 & -3 & 8 \\ 0 & 1 & -10 & -1 & -32 \\ 0 & 0 & 1 & 0 & 3 \\ 0 & 0 & 0 & 0 & 0 \end{bmatrix}$$

$$\xrightarrow[\text{③}\times(-5)+\text{①}]{\text{③}\times 10+\text{②}}\begin{bmatrix} 1 & 4 & 0 & -3 & -7 \\ 0 & 1 & 0 & -1 & -2 \\ 0 & 0 & 1 & 0 & 3 \\ 0 & 0 & 0 & 0 & 0 \end{bmatrix}$$

$$\xrightarrow{\text{②}\times(-4)+\text{①}}\begin{bmatrix} 1 & 0 & 0 & 1 & 1 \\ 0 & 1 & 0 & -1 & -2 \\ 0 & 0 & 1 & 0 & 3 \\ 0 & 0 & 0 & 0 & 0 \end{bmatrix}$$

方程组的一般解是：

$$\begin{cases} x_1 = -x_4 + 1 \\ x_2 = x_4 - 2 \\ x_3 = 3 \end{cases} \quad (x_4 \text{ 是自由未知量}) \tag{2.11}$$

综上所述,用消元法解线性方程组的具体步骤可归纳为

第 1 步:写出增广矩阵 $\bar{A}$,用初等行变换将 $\bar{A}$ 化成梯矩阵;

第 2 步:写出相应的阶梯形方程组,并用回代的方法求解;或者继续用初等行变换将梯矩阵化成行简化梯矩阵,从中写出解来.

需要注意的是,方程组的自由未知量的取法不是唯一的,如例 4 中也可以取 x_1 作自由未知量(当然,取 x_2 作也可以),由(2.11)式的第 1 个方程 $x_1 = -x_4 + 1$,得 $x_4 = -x_1 + 1$,代入到(2.11)式的第 2 个方程中,得 $x_2 = -x_1 - 1$,于是得到:

$$\begin{cases} x_2 = -x_1 - 1 \\ x_3 = 3 \\ x_4 = -x_1 + 1 \end{cases} \quad (x_1 \text{ 是自由未知量}) \tag{2.12}$$

它也是例 4 的一般解. 式(2.12)和式(2.11)虽然形式上不同,但其本质上是一样的,都表示了例 4 的线性方程组的所有解.

练习 2.2

1. 判断下列矩阵是否为行简化梯矩阵,若不是,将其化为行简化梯矩阵:

(1) $\begin{bmatrix} 5 & 4 & 0 & 0 & 1 \\ 0 & 2 & 7 & 0 & 5 \\ 0 & 0 & 0 & 1 & 3 \end{bmatrix}$　　(2) $\begin{bmatrix} 1 & 0 & -2 & 5 \\ 0 & 1 & 4 & -1 \\ 0 & 1 & 2 & 3 \end{bmatrix}$

(3) $\begin{bmatrix} 1 & 5 & 0 & 7 & 6 \\ 0 & 0 & 1 & 2 & 5 \\ 0 & 0 & 0 & 1 & 3 \end{bmatrix}$　　(4) $\begin{bmatrix} 1 & 0 & 0 & 3 & 0 \\ 0 & 0 & 1 & 2 & 0 \\ 0 & 0 & 0 & 0 & 1 \end{bmatrix}$

2. 已知线性方程组 $AX = \boldsymbol{b}$ 的增广矩阵经初等行变换化为阶梯形矩阵:

$$\begin{bmatrix} 1 & 2 & -1 & 6 & 3 & 35 \\ 0 & 2 & 1 & -3 & 8 & 1 \\ 0 & 0 & 1 & -5 & 2 & -1 \\ 0 & 0 & 0 & 0 & 0 & 0 \end{bmatrix}$$

求方程组的解.

3. 用消元法解下列线性方程组:

(1) $\begin{cases} 5x_1 + x_2 + 2x_3 = 2 \\ 2x_1 + x_2 + x_3 = 4 \\ 9x_1 + 2x_2 + 5x_3 = 3 \end{cases}$

(2) $\begin{cases} x_1+3x_2-7x_3=-8 \\ 2x_1+5x_2+4x_3=4 \\ -3x_1-7x_2-2x_3=-3 \\ x_1+4x_2-12x_3=-15 \end{cases}$

(3) $\begin{cases} 2x_1-3x_2+x_3+5x_4=6 \\ -3x_1+x_2+2x_3-4x_4=5 \\ -x_1-2x_2+3x_3+x_4=11 \end{cases}$

(4) $\begin{cases} x_1+x_2+x_3+x_4=-7 \\ x_1-3x_3-x_4=8 \\ x_1+2x_2-x_3+x_4=-2 \\ 3x_1+3x_2+3x_3+2x_4=-11 \\ 2x_1+2x_2+2x_3+x_4=-4 \end{cases}$

(5) $\begin{cases} x_1-5x_2+2x_3-3x_4=-9 \\ -3x_1+x_2-4x_3+2x_4=-1 \\ -x_1-9x_2-4x_4=-19 \\ 5x_1+3x_2+6x_3-x_4=11 \end{cases}$

(6) $\begin{cases} 2x_1+x_2-5x_3=0 \\ x_1+3x_2=-5 \\ -x_1+x_2+4x_3=-3 \\ 4x_1+5x_2-7x_3=-6 \end{cases}$

(7) $\begin{bmatrix} 2 & -3 & 1 & -5 \\ -5 & -10 & -2 & 1 \\ 1 & 4 & 3 & 2 \\ 2 & -4 & 9 & -3 \end{bmatrix}\begin{bmatrix} x_1 \\ x_2 \\ x_3 \\ x_4 \end{bmatrix}=\begin{bmatrix} 1 \\ -21 \\ 1 \\ -16 \end{bmatrix}$

(8) $\begin{bmatrix} 1 & -1 & 1 & -1 \\ 2 & -1 & 3 & -2 \\ 3 & -2 & -1 & 2 \end{bmatrix}\begin{bmatrix} x_1 \\ x_2 \\ x_3 \\ x_4 \end{bmatrix}=\begin{bmatrix} 0 \\ -1 \\ 4 \end{bmatrix}$

4. 解下列齐次线性方程组：

(1) $\begin{cases} 3x_1-5x_2+x_3-2x_4=0 \\ 2x_1+3x_2-5x_3+x_4=0 \\ -x_1+7x_2-4x_3+3x_4=0 \\ 4x_1+15x_2-7x_3+10x_4=0 \end{cases}$

(2) $\begin{cases} 5x_1-2x_2+4x_3-3x_4=0 \\ -3x_1+5x_2-x_3+2x_4=0 \\ x_1-3x_2+2x_3+x_4=0 \end{cases}$

2.3　线性方程组解的判定

上一节讨论了消元法解线性方程组，得出解的情况有三种：唯一解、无穷多解、无解. 回顾它的求解过程，实际上就是对线性方程组：

$$\begin{cases} a_{11}x_1+a_{12}x_2+\cdots+a_{1n}x_n=b_1 \\ a_{21}x_1+a_{22}x_2+\cdots+a_{2n}x_n=b_2 \\ \quad\cdots\cdots \\ a_{m1}x_1+a_{m2}x_2+\cdots+a_{mn}x_n=b_m \end{cases} \tag{2.13}$$

的增广矩阵：

$$\bar{A}=\begin{bmatrix} a_{11} & a_{12} & \cdots & a_{1n} & b_1 \\ a_{21} & a_{22} & \cdots & a_{2n} & b_2 \\ \vdots & \vdots & & \vdots & \vdots \\ a_{m1} & a_{m2} & \cdots & a_{mn} & b_m \end{bmatrix}$$

通过初等行变换化成如下形式的阶梯形矩阵：

$$\begin{bmatrix} c_{11} & c_{12} & \cdots & c_{1j} & \cdots & c_{1n} & d_1 \\ 0 & c_{22} & \cdots & c_{2j} & \cdots & c_{2n} & d_2 \\ \vdots & \vdots & & \vdots & & \vdots & \vdots \\ 0 & 0 & \cdots & c_{rj} & \cdots & c_{rn} & d_r \\ 0 & 0 & \cdots & 0 & \cdots & 0 & d_{r+1} \\ \vdots & \vdots & & \vdots & & \vdots & \vdots \\ 0 & 0 & \cdots & 0 & \cdots & 0 & 0 \end{bmatrix} \tag{2.14}$$

其中 $c_{rj}\neq 0$，当 $d_{r+1}=0$ 时，方程组(2.13)有解；当 $d_{r+1}\neq 0$ 时，方程组(2.13)无解. 这就是说，方程组是否有解，关键在于增广矩阵 $\bar{A}$ 化为梯矩阵后，d_{r+1} 是否为 0，也就是增广矩阵 $\bar{A}$ 化成梯矩阵后的非 0 行数和系数矩阵 A 化为梯矩阵后的非 0 行数是否相同. 我们知道，一个矩阵经初等行变换化为梯矩阵后，其非 0 行的数目就是该矩阵的秩. 因此，线性方程组是否有解，就可以用系数矩阵和增广矩阵的秩来决定.

定理 2.1　线性方程组 $AX=b$ 有解的充分必要条件是它的系数矩阵的秩和增广矩阵的秩相等，即：

$$秩(A)=秩(\bar{A})$$

于是，当方程组有解，即 $d_{r+1}=0$ 时，秩(A) = 秩$(\bar{A})=r$，增广矩阵 $\bar{A}$ 可化为如下梯矩阵：

$$\begin{bmatrix} c_{11} & c_{12} & \cdots & c_{1j} & c_{1,j+1} & \cdots & c_{1n} & d_1 \\ 0 & c_{22} & \cdots & c_{2j} & c_{2,j+1} & \cdots & c_{2n} & d_2 \\ \vdots & \vdots & & \vdots & \vdots & & \vdots & \vdots \\ 0 & 0 & \cdots & c_{rj} & c_{r,j+1} & \cdots & c_{rn} & d_r \\ 0 & 0 & \cdots & 0 & 0 & \cdots & 0 & 0 \\ \vdots & \vdots & & \vdots & \vdots & & \vdots & \vdots \\ 0 & 0 & \cdots & 0 & 0 & \cdots & 0 & 0 \end{bmatrix} \tag{2.15}$$

其中 $c_{rj}\neq 0$，此梯矩阵有 r 个非 0 行，每个非 0 行的第一个元素称为主元素. 主元素共有 r 个. 主元素所在列对应的未知量称为基本未知量，也有 r 个. 其余的未知量称作自由未知量，有 $n-r$ 个. 将梯矩阵(2.15)表示的方程组中含有基本未知量的项留在方程左端，含自由未知量的项移到方程右端，并用逐个方程回代的方法就得到线性方程组的一般解. 在一般解中，对于自由未知量任意取定一组值，可以唯一地确定相应基本未知量的一组值，从而构成方程组的一个解. 由此可知，只要存在自由未知量，方程组(2.13)就有无穷多个解；反之，若没有自由未知量，即 $n-r=0$，亦即 $r=n$ 时，方程组就只有唯一解. 于是有以下定理.

定理 2.2　若线性方程组 $AX=\boldsymbol{b}$ 满足秩(A) = 秩$(\bar{A})=r$，则当 $r=n$ 时，线性方程组有解且只有唯一解；当 $r<n$ 时，线性方程组有无穷多解.

定理 2.1 和定理 2.2 统称为线性方程组解的判定定理.

定理 2.1 回答了线性方程组是否有解的问题，定理 2.2 回答了线性方程组在有解的情况下，解是否唯一的问题，而如何求解以及解的表达问题，已在 2.2 节中做出了回答. 至此，本章开头提出的问题已全部得到解决.

例 1　判定下列方程组是否有解？若有解，说明解的个数.

(1) $\begin{cases} x_1-2x_2+x_3=0 \\ 2x_1-3x_2+x_3=-4 \\ 4x_1-3x_2-2x_3=-2 \\ 3x_1-2x_3=5 \end{cases}$

(2) $\begin{cases} x_1-2x_2+x_3=0 \\ 2x_1-3x_2+x_3=-4 \\ 4x_1-3x_2-2x_3=-2 \\ 3x_1-3x_3=-24 \end{cases}$

(3) $\begin{cases} x_1-2x_2+x_3=0 \\ 2x_1-3x_2+x_3=-4 \\ 4x_1-3x_2-x_3=-20 \\ 3x_1 \qquad -3x_3=-24 \end{cases}$

解　(1)对线性方程组的增广矩阵进行初等行变换:

$$\bar{A}=\begin{bmatrix}1&-2&1&0\\2&-3&1&-4\\4&-3&-2&-2\\3&0&-2&5\end{bmatrix}$$

$$\xrightarrow[\text{①}\times(-3)+\text{④}]{\substack{\text{①}\times(-2)+\text{②}\\ \text{①}\times(-4)+\text{③}}}\begin{bmatrix}1&-2&1&0\\0&1&-1&-4\\0&5&-6&-2\\0&6&-5&5\end{bmatrix}$$

$$\xrightarrow[\text{②}\times(-6)+\text{④}]{\text{②}\times(-5)+\text{③}}\begin{bmatrix}1&-2&1&0\\0&1&-1&-4\\0&0&-1&18\\0&0&1&29\end{bmatrix}$$

$$\xrightarrow{\text{③}\times1+\text{④}}\begin{bmatrix}1&-2&1&0\\0&1&-1&-4\\0&0&-1&18\\0&0&0&47\end{bmatrix}$$

因为秩$(A)=3$,秩$(\bar{A})=4$,秩$(A)\neq$秩$(\bar{A})$,所以该方程组无解.

同理,将线性方程组(2),(3)的增广矩阵化为梯矩阵,判断其解的情况.

(2)　$\bar{A}=\begin{bmatrix}1&-2&1&0\\2&-3&1&-4\\4&-3&-2&-2\\3&0&-3&-24\end{bmatrix}\longrightarrow\begin{bmatrix}1&-2&1&0\\0&1&-1&-4\\0&0&-1&18\\0&0&0&0\end{bmatrix}$

因为秩$(A)=$秩$(\bar{A})=3=n$,所以该方程组有唯一解.

(3)　$\bar{A}=\begin{bmatrix}1&-2&1&0\\2&-3&1&-4\\4&-3&-1&-20\\3&0&-3&-24\end{bmatrix}\longrightarrow\begin{bmatrix}1&-2&1&0\\0&1&-1&-4\\0&0&0&0\\0&0&0&0\end{bmatrix}$

因为秩$(A)=$秩$(\bar{A})=2<3=n$,所以该方程组有无穷多解.

例 2 当 a、b 为何值时,线性方程组:

$$\begin{cases} x_1+3x_2+x_3=0 \\ 3x_1+2x_2+3x_3=-1 \\ -x_1+4x_2+ax_3=b \end{cases}$$

有唯一解、有无穷多解或无解?

解 将方程组的增广矩阵化为梯矩阵:

$$\bar{A}=\begin{bmatrix} 1 & 3 & 1 & 0 \\ 3 & 2 & 3 & -1 \\ -1 & 4 & a & b \end{bmatrix}$$

$$\xrightarrow[\text{①}\times 1+\text{③}]{\text{①}\times(-3)+\text{②}}\begin{bmatrix} 1 & 3 & 1 & 0 \\ 0 & -7 & 0 & -1 \\ 0 & 7 & a+1 & b \end{bmatrix}$$

$$\xrightarrow{\text{②}\times 1+\text{③}}\begin{bmatrix} 1 & 3 & 1 & 0 \\ 0 & -7 & 0 & -1 \\ 0 & 0 & a+1 & b-1 \end{bmatrix}$$

根据方程组解的判定定理可知:

当 $a=-1$ 且 $b\neq 1$ 时,秩$(A)<$秩$(\bar{A})$,方程组无解;

当 $a=-1$ 且 $b=1$ 时,秩$(A)=$秩$(\bar{A})=2<3=n$,方程组有无穷多解;

当 $a\neq -1$,秩$(A)=$秩$(\bar{A})=3=n$,方程组有唯一解.

例 3 当 λ 为何值时,线性方程组:

$$\begin{cases} x_1-7x_2+4x_3+2x_4=0 \\ 2x_1-5x_2+3x_3+2x_4=1 \\ 5x_1-8x_2+5x_3+4x_4=3 \\ 4x_1-x_2+x_3+2x_4=\lambda \end{cases}$$

有解?若有解,求出它的解.

解 将线性方程组的增广矩阵化为梯矩阵:

$$\bar{A}=\begin{bmatrix} 1 & -7 & 4 & 2 & 0 \\ 2 & -5 & 3 & 2 & 1 \\ 5 & -8 & 5 & 4 & 3 \\ 4 & -1 & 1 & 2 & \lambda \end{bmatrix}$$

$$\xrightarrow[\substack{\text{①}\times(-5)+\text{③} \\ \text{①}\times(-4)+\text{④}}]{\text{①}\times(-2)+\text{②}}\begin{bmatrix} 1 & -7 & 4 & 2 & 0 \\ 0 & 9 & -5 & -2 & 1 \\ 0 & 27 & -15 & -6 & 3 \\ 0 & 27 & -15 & -6 & \lambda \end{bmatrix}$$

$$\xrightarrow[\text{②}\times(-3)+\text{④}]{\text{②}\times(-3)+\text{③}}\begin{bmatrix}1 & -7 & 4 & 2 & 0\\0 & 9 & -5 & -2 & 1\\0 & 0 & 0 & 0 & 0\\0 & 0 & 0 & 0 & \lambda-3\end{bmatrix}$$

当 $\lambda=3$ 时,秩(A) = 秩$(\bar{A})=2<4=n$,方程组有无穷多解,这时,将增广矩阵继续进行初等行变换,化为如下的行简化梯矩阵:

$$\bar{A}\longrightarrow\begin{bmatrix}1 & -7 & 4 & 2 & 0\\0 & 9 & -5 & -2 & 1\\0 & 0 & 0 & 0 & 0\\0 & 0 & 0 & 0 & 0\end{bmatrix}$$

$$\xrightarrow[\text{②}\times\frac{1}{9}]{\text{②}\times\frac{7}{9}+\text{①}}\begin{bmatrix}1 & 0 & \frac{1}{9} & \frac{4}{9} & \frac{7}{9}\\0 & 1 & -\frac{5}{9} & -\frac{2}{9} & \frac{1}{9}\\0 & 0 & 0 & 0 & 0\\0 & 0 & 0 & 0 & 0\end{bmatrix}$$

得线性方程组的一般解为:

$$\begin{cases}x_1=-\frac{1}{9}x_3-\frac{4}{9}x_4+\frac{7}{9}\\x_2=\frac{5}{9}x_3+\frac{2}{9}x_4+\frac{1}{9}\end{cases}\quad(\text{其中 } x_3,x_4 \text{ 是自由未知量})$$

上面讨论的都是非齐次线性方程组解的问题,作为一种特殊情况,齐次线性方程组的解的情况如何呢?在 2.1 节已经知道,齐次线性方程组:

$$\begin{cases}a_{11}x_1+a_{12}x_2+\cdots+a_{1n}x_n=0\\a_{21}x_1+a_{22}x_2+\cdots+a_{2n}x_n=0\\\qquad\cdots\cdots\\a_{m1}x_1+a_{m2}x_2+\cdots+a_{mn}x_n=0\end{cases}$$

总有零解,但是我们更关心的是它在什么情况下有非零解.

从定理 2.2 可以立即得到:

推论　齐次线性方程组 $AX=O$ 有非 0 解的充分必要条件是系数矩阵 A 的秩小于未知量的个数,即:

$$\text{秩}(A)<n$$

对于 2.1 节例 2 的结论,用本节的定理和推论也可验证,这是因为若 A 可逆,等价于秩(A) = 秩$(\bar{A})=n$,故由定理 2.2 及上述推论可知非齐次线性方程组只有唯一解,齐次线性方程组只有 0 解;当秩$(A)<n$ 时,齐次线性方程组 $AX=O$ 有无穷多解.

练习 2.3

1. 判断下列方程组解的情况：

(1) $\begin{bmatrix} 2 & 1 & 1 \\ 1 & 3 & 1 \\ 1 & 1 & 5 \\ 2 & 3 & -3 \end{bmatrix}\begin{bmatrix} x_1 \\ x_2 \\ x_3 \end{bmatrix}=\begin{bmatrix} 2 \\ 5 \\ -7 \\ 14 \end{bmatrix}$

(2) $\begin{bmatrix} 2 & 1 & -1 & 1 \\ 3 & -2 & 2 & -3 \\ 5 & 1 & -1 & 2 \\ 2 & -1 & 1 & -3 \end{bmatrix}\begin{bmatrix} x_1 \\ x_2 \\ x_3 \\ x_4 \end{bmatrix}=\begin{bmatrix} 1 \\ 2 \\ -1 \\ 4 \end{bmatrix}$

(3) $\begin{cases} x_1-3x_2-2x_3-x_4=6 \\ 3x_1-8_2+x_3+5x_4=0 \\ -2x_1+x_2-4x_3+2x_4=-4 \\ -x_1-2x_2-6x_3+x_4=2 \end{cases}$

(4) $\begin{cases} 3x_1+2x_2+5x_3+3x_4=0 \\ 4x_1-5x_2+3x_4=0 \\ -2x_1-x_3-3x_4=0 \\ 5x_1-3x_2+2x_3+5x_4=0 \end{cases}$

2. 判断下列方程组是否有解？若有解，求出解：

(1) $\begin{cases} x_1-2x_2+x_3-x_4=0 \\ 2x_1+x_2-x_3+x_4=0 \\ x_1+7x_2-5x_3+5x_4=0 \\ 3x_1-x_2-2x_3-\lambda x_4=0 \end{cases}$

(2) $\begin{cases} x_1-2x_2+3x_3-4x_4=4 \\ x_2-x_3+x_4=-3 \\ x_1+3x_2-3x_4=1 \\ -7x_2+3x_3+x_4=\lambda \end{cases}$

3. λ 为何值时，方程组：

$$\begin{bmatrix} \lambda & 1 & 1 \\ 1 & \lambda & 1 \\ 1 & 1 & \lambda \end{bmatrix}\begin{bmatrix} x \\ y \\ z \end{bmatrix}=\begin{bmatrix} 1 \\ \lambda \\ \lambda^2 \end{bmatrix}$$

有唯一解或无穷多解？

4. a、b 为何值时，方程组：

$$\begin{cases} x_1 - x_2 - x_3 = 1 \\ x_1 + x_2 - 2x_3 = 2 \\ x_1 + 3x_2 + ax_3 = b \end{cases}$$

有唯一解、无穷多解或无解？

5. 判断下列方程组解的情况，有解时求解：

(1) $\begin{cases} x_1 + 3x_2 - 2x_3 = 0 \\ x_1 + 7x_2 + 2x_3 = 0 \\ 2x_1 + 14x_2 + 5x_3 = 0 \end{cases}$

(2) $\begin{cases} x_1 - 2x_2 + 3x_3 = 4 \\ 2x_1 + x_2 - 3x_3 = 5 \\ -x_1 + 2x_2 + 2x_3 = 6 \\ 3x_1 - 3x_2 + 2x_3 = 7 \end{cases}$

(3) $\begin{bmatrix} 1 & 1 & -3 \\ 2 & 2 & -2 \\ 1 & 1 & 1 \\ 3 & 3 & -5 \end{bmatrix} \begin{bmatrix} x_1 \\ x_2 \\ x_3 \end{bmatrix} = \begin{bmatrix} -3 \\ -2 \\ 1 \\ -5 \end{bmatrix}$

(4) $\begin{cases} 2x_1 - 3x_2 + x_3 + 5x_4 = 6 \\ -3x_1 + x_2 + 2x_3 - 4x_4 = 5 \\ -x_1 - 2x_2 + 3x_3 + 4x_4 = 2 \end{cases}$

2.4　矩阵方程的一般解法

在 1.10 节中，介绍了用求逆矩阵的方法解矩阵方程 $AX = B$. 这一节，将通过一个例子介绍如何用消元法解矩阵方程：

$$AX = B \tag{2.16}$$

或：

$$XA = B \tag{2.17}$$

由于篇幅所限，这里只介绍 A 是方阵且可逆时的解法. 对于 A 不可逆或 A 不是方阵的情形，解法大体相同，在此不作介绍.

例 1　解矩阵方程 $AX = B$(1.10 节例 5)，其中：

$$A = \begin{bmatrix} -2 & 1 & 0 \\ 1 & -2 & 1 \\ 0 & 1 & -2 \end{bmatrix},\quad B = \begin{bmatrix} 5 & -1 \\ -2 & 3 \\ 1 & 4 \end{bmatrix}$$

解　因为 A 是可逆矩阵,所以增广矩阵 $[A\quad B]$ 经过初等行变换可以化成 $[I\quad C]$ 的形式,其中 I 是单位矩阵,则 $X=C$ 就是矩阵方程 $AX=B$ 的解.

$$[A\quad B]=\begin{bmatrix}-2&1&0&5&-1\\1&-2&1&-2&3\\0&1&-2&1&4\end{bmatrix}$$

$$\xrightarrow{\text{交换①、②行}}\begin{bmatrix}1&-2&1&-2&3\\-2&1&0&5&-1\\0&1&-2&1&4\end{bmatrix}$$

$$\xrightarrow{①\times2+②}\begin{bmatrix}1&-2&1&-2&3\\0&-3&2&1&5\\0&1&-2&1&4\end{bmatrix}$$

$$\xrightarrow[③\times2+①]{③\times3+②}\begin{bmatrix}1&0&-3&0&11\\0&0&-4&4&17\\0&1&-2&1&4\end{bmatrix}\xrightarrow{\text{交换②、③行}}\begin{bmatrix}1&0&-3&0&11\\0&1&-2&1&4\\0&0&-4&4&17\end{bmatrix}$$

$$\xrightarrow{③\times(-\frac{1}{4})}\begin{bmatrix}1&0&-3&0&11\\0&1&-2&1&4\\0&0&1&-1&-\frac{17}{4}\end{bmatrix}$$

$$\xrightarrow[③\times3+①]{③\times2+②}\begin{bmatrix}1&0&0&-3&-\frac{7}{4}\\0&1&0&-1&-\frac{9}{2}\\0&0&1&-1&-\frac{17}{4}\end{bmatrix}$$

此矩阵已是 $[I\quad C]$ 的形式,故矩阵方程的解是:

$$X=\begin{bmatrix}-3&-\frac{7}{4}\\-1&-\frac{9}{2}\\-1&-\frac{17}{4}\end{bmatrix}=-\frac{1}{4}\begin{bmatrix}12&7\\4&18\\4&17\end{bmatrix}$$

这个结果与 1.10 节中例 5 的计算结果一致.

例 2　解矩阵方程 $AX=B$,其中:

$$A=\begin{bmatrix}2&3&-1\\1&2&0\\-1&2&-2\end{bmatrix},\quad B=\begin{bmatrix}2&1\\-1&0\\3&1\end{bmatrix}$$

解

$$[A\quad B]=\begin{bmatrix}2&3&-1&2&1\\1&2&0&-1&0\\-1&2&-2&3&1\end{bmatrix}$$

$$\xrightarrow{\text{交换①、②行}}\begin{bmatrix}1&2&0&-1&0\\2&3&-1&2&1\\-1&2&-2&3&1\end{bmatrix}$$

$$\xrightarrow[\text{①}\times 1+\text{③}]{\text{①}\times(-2)+\text{②}}\begin{bmatrix}1&2&0&-1&0\\0&-1&-1&4&1\\0&4&-2&2&1\end{bmatrix}$$

$$\xrightarrow[\text{②}\times 2+\text{①}]{\text{②}\times 4+\text{③}}\begin{bmatrix}1&0&-2&7&2\\0&-1&-1&4&1\\0&0&-6&18&5\end{bmatrix}$$

$$\xrightarrow[\text{③}\times(-\frac{1}{6})]{\text{②}\times(-1)}\begin{bmatrix}1&0&-2&7&2\\0&1&1&-4&-1\\0&0&1&-3&-\frac{5}{6}\end{bmatrix}$$

$$\xrightarrow[\text{③}\times 2+\text{①}]{\text{③}\times(-1)+\text{②}}\begin{bmatrix}1&0&0&1&\frac{1}{3}\\0&1&0&-1&-\frac{1}{6}\\0&0&1&-3&-\frac{5}{6}\end{bmatrix}$$

此矩阵已是$[I\quad C]$的形式，故矩阵方程的解是：

$$X=\begin{bmatrix}1&\frac{1}{3}\\-1&-\frac{1}{6}\\-3&-\frac{5}{6}\end{bmatrix}=-\frac{1}{6}\begin{bmatrix}-6&-2\\6&1\\18&5\end{bmatrix}$$

对于矩阵方程$XA=B$，求解时两端先求转置$(XA)^T=B^T$，得$A^TX^T=B^T$，然后用解矩阵方程(2.16)的方法求解，得到X^T后，再转置便可得到X.

练习 2.4

解矩阵方程$AX=B$，其中：

(1) $A=\begin{bmatrix}1&-2&0\\4&-2&-1\\-3&1&2\end{bmatrix}$，$B=\begin{bmatrix}-1&4\\2&5\\1&-3\end{bmatrix}$

$$(2)A=\begin{bmatrix}1 & 2 & 0\\ 2 & 3 & 4\\ 0 & 2 & -7\end{bmatrix},\quad B=\begin{bmatrix}1\\ 0\\ 1\end{bmatrix}$$

*2.5 矩阵代数应用实例

矩阵在经济分析中有着同样广泛的应用. 本节简单介绍矩阵在线性规划问题和投入产出分析中的应用.

2.5.1 线性规划问题举例

1. 线性规划问题

线性规划是人们用于科学管理的一种数学方法. 在工农业生产、经济管理和交通运输等部门有着广泛的应用. 这里只介绍用初等行变换解线性规划问题的方法.

例 1 为制造两种类型的产品,仓库最多提供 80 千克的钢材. 已知每制造一件Ⅰ型产品需消耗钢材 2 千克,最少需要生产 10 件,而每件售价 50 元;每制造一件Ⅱ型产品需消耗钢材 1 千克,最多只能生产 40 件,而每件售价 30 元. 试选择一种最佳生产方案,以获得最大收入.

设生产Ⅰ型产品 x_1 件,Ⅱ型产品 x_2 件,获得的收入用 R(单位:元)表示. 于是,有:

$$R=50x_1+30x_2$$

在所给条件下求收入 R 的最大值. 根据题设条件,x_1、x_2 应满足下列不等式:

$$\begin{cases}2x_1+x_2\leqslant 80\\ x_1\geqslant 10\\ 0\leqslant x_2\leqslant 40\end{cases}$$

把问题记为:

$$\max R=50x_1+30x_2 \tag{2.18}$$

$$\begin{cases}2x_1+x_2\leqslant 80\\ x_1\geqslant 10\\ x_2\leqslant 40\\ x_2\geqslant 0\end{cases} \tag{2.19}$$

式(2.18)和式(2.19)一起称为一个线性规划问题. 式(2.18)中的 $R=50x_1+30x_2$ 称为目标函数;式(2.19)称为约束条件;满足式(2.18)和式(2.19)的 x_1,x_2 称为最优解,记作 x_1^0、x_2^0;将其代入目标函数,所得目标函数的值,即 $\max R=50x_1^0+30x_2^0$ 称为该线性规划问题的最优值.

线性规划问题的一般形式如下：

设有 n 个变量 $x_1,x_2,\cdots,x_n$，满足

$$\max S=c_1x_1+c_2x_2+\cdots+c_nx_n$$

$$\begin{cases}a_{11}x_1+a_{12}x_2+\cdots+a_{1n}x_n\leqslant(\geqslant)b_1\\a_{21}x_1+a_{22}x_2+\cdots+a_{2n}x_n\leqslant(\geqslant)b_2\\\quad\cdots\cdots\\a_{m1}x_1+a_{m2}x_2+\cdots+a_{mn}x_n\leqslant(\geqslant)b_m\\x_i\geqslant0,i=1,2,\cdots,n.\end{cases}\tag{2.20}$$

其中，S 称为目标函数，式(2.20)称为约束条件.

2. 图解法

两个变量的线性规划问题，可以用几何的方法求解，称为图解法. 下面我们结合例1，介绍常用的求解两个变量的线性规划问题的图解法.

例 1 的问题表示为式(2.18)和式(2.19)，即：

$$\max R=50x_1+30x_2$$

$$\begin{cases}2x_1+x_2\leqslant80\\x_1\geqslant10\\x_2\leqslant40\\x_2\geqslant0\end{cases}$$

取直角坐标系 Ox_1x_2，见图 2－1. 在直角坐标系 Ox_1x_2 中作约束条件不等式组确定的区域：

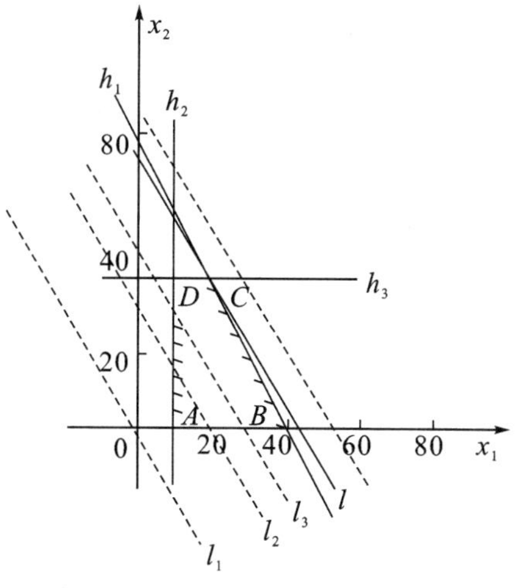

图 2－1

(1)作直线 $h_1:x_2=80-2x_1$，显然，满足 $2x_1+x_2\leqslant80$ 的部分是直线 h_1 的左下半平面.

(2)作直线 $h_2:x_1=10$,满足 $x_1\geqslant10$ 的部分是 h_2 的右半平面.

(3)作直线 $h_3:x_2=40$,满足 $x_2\leqslant40$ 的部分是 h_3 的下半平面.

(4)$x_2=0$ 为直线 x_1 轴,$x_2\geqslant0$ 的部分为 x_1 轴的上半平面.

于是,约束条件(2.19)组成由直线 h_1,h_2,h_3 与坐标轴 x_1 围成的区域 $ABCD$(称为该线性规划问题的可行区域,亦称为可行域).

目标函数为:

$$R=50x_1+30x_2$$

对不同的 R 值,代入目标函数,就得到不同的直线,如取 $R=0,1\ 000,1\ 500,\cdots,2\ 200$,有平行直线(它们的斜率均为 $-\frac{5}{3}$):

$$l_1:\quad 0=50x_1+30x_2$$

$$l_2:1\ 000=50x_1+30x_2$$

$$l_3:1\ 500=50x_1+30x_2$$

……

$$l:2\ 200=50x_1+30x_2$$

可以看出,随着 R 值的增大,直线 l 就向右上方平移. 当直线 l 过点 C 时,R 达到最大值. 直线 l 再向右上方平移,将与可行区域不相交.

而点 C 是直线 h_1,h_3 的交点,即解联立方程组:

$$\begin{cases}2x_1+x_2=80\\x_2=40\end{cases}$$

得 $x_1=20,x_2=40$,亦即 C 点坐标为(20,40). 于是,得到该问题的最优解 $x_1=20$ 件,$x_2=40$ 件. 将最优解代入目标函数,可得最优值为:

$$R_{最优}=[50x_1+30x_2]_{x_1=20,x_2=40}=2\ 200(元)$$

在可行域内的任意点的坐标(x_1,x_2)都满足约束条件,但不一定是最优解,我们称这种解为可行解.

例2 用图解法求解线性规划问题:

$$\min S=x_1+2x_2$$

$$\begin{cases}x_1-x_2\geqslant-2\\x_1+x_2\geqslant2\\x_1\geqslant0,x_2\geqslant0\end{cases}$$

即求使 S 满足条件的最小值的解.

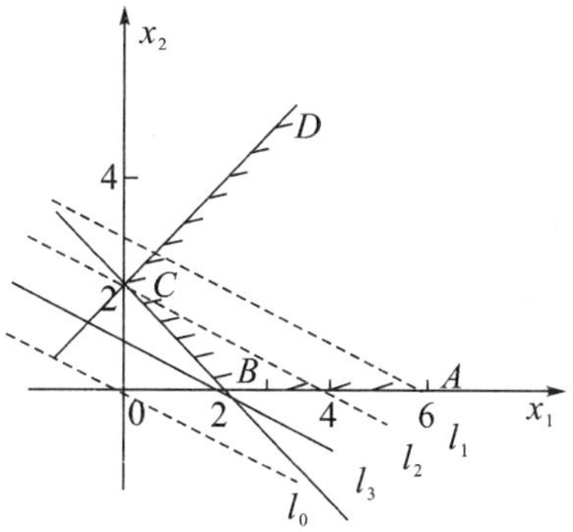

图 2－2

解　此例求满足约束条件的使目标函数 S 达最小值的解. 首先在直角坐标系中画出直线 $x_1-x_2=-2$，$x_1+x_2=2$，并确定 $x_1-x_2\geqslant-2$，$x_1+x_2\geqslant2$，$x_1\geqslant0$，$x_2\geqslant0$ 四个半平面的重叠部分，如图2－2 用 $ABCD$ 表示的斜线部分. 可以看出，这个问题的可行域是无界域. 在目标函数 $S=x_1+2x_2$ 中，令 S 取数值 0，6，4，2…并在可行域上做出等值线：

$$l_0:\ x_1+2x_2=0$$

$$l_1:\ x_1+2x_2=6$$

$$l_2:\ x_1+2x_2=4$$

$$l_3:\ x_1+2x_2=2$$

……

显然，直线离原点越近，目标函数取值越小，而且在可行域的 B 点处达到最小值. B 点是直线 $x_1+x_2=2$ 与 $x_2=0$ 的交点，得 B 点的坐标为(2，0)，所以最优解为：

$$x_1=2,x_2=0$$

对应的目标函数的最小值：

$$S=1\times2+2\times0=2$$

需要说明的是：图解法只适用于两个变量的线性规划问题.

*3. 线性规划问题的标准形式

只要引入新的非负变量(称为松弛变量)x_3，x_4，x_5，就可以使不等式组(2. 19)变为一组等式. 因为 $2x_1+x_2$ 不比 80 大，加上某个非负数 x_3，使得它们的和为 80. 类似地，也可以使式(2. 19)的另外两个不等式变为等式. 于是，有：

$$\max R=50x_1+30x_2+0x_3+0x_4+0x_5 \tag{2. 21}$$

$$\begin{cases}2x_1+x_2+x_3 & =80\\ x_1 \quad -x_4 & =10\\ x_2 \quad +x_5 & =40\\ x_i\geqslant0,i=1,2,3,4,5\end{cases} \tag{2. 22}$$

显然，满足式(2. 21)和(2. 22)的解 $x_i(i=1,2,3,4,5)$ 中的 x_1，x_2 必定满足式(2. 18)

和(2.19). 因此,求满足式(2.22)的解 x_1,x_2,x_3,x_4,x_5,使 $R=50x_1+30x_2+0x_3+0x_4+0x_5$(即式(2.21))取最大值,其中的 x_1,x_2 就是原来线性规划问题的解. 因此,我们将公式(2.20)改写成等式形式,作为线性规划问题的标准形式,即:

$$\max S=c_1x_1+c_2x_2+\cdots+c_nx_n$$

$$\begin{cases}a_{11}x_1+a_{12}x_2+\cdots+a_{1n}x_n=b_1\\a_{21}x_1+a_{22}x_2+\cdots+a_{2n}x_n=b_2\\\quad\cdots\cdots\\a_{m1}x_1+a_{m2}x_2+\cdots+a_{mn}x_n=b_m\\x_i\geqslant 0,i=1,2,\cdots,n\end{cases}\tag{2.23}$$

其中 $b_i\geqslant 0,i=1,2,\cdots,m$.

满足式(2.23)的 $x_1,x_2,\cdots,x_n$ 称为线性规划问题的最优解,相应地 $\max S=S_0$ 称为该问题的最优值.

*4. 线性规划问题的初等变换解法

如果把 S 亦视为一个变量,式(2.23)可以写为:

$$\begin{cases}a_{11}x_1+a_{12}x_2+\cdots+a_{1n}x_n=b_1\\a_{21}x_1+a_{22}x_2+\cdots+a_{2n}x_n=b_2\\\quad\cdots\cdots\\a_{m1}x_1+a_{m2}x_2+\cdots+a_{mn}x_n=b_m\\-c_1x_1-c_2x_2-\cdots-c_nx_n+S=0\end{cases}\tag{2.24}$$

方程组(2.24)是一个 $n+1$ 个未知量 $x_1,x_2,\cdots,x_n,S$,$m+1$ 个方程的线性方程组. 方程组(2.24)的解法如下:

[第一步]

记矩阵:

$$\begin{matrix} & x_1 & x_2 & \cdots & x_n & \\ L= & \left[\begin{matrix}a_{11} & a_{12} & \cdots & a_{1n} & b_1\\a_{21} & a_{22} & \cdots & a_{2n} & b_2\\\vdots & \vdots & & \vdots & \vdots\\a_{m1} & a_{m2} & \cdots & a_{mn} & b_m\\-c_1 & -c_2 & \cdots & -c_n & 0\end{matrix}\right]\end{matrix}$$

矩阵 L 中的末行$(-c_j)(j=1,2,\cdots,n)$称为检验数,从 $S=0$ 做起.

[第二步]

当所有的检验数$(-c_j)\geqslant 0$时,转入第三步;

当检验数$(-c_j)$有负数时,转入第五步.

［第三步］

①用矩阵 L 中的第 1 列前 m 行大于 0 的元素 $a_{i1}(i=1,2,\cdots,m)$ 除同行对应的末列的元素 b_i，即 $\frac{b_i}{a_{i1}}(i=1,2,\cdots,m)$，取比值最小者，记为 $\frac{b_r}{a_{r1}}$（若第 1 列的前 m 个元素没有正数，就试第 2 列，依次类推）：

$$\frac{b_r}{a_{r1}}=\min_{1\leqslant i\leqslant m}\left\{\frac{b_i}{a_{i1}}\,\middle|\,b_i\geqslant 0,a_{i1}>0\right\}\quad(1\leqslant r\leqslant m)\tag{2.25}$$

公式(2.25)称为最小比值原则．此时，a_{r1} 称为主元，a_{r1} 所在的行称为主元行，所在的列称为主元列．

②对矩阵 L 作初等行变换，用 $\frac{1}{a_{r1}}$ 乘主元行，使主元变为“1”．之后，分别以适当的数乘主元行加到 L 的其他各行上，使主元“1”所在列的其他元素化为 0，得到一新矩阵．

③对②所得新矩阵的下 1 列，重复类似①、②的变换运算．

④对③所得新矩阵的下 1 列，重复①、②类似的变换运算．依次继续若干次后，得到矩阵，记为 L^*．在 L^* 中必有前 m 行的 m 列的元素构成一个 m 阶单位矩阵，不妨设 L^* 前 m 行 m 列是 m 阶的单位矩阵 I_m，于是，矩阵 L^* 为：

$$L^*=\begin{array}{c}\begin{matrix}x_1 & x_2 & \cdots & x_m & x_{m+1} & \cdots & x_n & \end{matrix}\\ \begin{bmatrix}1 & 0 & \cdots & 0 & a'_{1,m+1} & \cdots & a'_{1n} & b'_1\\ 0 & 1 & \cdots & 0 & a'_{2,m+1} & \cdots & a'_{2n} & b'_2\\ \vdots & \vdots & & \vdots & \vdots & & \vdots & \vdots\\ 0 & 0 & \cdots & 1 & a'_{m,m+1} & \cdots & a'_{mn} & b'_m\\ c'_1 & c'_2 & \cdots & c'_m & c'_{m+1} & \cdots & c'_n & S_0\end{bmatrix}\end{array}$$

［第四步］

①若在 L^* 的单位矩阵 I_m 所在列的检验数 $c'_j=0$，而其余检验数非负时，则所求最优值为：

$$\max S=S_0\quad(L^*\text{ 中最后一行最后一列的元素数值})$$

矩阵 L^* 中单位矩阵 I_m 所在各行的末列元素 b'_i，为所求相应变量（称为基变量）的值．其他变量（叫作非基变量）取值为 0，这样得到的解为所求最优解．

②L^* 的检验数有负数时，转入第五步．

［第五步］

对所有为负数的检验数，取其绝对值最大者所在列为主元列．按最小比值原则（公式(2.25)），取主元行和主元 a_{rj}，返回第三步②．

如果线性规划问题有解，经过有限次初等行变换，便可得到其解．

例 3 用初等行变换解法再解例 1.

解 引入松弛变量 x_3,x_4,x_5，例 1 可写成线性方程组：

$$\begin{cases}2x_1+x_2+x_3=80\\x_1-x_4=10\\x_2+x_5=40\\-50x_1-30x_2-0x_3-0x_4-0x_5+R=0\end{cases}$$

①[第一步]　写出矩阵：

$$L=\begin{array}{c}\begin{matrix}x_1 & x_2 & x_3 & x_4 & x_5 & \end{matrix}\\\begin{bmatrix}2 & 1 & 1 & 0 & 0 & 80\\\boxed{1} & 0 & 0 & -1 & 0 & 10\\0 & 1 & 0 & 0 & 1 & 40\\-50 & -30 & 0 & 0 & 0 & 0\end{bmatrix}\end{array}$$

②[第二步]　检验数($-c_j$)中有负数，转入第五步.

③[第五步]　$|-c_j|$中最大者是$|-50|$，取-50所在列为主元列. 按公式(2.25)，第2行为主元行，主元为a_{21}，返回第三步②.

④[第三步②]　主元已经是"1"，把主元所在列的其他元素化为0，有：

$$\longrightarrow\begin{array}{c}\begin{matrix}x_1 & x_2 & x_3 & x_4 & x_5 & \end{matrix}\\\begin{bmatrix}0 & 1 & 1 & \boxed{2} & 0 & 60\\1 & 0 & 0 & -1 & 0 & 10\\0 & 1 & 0 & 0 & 1 & 40\\0 & -30 & 0 & -50 & 0 & 500\end{bmatrix}\end{array}$$

上矩阵的检验数中仍有负数，返回第五步.

⑤[第五步]　取负检验数绝对值最大者所在列，即第4列为主元列，按最小比值原则，取a_{14}为主元.

把上矩阵化为：

$$\longrightarrow\begin{array}{c}\begin{matrix}x_1 & x_2 & x_3 & x_4 & x_5 & \end{matrix}\\\begin{bmatrix}0 & 1/2 & 1/2 & 1 & 0 & 30\\1 & 1/2 & 1/2 & 0 & 0 & 40\\0 & \boxed{1} & 0 & 0 & 1 & 40\\0 & -5 & 25 & 0 & 0 & 2\,000\end{bmatrix}\end{array}$$

检验数中仍有负数，返回第五步.

⑥取第2列为主元列，取a_{32}为主元.

把上矩阵化为：

$$\xrightarrow{}\begin{array}{c} \begin{matrix} x_1 & x_2 & x_3 & x_4 & x_5 & \end{matrix} \\ \begin{bmatrix} 0 & 0 & 1/2 & 1 & -1/2 & 10 \\ 1 & 0 & 1/2 & 0 & -1/2 & 20 \\ 0 & 1 & 0 & 0 & 1 & 40 \\ 0 & 0 & 25 & 0 & 5 & 2\ 200 \end{bmatrix} \end{array}$$

上矩阵检验数已无负数，前 3 行的第 1、2、4 列构成一个 3 阶单位矩阵，返回第四步.

⑦[第四步]　上矩阵中 3 阶单位矩阵所在列的检验数为 0，其余检验数非负，于是，x_1,x_2,x_4 为基变量，x_3,x_5 为非基变量，得到最优值：

$$\max R = R_0 = 2\ 200(\text{元})$$

最优解：$x_1=20$ 件，$x_2=40$ 件，$x_3=0$ 件，$x_4=10$ 件，$x_5=0$ 件.

本例的最优值：$R_0=2\ 200$(元)，最优解：$x_1=20$ 件，$x_2=40$ 件.

例 4　解线性规划问题：

$$\min S = 3x_1 - x_2 + 2x_3$$

$$\begin{cases} x_1+2x_2-x_3 \geqslant 2 \\ -x_1+x_2+x_3=4 \\ -x_1+2x_2-x_3 \leqslant 6 \\ x_i \geqslant 0,\ i=1,2,3. \end{cases}$$

解　引进新的目标函数：

$$S' = -S$$

与松弛变量：

$$x_4 \geqslant 0,\ x_5 \geqslant 0$$

将所给线性规划问题化为标准形式：

$$\max S' = -3x_1 + x_2 - 2x_3$$

$$\begin{cases} x_1+2x_2-x_3-x_4 = 2 \\ -x_1+x_2+x_3 = 4 \\ -x_1+2x_2-x_3+x_5 = 6 \\ x_i \geqslant 0,\ i=1,2,3,4,5 \end{cases}$$

所求最小值：

$$\min S = -\max S'$$

由标准形式得到矩阵 T，并作初等行变换：

$$T=\begin{bmatrix} 1 & \boxed{2} & -1 & -1 & 0 & 2 \\ -1 & 1 & 1 & 0 & 0 & 4 \\ -1 & 2 & -1 & 0 & 1 & 6 \\ 3 & -1 & 2 & 0 & 0 & 0 \end{bmatrix}$$

$$\longrightarrow\begin{bmatrix}\frac{1}{2} & \boxed{1} & -\frac{1}{2} & -\frac{1}{2} & 0 & 1\\ -1 & 1 & 1 & 0 & 0 & 4\\ -1 & 2 & -1 & 0 & 1 & 6\\ 3 & -1 & 2 & 0 & 0 & 0\end{bmatrix}\longrightarrow\begin{bmatrix}\frac{1}{2} & 1 & -\frac{1}{2} & -\frac{1}{2} & 0 & 1\\ -\frac{3}{2} & 0 & \boxed{\frac{3}{2}} & \frac{1}{2} & 0 & 3\\ -2 & 0 & 0 & 1 & 1 & 4\\ \frac{7}{2} & 0 & \frac{3}{2} & -\frac{1}{2} & 0 & 1\end{bmatrix}$$

$$\longrightarrow\begin{bmatrix}\frac{1}{2} & 1 & -\frac{1}{2} & -\frac{1}{2} & 0 & 1\\ -1 & 0 & \boxed{1} & \frac{1}{3} & 0 & 2\\ -2 & 0 & 0 & 1 & 1 & 4\\ \frac{7}{2} & 0 & \frac{3}{2} & -\frac{1}{2} & 0 & 1\end{bmatrix}\longrightarrow\begin{bmatrix}0 & 1 & 0 & -\frac{1}{3} & 0 & 2\\ -1 & 0 & 1 & \frac{1}{3} & 0 & 2\\ -2 & 0 & 0 & \boxed{1} & 1 & 4\\ 5 & 0 & 0 & -1 & 0 & -2\end{bmatrix}$$

$$\longrightarrow\begin{bmatrix}-\frac{2}{3} & 1 & 0 & 0 & \frac{1}{3} & \frac{10}{3}\\ -\frac{1}{3} & 0 & 1 & 0 & -\frac{1}{3} & \frac{2}{3}\\ -2 & 0 & 0 & 1 & 1 & 4\\ 3 & 0 & 0 & 0 & 1 & 2\end{bmatrix}$$

已满足最优解条件. 令非基变量 $x_1=0,x_5=0$ 得 $x_2=\frac{10}{3},x_3=\frac{2}{3},x_4=4$,它们构成唯一最优解;再去掉松弛变量,于是得到所给线性规划问题的唯一最优解:

$$\begin{cases}x_1=0\\ x_2=\frac{10}{3}\\ x_3=\frac{2}{3}\end{cases}$$

最优值等于检验行常数项的相反数,即:

$$\min S=-\max S'=-2$$

例 5 解线性规划问题:

$$\max S=8x_1+3x_2$$

$$\begin{cases}3x_1+5x_2\leqslant 210\\ 3x_1+x_2\leqslant 150\\ x_1\geqslant 0,\ x_2\geqslant 0.\end{cases}$$

解 引进松弛变量 $x_3\geqslant 0,x_4\geqslant 0$,于是将线性规划问题化为标准形式:

$$\max S = 8x_1 + 3x_2$$

$$\begin{cases} 3x_1 + 5x_2 + x_3 = 210 \\ 3x_1 + x_2 + x_4 = 150 \\ x_i \geqslant 0,\ i = 1,2,3,4. \end{cases}$$

得到如下的矩阵 T：

$$T = \begin{bmatrix} 3 & 5 & 1 & 0 & 210 \\ 3 & 1 & 0 & 1 & 150 \\ -8 & -3 & 0 & 0 & 0 \end{bmatrix}$$

对矩阵 T 作初等行变换，使得所有检验数非负，从而求得最优解：

$$T = \begin{bmatrix} 3 & 5 & 1 & 0 & 210 \\ \boxed{3} & 1 & 0 & 1 & 150 \\ -8 & -3 & 0 & 0 & 0 \end{bmatrix} \longrightarrow \begin{bmatrix} 3 & 5 & 1 & 0 & 210 \\ \boxed{1} & \frac{1}{3} & 0 & \frac{1}{3} & 50 \\ -8 & -3 & 0 & 0 & 0 \end{bmatrix}$$

$$\longrightarrow \begin{bmatrix} 0 & \boxed{4} & 1 & -1 & 60 \\ 1 & \frac{1}{3} & 0 & \frac{1}{3} & 50 \\ 0 & -\frac{1}{3} & 0 & \frac{8}{3} & 400 \end{bmatrix} \longrightarrow \begin{bmatrix} 0 & \boxed{1} & \frac{1}{4} & -\frac{1}{4} & 15 \\ 1 & \frac{1}{3} & 0 & \frac{1}{3} & 50 \\ 0 & -\frac{1}{3} & 0 & \frac{8}{3} & 400 \end{bmatrix}$$

$$\longrightarrow \begin{bmatrix} 0 & 1 & \frac{1}{4} & -\frac{1}{4} & 15 \\ 1 & 0 & -\frac{1}{12} & \frac{5}{12} & 45 \\ 0 & 0 & \frac{1}{12} & \frac{31}{12} & 405 \end{bmatrix}$$

由于所有检验数皆为非负，且非基变量 x_3, x_4 对应的检验数皆为正，所以基本可行解为唯一最优解. 令非基变量 $x_3 = 0, x_4 = 0$，得到基变量 $x_2 = 15, x_1 = 45$，它们构成唯一最优解；再去掉松弛变量，于是得所给线性规划问题的唯一最优解：

$$\begin{cases} x_1 = 45 \\ x_2 = 15 \end{cases}$$

最优值等于检验行的常数项，即：

$$\max S = 405$$

线性规划问题有的可能没有最优解，有的可能有无穷多个最优解. 本书不再详细讨论，有兴趣的读者可参阅有关书籍.

2.5.2 投入产出分析举例

1. 投入产出表

假定一个国家有 n 个产业部门 $A_1, A_2, \cdots, A_n$，用 x_i 表示第 $i(i=1,2,\cdots,n)$ 个产业部门 A_i 在一个周期内(如6个月、1年、5年等)所生产的产品总值；$x_{ij}(i,j=1,2,\cdots,n)$ 表示在本周期内生产过程中，第 i 个产业部门对第 j 个产业部门投入产品的数量，或者说第 j 个产业部门消耗第 i 个产业部门的产品数量(用货币表示)，称为中间产品(中间流量)，那么：

$$\sum_{j=1}^{n} x_{ij} \quad (i=1,2,\cdots,n)$$

就是第 i 个产业部门分配给各个产业部门的产品数量的总和；用 y_i 表示第 i 个产业部门用于供给社会最终消耗的部分(如家庭或政府机构的消费、出口、投资等)，称为最终产品，则有：

$$\sum_{j=1}^{n} x_{ij} + y_i = x_i \quad (i=1,2,\cdots,n) \tag{2.26}$$

即每个产业部门的产品分成中间产品和最终产品两部分. 这是 n 个等式的方程组，通常称为分配平衡方程组.

再设 z_j 表示第 j 个产业部门在生产过程中的投入量(如固定资产折旧、劳动力的报酬、新创造价值等)，于是，对第 j 个产业部门的总投入量是：

$$\sum_{i=1}^{n} x_{ij} + z_j \quad (j=1,2,\cdots,n)$$

其中前一部分是其他产业部门(包括本产业部门)提供的，后者即 z_j 是各产业部门的生产资料补偿等. 如果所有投入与产出(产品等)统一用货币表示，根据投入与产出总体平衡的原则，应有：

$$\sum_{i=1}^{n} x_{ij} + z_j = x_j \quad (j=1,2,\cdots,n) \tag{2.27}$$

这也是 n 个等式组成的方程组，通常称为消耗平衡方程组.

于是，可以列出投入产出表 2－1.

表 2－1

投入 \ 中间流量 \ 产出		中间产品 1	2	$\cdots$	n	最终产品	总产品
中间投入	1	x_{11}	x_{12}	$\cdots$	x_{1n}	y_1	x_1
	2	x_{21}	x_{22}	$\cdots$	x_{2n}	y_2	x_2
	$\vdots$	$\vdots$	$\vdots$		$\vdots$	$\vdots$	$\vdots$
	n	x_{n1}	x_{n2}	$\cdots$	x_{nn}	y_n	x_n
最初投入		z_1	z_2	$\cdots$	z_n		
总产出		x_1	x_2	$\cdots$	x_n		

2. 直接消耗系数

定义 2.2　设 x_{ij} 表示在一个周期内生产过程中第 j 个产业部门消耗第 i 个产业部门的产品数量，x_i 表示第 i 个产业部门在一个周期内所生产的产品总值. 定义 $\frac{x_{ij}}{x_j}$ 为直接消耗系数，记为 a_{ij}，即：

$$a_{ij}=\frac{x_{ij}}{x_j}\quad (i,j=1,2,\cdots,n) \tag{2.28}$$

亦即第 j 个产业部门生产单位产品消耗第 i 个产业部门的产品数量. 由 a_{ij} 组成的矩阵，记为 A，即：

$$A=[a_{ij}]_{n\times n}$$

称为直接消耗系数矩阵.

直接消耗系数是表明各产业部门生产状况或效率好坏的一个技术系数.

将直接消耗系数 a_{ij} 代入公式(2.26)，有：

$$\sum_{j=1}^{n} a_{ij}x_j+y_i=x_i\quad (i=1,2,\cdots,n)$$

引入矩阵：

$$X=\begin{bmatrix} x_1\\ x_2\\ \vdots\\ x_n\end{bmatrix},\quad Y=\begin{bmatrix} y_1\\ y_2\\ \vdots\\ y_n\end{bmatrix}$$

于是，分配平衡方程组(2.26)可改写成矩阵形式：

$$AX+Y=X \tag{2.29}$$

或：

$$(I-A)X=Y$$

一般地，$I-A$ 是可逆矩阵，故有：

$$X=(I-A)^{-1}Y \tag{2.30}$$

公式(2.30)的意义很清楚，当各产业部门间的技术系数即直接消耗系数矩阵 A 确定后，就可以通过最终需求 Y，求出各产业部门的总产量 X，即以销定产.

例 6　已知某经济系统有三个部门，在一个周期内产品的生产与分配见表 2-2.

表 2-2　　单位：万元

投入＼中间流量＼产出		中间产品 1	中间产品 2	中间产品 3	最终产品	总产品
中间投入	1	100	25	30	y_1	400
	2	80	50	30	y_2	250
	3	40	25	60	y_3	300

试求：(1)各部门最终产品量；

(2)各部门投入量；

(3)直接消耗系数及其矩阵.

解 (1)由公式(2.26)，得：

$$y_i = x_i - \sum_{j=1}^{n} x_{ij} \quad (i = 1,2,\cdots,n)$$

即：

$$y_1 = x_1 - x_{11} - x_{12} - x_{13} = 400 - 100 - 25 - 30 = 245$$

$$y_2 = x_2 - x_{21} - x_{22} - x_{23} = 250 - 80 - 50 - 30 = 90$$

$$y_3 = x_3 - x_{31} - x_{32} - x_{33} = 300 - 40 - 25 - 60 = 175$$

(2)由公式(2.27)，得：

$$z_j = x_j - \sum_{i=1}^{n} x_{ij} \quad (j = 1,2,\cdots,n)$$

即：

$$z_1 = x_1 - x_{11} - x_{21} - x_{31} = 400 - 100 - 80 - 40 = 180$$

$$z_2 = x_2 - x_{12} - x_{22} - x_{32} = 250 - 25 - 50 - 25 = 150$$

$$z_3 = x_3 - x_{13} - x_{23} - x_{33} = 300 - 30 - 30 - 60 = 180$$

(3)由公式(2.28)，有：

$$a_{11} = \frac{x_{11}}{x_1} = \frac{100}{400} = 0.25 \qquad a_{21} = \frac{x_{21}}{x_1} = \frac{80}{400} = 0.20$$

$$a_{31} = \frac{x_{31}}{x_1} = \frac{40}{400} = 0.10 \qquad a_{12} = \frac{x_{12}}{x_2} = \frac{25}{250} = 0.10$$

$$a_{22} = \frac{x_{22}}{x_2} = \frac{50}{250} = 0.20 \qquad a_{32} = \frac{x_{32}}{x_2} = \frac{25}{250} = 0.10$$

$$a_{13} = \frac{x_{13}}{x_3} = \frac{30}{300} = 0.10 \qquad a_{23} = \frac{x_{23}}{x_3} = \frac{30}{300} = 0.10$$

$$a_{33} = \frac{x_{33}}{x_3} = \frac{60}{300} = 0.20$$

所求直接消耗系数矩阵为：

$$A = \begin{bmatrix} 0.25 & 0.10 & 0.10 \\ 0.20 & 0.20 & 0.10 \\ 0.10 & 0.10 & 0.20 \end{bmatrix}$$

在一个经济系统中，各产业部门之间有着密切的关系，哪怕一个产业部门的最终产品的变化，都会影响整个系统各产业部门的总产品的增减. 例如，当第 i 产业部门最终产品有余（即 $\Delta y_i > 0$）时，其总产值应减少（$\Delta x_i < 0$）；而当第 j 产业部门的最终产品有缺（即 $\Delta y_i < 0$）时，其总产值应增加（$\Delta x_i > 0$）. 由此及公式(2.30)有：

$$\Delta X = -(I-A)^{-1}\Delta Y \tag{2.31}$$

*例7　表2-3列出了我国1992年三个产业部门的中间产品、最终产品和总产品的统计结果(统计中的项作了适当合并).

表2-3　　　　单位:亿元

	中间部门			最终产品	总产品
	第一产业	第二产业	第三产业		
第一产业	1 265	2 943	249	4 628	9 085
第二产业	1 424	21 684	4 708	14 599	42 415
第三产业	543	5 622	3 380	7 420	16 965

表2-3中,第1行中间产品的1 265、2 943、249(亿元),分别表示第一产业提供给第一、二、三产业消耗的产品产值,即第一产业的中间产品;第一产业的最终产品,即消费、投资和净出口的和为4 628(亿元);那么第一产业的总产品为9 085(亿元). 同理,第二行和第三行的数字分别是第二产业和第三产业的中间产品、最终产品和总产品.

每个产业提供给其他产业(包括本身)的投入会直接影响总产出. 例如第一产业产品的价格提高10%,那么以它为原料的第二产业、第三产业的产品价格势必提高,而第二产业、第三产业产品价格的提高,又反过来增加了第一产业的投入,从而减少第一产业的盈利或者进一步提高第一产业的价格. 这样就产生了连锁反应. 那么,如果第一产业产品的价格提高10%,它对第二、第三产业有什么影响,对第一产业自身有什么影响,影响的程度有多大呢?

将中间产品表成矩阵如:

$$\begin{bmatrix} 1\,265 & 2\,943 & 249 \\ 1\,424 & 21\,684 & 4\,708 \\ 543 & 5\,622 & 3\,380 \end{bmatrix}$$

则三个产业的直接消耗系数矩阵:

$$A = \begin{bmatrix} a_{11} & a_{12} & a_{13} \\ a_{21} & a_{22} & a_{23} \\ a_{31} & a_{32} & a_{33} \end{bmatrix} = \begin{bmatrix} 0.14 & 0.07 & 0.01 \\ 0.16 & 0.51 & 0.28 \\ 0.06 & 0.13 & 0.20 \end{bmatrix}$$

于是:

$$(I-A) = \begin{bmatrix} 0.86 & -0.07 & -0.01 \\ -0.16 & 0.49 & -0.28 \\ -0.06 & -0.13 & 0.80 \end{bmatrix}$$

求得逆矩阵:

$$(I-A)^{-1} \approx \begin{bmatrix} 1.20 & 0.19 & 0.08 \\ 0.49 & 2.33 & 0.82 \\ 0.17 & 0.39 & 1.39 \end{bmatrix}$$

第一产业产品提价10%，那么，可以认为第一产业的最终产品有462.8亿元的缺口，其他两个产业的最终产品不变，即$\Delta Y=(462.8,0,0)^T$. 总产品变化量列阵为：

$$\begin{aligned} \Delta X &= -(I-A)^{-1}\Delta Y \\ &= -\begin{bmatrix} 1.20 & 0.19 & 0.08 \\ 0.49 & 2.33 & 0.82 \\ 0.17 & 0.39 & 1.39 \end{bmatrix}\begin{bmatrix} -462.8 \\ 0 \\ 0 \end{bmatrix} \\ &= \begin{bmatrix} 555.36 \\ 226.77 \\ 78.676 \end{bmatrix} \end{aligned}$$

可见，第一产业总产品实际增量为555.36(亿元)，增加幅度为：

$$\frac{\Delta x_1}{x_1}\times 100\% = \frac{555.36}{9\ 085}\times 100\% = 6.11\%$$

即第一产业的总产品(值)只增加6.11%. 由此我们可以看到：并非涨价多少，就能赚多少.

练习2.5

1. 将下列线性规划问题化为标准形式并求解.

$$\max S = 5x_1 + 7x_2$$

$$\begin{cases} 2x_1 + 3x_2 \leqslant 12 \\ 3x_1 + x_2 \leqslant 12 \\ x_1, x_2 \geqslant 0 \end{cases}$$

2. 某工厂用甲、乙两种原材料生产A、B、C三种产品，工厂现有原材料数量、生产每吨产品所需要材料数以及每吨产品的利润数见表2-4.

表2-4

每吨产品所需原料/吨 产品 / 原料	A	B	C	现有原料/吨
甲	2	1	0	30
乙	0	2	4	50
每吨产品的利润(万元)	3	2	$\frac{1}{2}$	

试问：在现有条件下如何组织生产，可以获得最大利润？

3. 已知某经济系统在一个生产周期内的直接消耗系数及总产品见表2-5.

表2-5　　　　单位:万元

部门	1	2	3	最终需求	总产值
1	0.1	0.1	0.2	y_1	200
2	0.2	0.2	0.2	y_2	150
3	0.3	0.4	0.1	y_3	300
新创造价值	z_1	z_2	z_3		

求:(1)各部门间的流量;

(2)最终产品 y_1, y_2, y_3;

(3)新创造价值.

习题二

一、选择题

1. n 元齐次线性方程组 $AX=O$ 有非零解的充分必要条件是(　　).

A. $r(A)=n$　　B. $r(A)<n$

C. $r(A)>n$　　D. $r(A)$ 与 n 无关

2. 若非齐次线性方程组 $A_{m\times n}X=\boldsymbol{b}$ 无解,则必有(　　).

A. $r(A)=n$　　B. $r(A)=m$

C. $r(A)=r(\bar{A})$　　D. $r(A)\neq r(\bar{A})$

3. 齐次线性方程组:

$$\begin{cases}2x_1-x_2+x_3=0\\x_1+\lambda x_2-x_3=0\\\lambda x_1+x_2+x_3=0\end{cases}$$

有非零解,则 λ 必满足(　　).

A. $\lambda=-1$　　B. $\lambda=-1$ 或 $\lambda=4$

C. $\lambda=4$　　D. $\lambda\neq1$ 且 $\lambda\neq4$

4. $\begin{cases}x_1+kx_2+x_3=0\\kx_1+x_2+(k+1)x_3=0\\x_1+kx_2=0\end{cases}$,有非零解,则 k 必满足(　　).

A. $k=-1$ 或 $k=1$　　B. $k\neq-1$ 且 $k\neq1$

C. $k=1$　　D. $k\neq-1$

5. 线性方程组$\begin{cases} x_1+x_2-\ x_3=2 \\ x_1+x_2-2x_3=1 \\ x_1-x_2-\ x_3=2 \end{cases}$的解是(　　).

A. $(2,0,0)^T$　　B. $(3,0,1)^T$

C. $(0,-1,-1)^T$　　D. $(9,1,4)^T$

6. 线性方程组$\begin{cases} x_1+x_2+x_3+x_4=4 \\ 2x_2+x_3+x_4=4 \\ x_3+x_4=2 \\ \lambda(\lambda+1)x_4=\lambda^2-1 \end{cases}$无解,则 $\lambda=$(　　).

A. 0　　B. 1

C. -1　　D. 任意实数

二、填空题

1. 若线性方程组的增广矩阵为 $A=\begin{bmatrix} 1 & a & 2 \\ 2 & 1 & 4 \end{bmatrix}$,则当 $a=$__________时,该线性方程组有无穷多解.

2. 当 k 为__________时,齐次线性方程组$\begin{cases} x_1+5x_2-x_3=0 \\ 4x_2+x_3=0 \\ x_1+x_2+kx_3=0 \end{cases}$只有零解.

3. n 个方程的 n 元线性方程组系数行列式 $D\neq0$ 时,方程组有__________.

4. 设线性方程组$\begin{cases} ax_1-x_2-x_3=1 \\ x_1+ax_2+x_3=1 \\ -x_1+x_2+ax_3=1 \end{cases}$有唯一解,则 a 的值应为__________.

5. 当 $\lambda=$__________时,齐次方程组$\begin{cases} x_1-\ x_2=0 \\ x_1+\lambda x_2=0 \end{cases}$有非 0 解.

6. 若齐次线性方程组只有零解,则其系数矩阵的秩 $r(A)$ 与未知数个数 n 之间关系是__________.

三、解答题

1. 用消元法解下列线性方程组:

(1)$\begin{cases} 2x_1-3x_2-x_3=1 \\ x_1-\ x_2+x_3=6 \\ -2x_1-3x_2+x_3=5 \end{cases}$

(2) $\begin{cases} 2x_1+2x_2+3x_3=2 \\ x_1-x_2=2 \\ -x_1+2x_2+x_3=4 \end{cases}$

(3) $\begin{cases} 3x_1+2x_2+x_3=1 \\ 5x_1+3x_2+4x_3=27 \\ 2x_1+x_2+3x_3=6 \end{cases}$

(4) $\begin{cases} x_1+x_2-x_3=1 \\ x_1+2x_2+x_3=1 \\ 3x_1+5x_2+x_3=0 \end{cases}$

(5) $\begin{cases} x_1+x_2-x_3=3 \\ 2x_1+x_2+3x_3=-2 \\ 3x_1+x_2-5x_3=-1 \end{cases}$

(6) $\begin{cases} x_1+2x_2+3x_3-x_4=1 \\ 3x_1+2x_2+x_3-x_4=1 \\ 2x_1+3x_2+x_3+x_4=1 \\ 5x_1+5x_2+2x_3=2 \end{cases}$

(7) $\begin{cases} x_1+3x_2-2x_3+2x_4-x_5=0 \\ x_3+2x_4-x_5=0 \\ 2x_1+6x_2-4x_3+x_4+7x_5=0 \\ x_1+3x_2-4x_3+19x_5=0 \end{cases}$

(8) $\begin{cases} 2x_1-4x_2+5x_3+3x_4=7 \\ 3x_1-6x_2+4x_3+2x_4=7 \\ 4x_1-8x_2+17x_3+11x_4=21 \end{cases}$

(9) $\begin{cases} x_1-x_2+5x_3-x_4=0 \\ x_1+3x_2+9x_3+7x_4=0 \\ x_1+x_2-2x_3+3x_4=0 \\ 3x_1-x_2+8x_3+x_4=0 \end{cases}$

(10) $\begin{cases} x_1-2x_2+3x_3+x_4=6 \\ 2x_1+5x_2+2x_3+2x_4=4 \\ x_1+4x_2+x_3+x_4=0 \end{cases}$

2. 确定 a、b 的值使下列线性方程组有解,并求其解:

(1) $\begin{cases} x_1+2x_2+3x_3=1 \\ x_1+ax_2+x_3=a \\ x_1+2x_2+x_3=2 \end{cases}$ (2) $\begin{cases} x_1-2x_2+3x_3-4x_4=4 \\ x_2-x_3+x_4=-2 \\ x_1+3x_2-3x_4=1 \\ -7x_2+3x_3+x_4=b \end{cases}$

(3) $\begin{cases} 4x_1-x_2+x_3+2x_4=a \\ 2x_1-5x_2+3x_3+2x_4=1 \\ 5x_1-8x_2+5x_3+4x_4=3 \\ x_1-7x_2+4x_3+2x_4=0 \end{cases}$

3. 线性方程组 $\begin{cases} x_1-2x_2+3x_3-4x_4=4 \\ x_2-x_3+x_4=-3 \\ x_1+3x_2-3x_4=1 \\ -7x_2+3x_3+x_4=m \end{cases}$ 当 m 取何值时有解?有解时,求其一般解.

4. 解矩阵方程 $AX=B$,其中:

$$A=\begin{bmatrix} 1 & -2 & 0 \\ 4 & -2 & -1 \\ -3 & 1 & 2 \end{bmatrix},\quad B=\begin{bmatrix} -1 & 4 \\ 2 & 5 \\ 1 & -3 \end{bmatrix}$$

5. 解矩阵方程 $XA=B$,其中:

$$A=\begin{bmatrix} 3 & -1 & 2 \\ 1 & 0 & -1 \\ -2 & 1 & 4 \end{bmatrix},\quad B=\begin{bmatrix} 3 & 0 & -2 \\ -1 & 4 & 1 \end{bmatrix}$$

6. 解矩阵方程 $AX=B$,其中:

$$A=\begin{bmatrix} 4 & 1 & 2 \\ 3 & 2 & 1 \\ 5 & -3 & 2 \end{bmatrix},\quad B=\begin{bmatrix} 1 & 2 & 2 \\ 2 & 1 & 2 \\ 1 & 2 & 3 \end{bmatrix}$$

7. 解矩阵方程:

$$\begin{bmatrix} 2 & 2 & 3 \\ 1 & -1 & 0 \\ -1 & 2 & 1 \end{bmatrix}X=\begin{bmatrix} 4 & 2 & 3 \\ 1 & 1 & 0 \\ -1 & 2 & 3 \end{bmatrix}$$

8. 设 $A=\begin{bmatrix} 3 & 0 & 0 \\ 0 & 1 & -1 \\ 0 & 1 & 4 \end{bmatrix}$, $B=\begin{bmatrix} 3 & 6 \\ 1 & 1 \\ 2 & 3 \end{bmatrix}$,$X$ 满足 $AX=2X+B$,求 X.

9. 当 a 为何值时，齐次线性方程组：

$$\begin{cases} x_1 - x_2 + x_4 = 0 \\ x_2 - ax_3 - x_4 = 0 \\ x_1 + x_3 = 0 \\ ax_2 - x_3 + x_4 = 0 \end{cases}$$

有非零解？并求出其非零解.

10. λ 为何值时，线性方程组：

$$\begin{cases} 3x_1 + x_2 - x_3 - 2x_4 = 2 \\ x_1 - 5x_2 + 2x_3 + x_4 = -1 \\ 2x_1 + 6x_2 - 3x_3 - 3x_4 = \lambda + 1 \\ -x_1 - 11x_2 + 5x_3 + 4x_4 = -4 \end{cases}$$

有解？有解时，求其解.

11. 设一个二次多项式 $f(x) = ax^2 + bx + c$ 满足 $f(1) = 1$, $f(-1) = 9$, $f(2) = -3$. 求：(1) $f(x)$；(2) $f(3)$.

12. 线性方程组：

$$\begin{cases} x_1 - 2x_2 + 3x_3 = -1 \\ 2x_2 - x_3 = 2 \\ \lambda(\lambda - 1)x_3 = (\lambda - 1)(\lambda + 2) \end{cases}$$

当 λ 取何值时有唯一解？当 λ 取何值时有无穷多解？

13. 线性方程组：

$$\begin{cases} x_1 - x_2 = a \\ x_2 - x_3 = 2a \\ x_3 - x_4 = 3a \\ -x_1 + x_4 = 1 \end{cases}$$

有解的充要条件为 a 取何值？

14. 证明线性方程组：

$$\begin{cases} x_1 + x_2 = -a \\ x_2 + x_3 = a_2 \\ x_3 + x_4 = -a_3 \\ x_1 + x_4 = a_4 \end{cases}$$

有解的充要条件是 $a_1 + a_2 + a_3 + a_4 = 0$.

第三章
概率论初步

概率论与数理统计是研究和揭示随机现象统计规律性的一门数学学科,其理论与方法广泛应用于各个学科分支和各个生产部门. 在探索和研究中,我们可以进行预策和决策,寻找发现大千世界中各种偶然现象中的必然性.

3.1 随机事件与概率

3.1.1 随机现象与随机试验

现实世界中的各种问题是受诸多因素影响的,当我们观测客观世界时,会发现有多种多样的现象,这些现象大致可分为两类:一类是确定性现象,即在一定的条件下必然发生或必然不发生的现象. 例如,向上抛一石子必然下落,同性电荷必不相互吸引,等等. 另一类是随机现象,即在同样条件下进行一系列重复试验或观测,每次出现的结果并不完全一样,而且在每次试验或观测前无法预测确定的结果,其结果呈现出不确定性. 例如,在相同条件下抛同一枚硬币,其结果可能是正面朝上,也可能是反面朝上,并且在每次抛掷之前无法肯定抛掷的结果是什么;用同一门炮向同一目标射击,各次弹着点不尽相同,在一次射击之前不能预测弹着点的确切位置;等等.

人们经过长期实践及深入研究之后,发现随机现象虽然就每次试验或观察结果来说,具有不确定性,但在大量重复试验或观测下,它的结果却呈现出某种规律性. 例如,多次重复抛一枚硬币得到正面朝上的次数大致有一半;同一门炮射击同一目标的弹着点按照一定规律分布;等等. 这种大量重复试验或观测中所呈现出的固有规律性,我们称之为随机现象的统计规律性.

可见,随机现象具有二重性:表面的偶然性与蕴涵的必然性,偶然性就是它的随机性,必然性是它在大量重复试验中表现出来的统计规律性. 概率论就是从数量的角度研究随机现象统计规律性的科学.

研究随机现象,就需要对"具备一定条件时,现象是否发生"进行观测,这种观测的过程,称为随机试验,简称试验,记作 E. 随机试验有以下特点:

(1)试验可以在相同条件下重复进行;

(2)每次试验的结果不止一个,但是所有可能的结果却是可以确定和罗列出来的;

(3)每次试验的结果都是事先不能确定的.

3.1.2　随机事件与概率

在一定条件下,可能发生也可能不发生的事件,称为随机事件,简称事件,用大写字母 A、B、C、D…表示.

例 1　观察下列试验的结果是不是随机事件:

(1)掷一颗骰子,出现 1 点(即 1 点的面朝上),记为事件 $A_1=\{$出现 1 点$\}$;出现 2 点,记为事件 $A_2=\{$出现 2 点$\}$;一般地,出现 i 点,记为:

$$A_i=\{\text{出现 } i \text{ 点}\}\quad (i=1,2,\cdots,6)$$

若用 A 表示出现偶数点,显然,2,4,6 点之任意一个出现,也就是出现偶数点,记为:

$$A=\{\text{出现偶数点}\}=\{2,4,6\}$$

类似地,记:

$$B=\{\text{出现的点数小于 }3\}=\{1,2\}$$

$$C=\{\text{出现的点数不小于 }4\}=\{4,5,6\}$$

(2)抛两枚硬币,出现正面朝上记为 H,出现反面朝上记为 T,所作试验可能出现下列事件之一:

$$A=\{H\ H\}(\text{出现两个正面朝上的事件}),B=\{H\ T\},C=\{T\ T\}$$

(3)假设公共汽车总站每 5 分钟发出一辆汽车,乘客随机去沿线某一汽车站乘车,用 t(分钟)表示乘客到达车站后的等车时间,记:

$$A=\{0\leqslant t\leqslant 2\},B=\{0<t\leqslant 1.5\},C=\{0\leqslant t\leqslant 0\}$$

解　(1)显然,在掷一颗骰子的试验中,A_i,A,B,C 中的任何一个都有可能出现,也有可能不出现,所以它们都是随机事件.

(2)抛两枚硬币,可能出现"正正""正反"或"反正""反反"之一(由于不考虑次序,"正反"与"反正"属相同事件),即 A,B,C 中任何一个都有可能发生,也可能不发生,故 A,B,C 都是随机事件.

(3)虽然每 5 分钟有一辆公共汽车经过,但是乘客到达汽车站是随机的,不能确定等几分钟一定能上车,某次等车时间不超过 2 分钟、不超过 1 分半钟或到车站立刻上车,都有可能出现,也都有可能不出现,即 A,B,C 都有可能发生,也可能不发生,故 A,B,C 都是随机事件.

由此可见,随机事件具有下列特点:

(1)在一次试验中是否发生是不确定的,具有随机性;

(2)在相同的条件下重复试验时,发生可能性的大小是确定的,即具有统计规律性.

随机事件在一次试验中有可能发生,就有可能性大小的问题,概率就是度量随机事件发生可能性大小的一个数量指标. 也就是说,事件 A 发生的可能性大小的数量就是事件 A 的概率.

定义 3.1 如果在不变的一组条件下(即同一试验),重复进行 n 次试验,记录到事件 A 发生的次数为 n_A,那么 n_A 称为事件 A 发生的频数,$\frac{n_A}{n}$称为事件 A 发生的频率. 若试验次数 n 很大时,事件 A 发生的频率$\frac{n_A}{n}$稳定地在某一常数 p 附近摆动,并且一般来说,这种摆动的幅度会随着试验次数的增加而逐渐减小,那么称数值 p 为随机事件 A 在该条件下发生的概率,记作:

$$P(A)=p$$

需要指出,上述定义是概率的统计定义,是一种公认的统计规律,且 $P(A)$ 是取值从 0 到 1 的数值.

有两个特殊的事件必须说明一下:

第一个是必然事件,即在一定的条件下必定发生的事件,用 U 表示. 例如,盒中有 2 个白球、3 个红球,从盒中随机取出 3 球,则“取出的 3 个球中,含有红球”这一事件,就是必然事件;又如例 1(1)中,掷一颗骰子,出现的点数不超过 6,记为 $U=\{$点数不超过 6$\}=\{1,2,3,4,5,6\}$,在掷一颗骰子的试验中,事件 U 必定发生,所以 U 是必然事件.

第二个是不可能事件,即在一定条件下不会发生的事件,用 $\varnothing$ 表示. 在前面取球的例中,“取出的 3 个球中不含红球”的事件即为不可能事件.

必然事件和不可能事件都是确定性的,但是,为了今后讨论问题方便起见,仍将它们看作随机事件.

练习 3.1

指出下列事件中,哪些是必然事件,哪些是不可能事件,哪些是随机事件.

(1){北京明年 5 月 1 日的最高温度不低于 24℃};

(2){没有水分,种子仍然发芽};

(3){某公共汽车站恰有 5 个人等候公共汽车};

(4){上抛一个物体,经过一段时间,这物体落在地面上};

(5){从一副扑克牌中任取一张是 A};

(6){明年亚洲没有 5 级以上的地震};

(7){下个月某电视机厂生产的电视机都是合格品};

(8){一批产品中有正品,有次品,任取一件是次品};

(9){这只大猩猩能活 50 年}.

3.2　事件间的关系与运算

事件是一个集合，因而事件间的关系与事件的运算自然可以按照集合论中集合之间的关系和集合的运算来处理. 下面给出这些关系和运算在概率论中的提法，并根据“事件发生”的含义，给出它们在概率论中的含义.

设试验 E 的样本空间为 U，而事件 $A,B,A_k(k=1,2\cdots)$ 是 U 的子集.

1. 事件的包含与相等

用 $A\subset B$，表示事件 B 包含事件 A，指的是事件 A 发生必然导致事件 B 发生.

见图 3－1，设事件 $A=\{$点落在小圆内$\}$，事件 $B=\{$点落在大圆内$\}$，显然，若点落在小圆内，则该点必落在大圆内. 也就是说，若 A 发生，则 B 一定发生.

若 $A\subset B$ 且 $B\subset A$，则称事件 A 与事件 B 相等，记为 $A=B$.

例 1　一批产品中有合格品与不合格品，合格品中有一、二、三等品，从中随机抽取一件，是合格品记作 A，是一等品记作 B，显然，B 发生时 A 一定发生，因此 $B\subset A$.

2. 事件的和

用 $A\cup B=\{x\mid x\in A$ 或 $x\in B\}$ 表示事件 A 与事件 B 的和事件，指当且仅当 A、B 至少有一个发生时，事件 $A\cup B$ 发生，也可记作 $A+B$.

见图 3－2，设事件 $A=\{$点落在小圆内$\}$，事件 $B=\{$点落在大圆内$\}$，考虑事件 $C=\{$点落在阴影部分内$\}$. 显然，只要点落在小圆内或大圆内，点就落在阴影部分内了，所以 $C=A\cup B$.

根据和事件的定义可知，$A\cup U=U$，$A\cup\varnothing=A$.

事件的和的运算可以推广到多个事件的情况，并用 $\bigcup\limits_{k=1}^{n}A_k$ 记 n 个事件 $A_1,A_2,\cdots,A_n$ 的和事件；$\bigcup\limits_{k=1}^{\infty}A_k$ 记可列个事件 $A_1,A_2\cdots$的和事件.

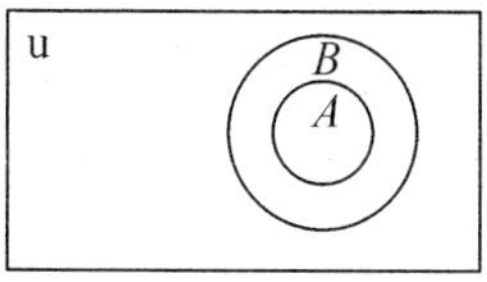

图 3－1

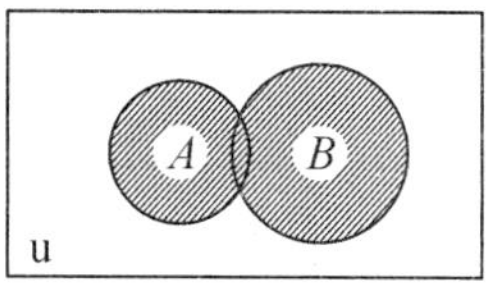

图 3－2

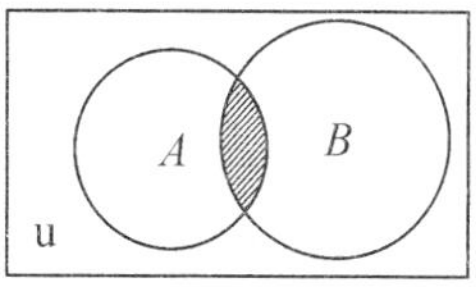

图 3－3

3. 事件的积

用 $A\cap B=\{x\mid x\in A$ 且 $x\in B\}$ 记事件 A 与事件 B 的积事件，指当且仅当 A、B 同时发生时，事件 $A\cap B$ 发生. $A\cap B$ 也记作 AB.

见图 3－3，设事件 $A=\{$点落在小圆内$\}$，事件 $B=\{$点落在大圆内$\}$，考虑事件 $C=\{$点落在阴影部分内$\}$，显然，只有点落在小圆内而且点也落在大圆内，才有点落在阴影部分内,所以 $C=A\cap B$.

根据事件积的定义可知,对任一事件 A,有 $AU=A$,$A\varnothing=\varnothing$.

事件的积的运算可以推广到多个事件的情况,并用 $\bigcap_{k=1}^{n}A_k$ 记 n 个事件 $A_1,A_2,\cdots,A_n$ 的积事件;$\bigcap_{k=1}^{\infty}A_k$ 记可列个事件 $A_1,A_2\cdots$的积事件.

4. 事件的差

用 $A-B=\{x\mid x\in A$ 且 $x\notin B\}$ 表示事件 A 与事件 B 的差事件,指当且仅当 A 发生 B 不发生时,事件 $A-B$ 发生.

见图 3-4,设事件 $A=\{$点落在小圆内$\}$,$B=\{$点落在大圆内$\}$,考虑事件 $C=\{$点落在阴影部分内$\}$. 显然,只有点落在小圆内,而且点不落在大圆内,才有点落在阴影部分内,所以 $C=A-B$.

从图 3-4 中可以看出,$A-B=A-AB$.

5. 互不相容事件

若 $A\cap B=\varnothing$,则称事件 A 与事件 B 是互不相容的,或互斥的,指的是事件 A 与事件 B 不能同时发生. 显然,同一个试验中的各个基本事件是两两互不相容的.

见图 3-5,设事件 $A=\{$点落在小圆内$\}$,事件 $B=\{$点落在大圆内$\}$,显然,点不能同时落在两个圆内,所以 $A\cap B=\varnothing$.

6. 对立事件

若 $A\cup B=U$ 且 $A\cap B=\varnothing$,则称事件 A 与事件 B 互为逆事件,又称事件 A 与事件 B 互为对立事件,这指的是对每次试验而言,事件 A,B 中必有一个发生,且仅有一个发生,A 的对立事件记为 $\bar{A}$,即 $\bar{A}=U-A$.

见图 3-6,设事件 $A=\{$点落在圆内$\}$,考虑事件 $B=\{$点落在圆外$\}$,显然 U 的点不能既落在圆内,又落在圆外,所以事件 B 与事件 A 不能同时发生,但二者又必发生其一,即 $B=\bar{A}$.

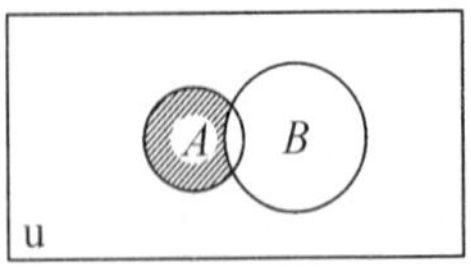

图 3-4

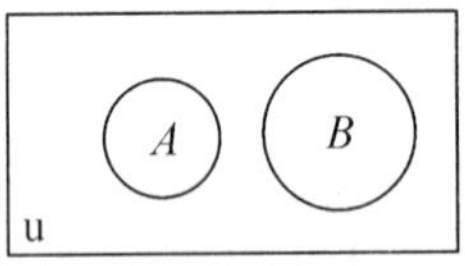

图 3-5

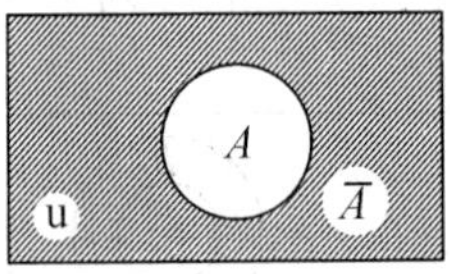

图 3-6

注意 对立事件与互不相容事件是不同的两个概念,对立事件一定是互不相容事件,但互不相容事件不一定是对立事件.

例如,事件{射中 10 环}与{射中 9 环}是互不相容事件,但不是对立事件. {射中 10 环}的对立事件是{没有射中 10 环},{没有射中 10 环}不只是{射中 9 环}.

下面,通过一个例子来说明事件之间的上述关系.

例 2 一枚硬币连续抛三次,正面朝上记为 H,反面朝上记为 T,用 A_1 表示第一次是正面朝上，A_2 表示三次朝上的面是相同的，则样本空间为 $U_8=\{HHH,HHT,HTH,THH,HTT,THT,TTH,TTT\}$；事件 $A_1=\{HHH,HTH,HHT,HTT\}$；事件 $A_2=\{HHH,TTT\}$，于是有：

$$A_1\cup A_2=\{HHH,HTH,HHT,HTT,TTT\}$$

$$A_1\cap A_2=\{HHH\}$$

$$A_2-A_1=\{TTT\}$$

$$\overline{A_1\cup A_2}=U_8-A_1\cup A_2=\{THT,TTH,THH\}$$

7. 事件间的关系和运算的性质

在计算事件的概率时，经常需要利用事件间的关系和运算的性质来简化计算. 常用的定律如下：

设 A、B、C 为事件，则有

交换律：$A\cup B=B\cup A$，$A\cap B=B\cap A$；

结合律：$A\cup(B\cup C)=(A\cup B)\cup C$，$A\cap(B\cap C)=(A\cap B)\cap C$；

分配律：$A\cup(B\cap C)=(A\cup B)\cap(A\cup C)$，$A\cap(B\cup C)=(A\cap B)\cup(A\cap C)$；

德·摩根律：$\overline{A\cup B}=\bar{A}\cap\bar{B}$，$\overline{A\cap B}=\bar{A}\cup\bar{B}$.

例 3　已知随机事件 A 与随机事件 B 是对立事件，求证 $\bar{A}$ 与 $\bar{B}$ 也是对立事件.

证明　因为 A 与 B 是对立事件，即：

$$A\cup B=U,AB=\varnothing$$

且：

$$\bar{A}\cup\bar{B}=\overline{A\cap B}=\overline{AB}=\bar{\varnothing}=U$$

又：

$$\bar{A}\bar{B}=\overline{A\cup B}=\bar{U}=\varnothing$$

所以，$\bar{A}$ 与 $\bar{B}$ 也是对立事件.

为使读者把事件与集合进行比较，我们把事件与集合的有关概念加以对应，列为表 3－1；事件运算有类似于集合的运算规律，列为表 3－2.

表 3－1

符　　号	事　　件	集　　合
U	必然事件	全集合
$\varnothing$	不可能事件	空集
A	事件	子集合
$\bar{A}$	A 的对立事件	A 的补集
$A\subset B$	事件 A 包含于事件 B	A 为 B 的子集
$A=B$	事件 A 与 B 相等	集合 A 与 B 相同
$A+B$	A 与 B 的和事件	A 与 B 的并集
AB	A 与 B 的积事件	A 与 B 的交集
$A-B$	A 与 B 的差事件	A 与 B 的差集
$AB=\varnothing$	事件 A 与 B 互不相容	A 与 B 不相交

表 3－2

运算律 \ 运算	求　和	求　积
交换律	$A+B=B+A$	$AB=BA$
结合律	$A+(B+C)=(A+B)+C$	$(AB)C=A(BC)$
分配律	$A(B+C)=AB+AC$	$A+BC=(A+B)(A+C)$
包含律	$A+B\supset A, A+B\supset B$	$AB\subset A, AB\subset B$
重叠律	$A+A=A$	$AA=A$
吸收集	$A+U=U, A+\varnothing=A$	$AU=A, A\varnothing=\varnothing$
对立律	$A+\bar{A}=U$	$A\bar{A}=\varnothing$
摩根律	$\overline{A+B}=\bar{A}\cdot\bar{B}$	$\overline{AB}=\bar{A}+\bar{B}$

练习 3.2

1. 写出下列随机试验的样本空间：

(1)同时抛两枚硬币，观察朝上正反面情况；

(2)同时掷两枚骰子，观察两枚骰子出现的点数之和；

(3)生产产品直到得到 10 件正品为止，记录生产产品的总件数；

(4)在某十字路口，1 小时内通过的机动车数量；

(5)某城市一天的用电量.

2. 设 A、B、C 为 3 个随机事件，试用 A、B、C 的运算表示下列事件：

(1)A、B 都发生而 C 不发生；

(2)A、B 至少有一个发生而 C 不发生；

(3)A、B、C 都发生或都不发生；

(4)A、B、C 不多于一个发生；

(5)A、B、C 不多于两个发生；

(6)A、B、C 恰有两个发生；

(7)A、B、C 至少有两个发生.

3. 指出下列关系式中哪些成立，哪些不成立？

(1)$A\cup B=(A\bar{B})\cup B$

(2)$\bar{A}\cap B=A\cup B$

(3)$(\overline{A\cup B})\cap C=\bar{A}\cap\bar{B}\cap\bar{C}$

(4)$(AB)\cap(A\bar{B})=\varnothing$

(5)若 $A\subset B$，则 $A=AB$

(6)若 $A\subset B$，则 $\bar{B}\subset\bar{A}$

(7)若 $AB=\Phi$，且 $C\subset A$，则 $BC=\varnothing$

(8)若 $B\subset A$,则 $A\cup B=A$

4. 事件"A、B 至少发生一个"与事件"A、B 至多发生一个"是否为对立事件?

5. 设 A、B 为两个随机事件,试利用事件的关系与运算证明:

(1)$B=AB\cup\bar{A}B$,且 AB 与 $\bar{A}B$ 互不相容;

(2)$A\cup B=A\cup\bar{A}B$,且 A 与 $\bar{A}B$ 互不相容.

6. 请用语言描述下列事件的对立事件:

(1)A 表示"抛两枚硬币,都出现正面";

(2)B 表示"生产 4 个零件,至少有一个合格".

7. 设 U 为随机试验的样本空间,A、B、C 为随机事件,且 $U=\{1,2,3,4,\cdots,10\}$,$A=\{2,4,6,8,10\}$,$B=\{1,2,3,4,5\}$,$C=\{5,6,7,8,9,10\}$. 试求:$A\cup B$,AB,ABC,$\bar{A}\cap C$,$\bar{A}\cup A$.

8. 设 U 为随机试验的样本空间,A、B 为随机事件,且 $U=\{0\leqslant x\leqslant 5\}$,$A=\{x|1\leqslant x\leqslant 2\}$,$B=\{x|0\leqslant x\leqslant 2\}$. 试求:$A\cup B$,$AB$,$B-A$,$\bar{A}$.

3.3　概率与古典概型

3.3.1　概率

我们把刻画事件发生可能性大小的数量指标称为事件的概率. A 的概率用 $P(A)$ 表示,并规定 $0\leqslant P(A)\leqslant 1$.

根据概率的定义,可以推得概率的一些重要性质:

性质 1　(非负性)对于任一个事件 A,有 $P(A)\geqslant 0$.

性质 2　(规范性)对于必然事件 U 与不可能事件 $\varnothing$,有 $P(U)=1$,$P(\varnothing)=0$.

性质 3　(有限可加性)若 $A_1,A_2,\cdots,A_n$ 是两两互不相容的事件,则有:

$$P(A_1\cup A_2\cup\cdots\cup A_n)=P(A_1)+P(A_2)+\cdots+P(A_n)$$

性质 4　设 A、B 是两个事件,若 $A\subset B$,则有:

$$P(B-A)=P(B)-P(A)$$

$$P(B)\geqslant P(A)$$

证明　由 $A\subset B$ 知,$B=A\cup(B-A)$,且 $A(B-A)=\varnothing$,由概率的有限可加性可得:

$$P(B)=P(A)+P(B-A)$$

即:

$$P(B-A)=P(B)-P(A)$$

又由概率的非负性知,$P(B-A)\geqslant 0$,于是:

$$P(B)\geqslant P(A)$$

例1 证明 $P(B-A)=P(B)-P(AB)$，特别地，当 $AB=\varnothing$ 时，$P(B-A)=P(B)$.

证明 因为 $B-A=B-AB$，且 $AB\subset B$，则由性质4，有：

$$P(B-A)=P(B-AB)=P(B)-P(AB)$$

特别地，当 $AB=\varnothing$ 时，$P(AB)=0$. 所以：

$$P(B-A)=P(B)$$

例2 设事件 A、B 的概率分别为$\frac{1}{3}$和$\frac{1}{2}$，试求下列三种情况下 $P(B-A)$的值.

(1)A 与 B 互斥

(2)$A\subset B$

(3)$P(AB)=\frac{1}{8}$

解 (1)A 与 B 互斥，则 $P(B-A)=P(B)=\frac{1}{2}$;

(2)$A\subset B$，则 $P(B-A)=P(B)-P(A)=\frac{1}{2}-\frac{1}{3}=\frac{1}{6}$;

(3)$P(AB)=\frac{1}{8}$，则 $P(B-A)=P(B)-P(AB)=\frac{1}{2}-\frac{1}{8}=\frac{3}{8}$.

性质5 (逆事件的概率)对于任一事件 A，有 $P(\bar{A})=1-P(A)$.

证明 因 $A\cup\bar{A}=U$，$A\cap\bar{A}=\varnothing$，由性质3得：

$$1=P(U)=P(A\cup\bar{A})=P(A)+P(\bar{A})$$

所以：

$$P(\bar{A})=1-P(A)$$

性质6 (加法公式)对于任意事件 A、B 有：

$$P(A\cup B)=P(A)+P(B)-P(AB)$$

证明 因为 $A\cup B=A\cup(B-AB)$，且 $A(B-AB)=\varnothing$，$AB\subset B$，根据性质4可得：

$$P(A\cup B)=P(A)+P(B-AB)=P(A)+P(B)-P(AB)$$

性质6还可以推广到多个事件的情况. 例如，设 A_1、A_2、A_3 为任意三个事件，则有：

$$P(A_1\cup A_2\cup A_3)=P(A_1)+P(A_2)+P(A_3)-P(A_1A_2)-P(A_1A_3)-P(A_2A_3)+P(A_1A_2A_3)$$

一般地，对于任意 n 个事件 $A_1,A_2,\cdots,A_n$，可以用归纳法证明：

$$P(A_1\cup A_2\cup\cdots\cup A_n)=\sum_{i=1}^{n}P(A_i)-\sum_{1\leqslant i<j\leqslant n}P(A_iA_j)+\sum_{1\leqslant i<j<k\leqslant n}P(A_iA_jA_k)+\cdots+(-1)^{n-1}P(A_1A_2\cdots A_n)$$

例3 设 A、B、C 是三个事件，且 $P(A)=P(B)=P(C)=\frac{1}{4}$，$P(AB)=P(BC)=0$，$P(AC)=\frac{1}{8}$，求 A、B、C 至少有一个发生的概率.

解　事件 A、B、C 至少有一个发生为 $A\cup B\cup C$. 又 $P(AB)=P(BC)=0$,则 $P(ABC)=0$. 所以:

$$P(A\cup B\cup C)=P(A)+P(B)+P(C)-P(AB)-P(AC)-P(BC)+P(ABC)$$
$$=\frac{1}{4}+\frac{1}{4}+\frac{1}{4}-\frac{1}{8}=\frac{5}{8}$$

3.3.2　古典概型

对于某些随机事件,我们不必通过大量的试验去确定它的概率,而是通过研究它的内在规律去确定它的概率.

观察"投掷硬币""掷骰子"等试验,发现它们具有下列特点:

(1)试验结果的个数是有限的,即试验的样本空间只包含有限个元素,如"投掷硬币"试验的结果只有两个:"正面向上"和"反面向上";

(2)每个试验结果出现的可能性相同,即试验中每个基本事件发生的可能性是相同的,如"投掷硬币"试验出现"正面向上"和"反面向上"的可能性都是$\frac{1}{2}$;

(3)在任一次试验中,只能出现一个结果,也就是有限个基本事件是两两互不相容的,如"投掷硬币"试验中"正面向上"和"反面向上"是互不相容的.

满足上述条件的试验模型称为古典概型,根据古典概型的特点,我们可以定义任一随机事件 A 的概率.

定义 3.2　若古典概型的样本空间 U 中包含的基本事件的总数是 n,事件 A 包含的基本事件的个数是 m,则事件 A 的概率为:

$$P(A)=\frac{m}{n}=\frac{\text{事件 }A\text{ 包含的基本事件数}}{\text{样本空间 }U\text{ 包含的基本事件数}}$$

例 4　有一批产品共 100 件,其中 40 件一等品,60 件二等品,按下面两种取法,求事件 A、B 的概率:$A=\{$任取 3 件都是二等品$\}$,$B=\{$任取 3 件,其中 2 件一等品,1 件二等品$\}$.

(1)每次抽取 1 件,测试后放回,然后再取 1 件.

(2)每次抽取 1 件,测试后不再放回,然后再取 1 件.

解　先求事件 A 的概率.

(1)因为是有放回的抽取,故基本事件的总数 $n=100^3$,事件 A 包含的基本事件数 $m=60^3$,故:

$$P(A)=\frac{m}{n}=\frac{60^3}{100^3}\approx 0.216$$

(2)因为是不放回的抽取,故基本事件的总数 $n=P_{100}^3$,事件 A 包含的基本事件数 $m=P_{60}^3$,故:

$$P(A)=\frac{m}{n}=\frac{P_{60}^3}{P_{100}^3}\approx 0.212$$

同理可分别求得事件 B 的概率：

(1) $P(B)=\dfrac{m}{n}=\dfrac{C_3^2\times 40^2\times 60}{100^3}\approx 0.288$

(2) $P(B)=\dfrac{m}{n}=\dfrac{C_3^2\times P_{40}^2\times P_{60}^1}{P_{100}^3}\approx 0.289$

例 5 袋中有 5 个白球，3 个黑球，从中任取 2 个球，计算：(1) 两个球都是白球的概率；(2) 两个球为一黑一白的概率.

解 依题意，基本事件的总数为 $n=C_8^2$.

(1) 设 $A=\{$两个球都是白球$\}$，$m=C_5^2$，故：

$$P(A)=\frac{m}{n}=\frac{C_5^2}{C_8^2}=\frac{5}{14}\approx 0.357$$

(2) 设 $B=\{$两个球一黑一白$\}$，$m=C_5^1C_3^1$，故：

$$P(B)=\frac{m}{n}=\frac{C_5^1C_3^1}{C_8^2}=\frac{15}{28}\approx 0.536$$

例 6 设 5 个产品中有 2 个一级品，3 个二级品，从中任取 2 个产品，求：

(1) 所取 2 个产品全为一级品的概率；

(2) 所取 2 个产品中，有 1 个一级品、1 个二级品的概率.

解 将 5 个产品作上标记，用 X_1,X_2 表示 2 个一级品，Y_1,Y_2,Y_3 表示 3 个二级品. 从中取 2 个产品可视为每次取一个，连续不放回地取两次，所有可能情况为：

$$\begin{array}{llll} Y_1Y_2 & Y_1Y_3 & Y_1X_1 & Y_1X_2 \\ Y_2Y_3 & Y_2X_1 & Y_2X_2 & \\ Y_3X_1 & Y_3X_2 & & \\ X_1X_2 & & & \end{array}$$

共 10 种，即 $n=10$.

(1) 所取 2 个产品全为一级品，只有“X_1X_2”一种情况，即 $m=1$，于是，所求概率为：

$$p_1=\frac{m}{n}=\frac{1}{10}$$

(2) 所取 2 个产品中有 1 个一级品、1 个二级品的情况，在 10 种可能情况中有 $m=6$ 种不同取法，于是，所求概率为：

$$p_2=\frac{m}{n}=\frac{6}{10}$$

练习 3.3

1. 把 10 本书任意放在书架的一格上，求其中指定的 3 本书放在一起的概率.

2. 10 个产品中有 7 件正品、3 件次品.

(1) 不放回地每次从中任取一件，共取 3 次，求取到 3 件次品的概率；

(2) 每次从中任取一件，有放回地取 3 次，求取到 3 件次品的概率.

3. 袋中有 7 个球,其中红球 5 个、白球 2 个,从袋中取球两次,每次随机地取一个球,取后不放回,求:

(1)第一次取到白球、第二次取到红球的概率;

(2)两次取得一红球一白球的概率.

4. 掷两枚骰子,求出现的点数之和等于 7 的概率.

5. 从 1,2,3,4,5 五个数码中,任取 3 个不同数码排成一个三位数,求:

(1)所得的三位数为偶数的概率;

(2)所得的三位数为奇数的概率.

6. 口袋中有 10 个球,分别标有号码 1 到 10,现从中任选 3 个,记下取出球的号码,求:

(1)最小号码为 5 的概率;

(2)最大号码为 5 的概率.

7. 将 3 个球随机地放入 4 个杯子,求 3 个球在同一个杯子中的概率.

8. 罐中有 12 粒围棋子,其中 8 粒白子 4 粒黑子,从中任取 3 粒,求:

(1)取到的都是白子的概率;

(2)取到两粒白子、一粒黑子的概率;

(3)至少取到一粒黑子的概率;

(4)取到 3 粒棋子颜色相同的概率.

9. 从 0,1,2,…,9 等 10 个数字中任选 3 个不同的数字,求 3 个数字中不含 0 或 5 的概率.

10. 设 $A\subset B, P(A)=0.2, P(B)=0.3$ 求:

(1)$P(\bar{A}), P(\bar{B})$;(2)$P(A\cup B)$;(3)$P(AB)$;(4)$P(B\bar{A})$;(5)$P(A-B)$.

11. 设 $P(A)=0.7$, $P(B)=0.6$, $P(A-B)=0.3$, 求 $P(\overline{AB})$; $P(A\cup B)$; $P(\bar{A}\bar{B})$.

12. 设 $P(AB)=P(\bar{A}\bar{B})$,且 $P(A)=p$,求 $P(B)$.

13. 设 A、B、C 为三个随机事件,且 $P(A)=P(B)=P(C)=\frac{1}{4}, P(AB)=P(BC)=\frac{1}{16}, P(AC)=0$. 求:

(1)A、B、C 中至少有一个发生的概率;

(2)A、B、C 全不发生的概率.

3.4　条件概率及有关公式

3.4.1　概率加法公式

定理 3.1　若事件 A 与 B 互不相容,即 $AB=\varnothing$,则:

$$P(A+B)=P(A)+P(B)$$

定理3.1可以推广到有限个事件的情形.

推论1 若事件 $A_1,A_2,\cdots,A_n$ 两两不相容,则:

$$P(A_1+A_2+\cdots+A_n)=P(A_1)+P(A_2)+\cdots+P(A_n)$$

例1 从装有7个球(4个白球、3个黑球)的袋中任取3个,求至少取出2个白球的概率.

解 设:$A_1=\{$任意取出的3球中至少有2个白球$\}$,$A_2=\{$任意取出的3球中有2个白球$\}$,$A_3=\{$任意取出的3个球全是白球$\}$,则 $A_1=A_2+A_3$,且 A_2,A_3 互不相容,所求为 $P(A_1)=P(A_2+A_3)=P(A_2)+P(A_3)$. 由:

$$P(A_2)=\frac{C_3^1C_4^2}{C_7^3}=\frac{3\times\frac{4\times3}{2}}{\frac{7\times6\times5}{3\times2\times1}}=\frac{18}{35}\approx0.514$$

$$P(A_3)=\frac{C_4^3}{C_7^3}=\frac{4\times3\times2}{7\times6\times5}=\frac{4}{35}\approx0.114$$

得 $P(A_1)=P(A_2+A_3)=P(A_2)+P(A_3)$

$$\approx0.514+0.114=0.628$$

例2 袋中有10球,其中6个白球,4个红球,从中任取3个,求至少有两个红球的概率.

解 设 $A_2=\{$恰好有2个红球$\}$,$A_3=\{$恰好有3个红球$\}$,$B=\{$至少有两个红球$\}$,那么 $B=A_2+A_3$. 因为 $A_2A_3=\varnothing$,故:

$$P(B)=P(A_2)+P(A_3)=\frac{C_4^2C_6^1}{C_{10}^3}+\frac{C_4^3}{C_{10}^3}=\frac{3}{10}+\frac{1}{30}=\frac{1}{3}$$

推论2 $P(\bar{A})=1-P(A)$

例3 某射手连续射击两枪,已知至少1枪中靶的概率是0.8,第1枪不中靶的概率是0.3,第2枪不中靶的概率是0.4,求:

(1)两枪均未中靶的概率;

(2)第1枪中靶而第2枪未中靶的概率.

解 设 $A_1=\{$第1枪中靶$\}$,$A_2=\{$第2枪中靶$\}$,则 $\bar{A}_1\bar{A}_2=\{$两枪均未中靶$\}$,$A_1\bar{A}_2=\{$第一枪中靶而第二枪未中靶$\}$,由已知条件:

$$P(A_1+A_2)=0.8,\quad P(\bar{A}_1)=0.3,\quad P(\bar{A}_2)=0.4$$

得 (1)$P(\bar{A}_1\bar{A}_2)=P(\overline{A_1+A_2})=1-P(A_1+A_2)=1-0.8=0.2$

(2)要求 $P(A_1\bar{A}_2)$,因为:

$$\bar{A}_2=\bar{A}_2(A_1+\bar{A}_1)=A_1\bar{A}_2+\bar{A}_1\bar{A}_2,\ A_1\bar{A}_2\cap\bar{A}_1\bar{A}_2=\varnothing$$

利用加法公式,有:

$$P(\bar{A}_2)=P(A_1\bar{A}_2)+P(\bar{A}_1\bar{A}_2)$$

于是：

$$P(A_1\bar{A}_2)=P(\bar{A}_2)-P(\bar{A}_1\bar{A}_2)=0.4-0.2=0.2$$

例4　同例2条件，求至少有一个红球的概率.

解　设 $A=$“至少有一个红球”，那么$(\bar{A})=$“没有红球”，得 $P(\bar{A})=\dfrac{C_6^3}{C_{10}^3}=\dfrac{1}{6}$，故：

$$P(A)=1-P(\bar{A})=1-\frac{1}{6}=\frac{5}{6}$$

定理3.2　对任意事件 A、B 有概率加法公式：

$$P(A+B)=P(A)+P(B)-P(AB)$$

推论　$P(A+B+C)=P(A)+P(B)+P(C)-P(AB)-P(AC)-P(BC)+P(ABC)$

例5　设 $P(A)=\dfrac{1}{3}$，$P(B)=\dfrac{1}{2}$，求下列两种情况下 $P(B\bar{A})$的值：

(1)A 与 B 互不相容；(2)$P(AB)=\dfrac{1}{8}$.

解　(1)因为 A 与 B 互不相容，所以 $B\subset\bar{A}$，即 $B\bar{A}=B$，故：

$$P(B\bar{A})=P(B)=\frac{1}{2}$$

(2)因为 $A+B=A+B\bar{A}$，而 $A\cap B\bar{A}=\varnothing$，所以 $P(A+B)=P(A)+P(B\bar{A})$，依加法公式，得：

$$P(A+B)=P(A)+P(B)-P(AB)=P(A)+P(B\bar{A})$$

所以：

$$P(B\bar{A})=P(B)-P(AB)=\frac{1}{2}-\frac{1}{8}=\frac{3}{8}$$

例6　某公司所属三个分厂的职工情况为：第一分厂有男职工4 000人，女职工1 600人；第二分厂有男职工3 000人，女职工1 400人；第三分厂有男职工800人，女职工500人，如果从该公司职工中随机抽选一人，求该职工为女职工或第三分厂职工的概率.

解　设 A 表示抽中的为女职工的事件，则：

$$P(A)=\frac{1\ 600+1\ 400+500}{4\ 000+1\ 600+3\ 000+1\ 400+800+500}=\frac{35}{113}$$

设 B 表示抽中第三分厂职工的事件，则：

$$P(B)=\frac{800+500}{11\ 300}=\frac{13}{113}$$

设 C 表示抽中第三分厂女职工的事件，则有 $C=AB$，其概率为：

$$P(C)=P(AB)=\frac{500}{11\ 300}=\frac{5}{113}$$

抽中女职工或第三分厂职工的概率，即为 $P(A+B)$，由公式有：

$$P(A+B)=P(A)+P(B)-P(AB)=\frac{35+13-5}{113}\approx0.381$$

3.4.2 条件概率与乘法公式

条件概率是概率论中的一个重要而实用的内容，所考虑的是在事件 A 已发生的条件下，事件 B 发生的概率，记为 $P(B|A)$. 下面看一个例子.

例 7 将 1 枚硬币抛掷 2 次，观察其出现正反面的情况. 设事件 A 为"至少有 1 次为 H"，事件 B 为"2 次掷出同一面". 现在来求在事件 A 已经发生的条件下，事件 B 发生的概率 $P(B|A)$.

解 样本空间 $U=\{HH,HT,TH,TT\}$，事件 $A=\{HH,HT,TH\}$，事件 $B=\{HH,TT\}$，$AB=\{HH\}$，属于古典概型问题. 所以 $P(A)=\frac{3}{4}$，$P(AB)=\frac{1}{4}$.

已知 A 已发生，A 中只有 $HH\in B$，故：

$$P(B|A)=\frac{1}{3}=\frac{\frac{1}{4}}{\frac{3}{4}}=\frac{P(AB)}{P(A)}$$

对于一般古典概型问题，上式仍然成立. 因此，我们将上述关系作为条件概率的定义.

定义 3.3 设 A,B 是两个事件，且 $P(A)>0$，则称 $P(B|A)=\frac{P(AB)}{P(A)}$ 为事件 A 发生的条件下，事件 B 发生的概率.

同理，可定义在事件 B 发生的条件下，事件 A 发生的概率为：

$$P(A|B)=\frac{P(AB)}{P(B)}\quad (P(B)>0)$$

条件概率 $P(\cdot|A)$ 符合概率定义中的三个条件，即：

(1) 非负性：对于每一个事件 B，有 $P(B|A)\geqslant 0$.

(2) 规范性：对于必然事件 U，有 $P(U|A)=1$.

(3) 可列可加性：设 $B_1,B_2\cdots$ 是两两互不相容的事件，则有：

$$P\left(\bigcup_{i=1}^{\infty}B_i \mid A\right)=\sum_{i=1}^{\infty}P(B_i \mid A)$$

同样，概率的一些重要性质都适用于条件概率，例如，对任意事件 B_1,B_2，有：

$$P(B_1\cup B_2|A)=P(B_1|A)+P(B_2|A)-P(B_1B_2|A)$$

例 8 一盒子装有 4 只产品，其中 3 只一等品，1 只二等品，从中取产品 2 次，每次任取 1 只，作无放回抽样. 设事件 A 为"第 1 次取到的是一等品"，事件 B 为"第 2 次取到的是一等品"，试求条件概率 $P(B|A)$.

解 (1) 积事件 AB 表示"2 次取到的都是一等品"，则 $P(AB)=\frac{C_3^2}{C_4^2}=\frac{3}{6}=\frac{1}{2}$.

(2) $P(A)$ 有 2 种不同的解法，依赖于构造样本空间的不同方式.

①以 2 次抽样的结果来构造样本空间.

由于要考虑顺序，因此样本空间的基本事件总数为 $P_4^2=4\times3=12$. 将随机事件 A"第 1 次取出的是一等品"分 2 步，先从 3 个一等品中取出 1 个，包含的基本事件个数为 3 个，剩下的 1 个从余下的 3 个产品中取，有 3 种取法，所以，根据乘法法则，事件 A 包含的基本事件数为 $3\times3=9$，因此，$P(A)=\frac{9}{12}=\frac{3}{4}$.

②以第 1 次抽样的结果来构造样本空间.

从 4 个产品（包含了 3 个一等品）中随机取出 1 个，因此，$P(A)=\frac{3}{4}$.

（3）根据条件概率的定义，有：

$$P(B|A)=\frac{P(AB)}{P(A)}=\frac{\frac{1}{2}}{\frac{3}{4}}=\frac{2}{3}$$

注意　区别"条件概率"与"积事件概率"的关键是条件概率的"条件"是一个已经发生了的随机事件，如果没有这个信息，就必须作为积事件来处理.

例 9　假设一批产品有 1 000 件，其中有 200 件是不合格品，800 件是合格品；在合格品中有 300 件为一级品，500 件为二级品. 从这批产品中任取一件，记 A 为"该产品是一级品"，B 为"该产品是合格品"，那么就有：

$$P(B)=\frac{800}{1\ 000},P(A)=\frac{300}{1\ 000},P(AB)=\frac{300}{1\ 000}$$

若已知取到的是合格品，则该产品是一级品的概率为：

$$P(A|B)=\frac{P(AB)}{P(B)}=\frac{0.3}{0.8}=0.375$$

注意　$P(A)=0.3$ 是整批产品的一级品率，而 0.375 是合格品中的一级品率. 所以，它们是两个不同的概念，后者是条件概率. 一级品必定是合格品，因此，$A\subset B$，$AB=A$，$P(A)=P(AB)$.

由条件概率的定义可得下述乘法定理：

定理 3.3　（乘法定理）设 $P(A)>0$，$P(B)>0$，则有：

$$P(AB)=P(A)\cdot P(B|A)$$
$$P(AB)=P(B)\cdot P(A|B)$$

乘法定理容易推广到多个事件的积事件的情况，例如，设 A,B,C 为事件，且 $P(AB)>0$，则有：

$$P(ABC)=P(C|AB)\cdot P(B|A)\cdot P(A)$$

一般地，设 $A_1,A_2,\cdots,A_n$ 为 n 个事件，$n\geqslant2$，且 $P(A_1A_2\cdots A_{n-1})>0$，则有：

$$P(A_1A_2\cdots A_n)=P(A_n|A_1A_2\cdots A_{n-1})\cdot P(A_{n-1}|A_1A_2\cdots A_{n-2})\cdots P(A_2|A_1)\cdot P(A_1)$$

例 10 设某光学仪器厂制造的透镜第 1 次落下时打破的概率为$\frac{1}{2}$,若第 1 次落下未打破,第 2 次落下打破的概率为$\frac{7}{10}$,若前 2 次落下均未打破,第 3 次落下打破的概率为$\frac{9}{10}$,试求透镜落下 3 次而未打破的概率.

解 以 $A_i(i=1,2,3)$ 表示事件"透镜第 i 次落下打破",以 B 表示事件"透镜落下 3 次而未打破",则:

$$P(A_1)=\frac{1}{2},P(A_2|\bar{A}_1)=\frac{7}{10},P(A_3|\bar{A}_1\bar{A}_2)=\frac{9}{10}.$$

所求概率为:

$$\begin{aligned}P(B)&=P(\bar{A}_1\bar{A}_2\bar{A}_3)=P(\bar{A}_3|\bar{A}_1\bar{A}_2)\cdot P(\bar{A}_2|\bar{A}_1)\cdot P(\bar{A}_1)\\&=[1-P(A_3|\bar{A}_1\bar{A}_2)][1-P(A_2|\bar{A}_1)][1-P(A_1)]\\&=(1-\frac{9}{10})(1-\frac{7}{10})(1-\frac{1}{2})=\frac{1}{10}\times\frac{3}{10}\times\frac{1}{2}=\frac{3}{200}\end{aligned}$$

例 11 设箱中有 50 件产品,其中 10 件次品,从中依次任意取出两件产品,每次取一件不再放回,试求两件产品都是正品的概率.

解 设 $A=\{$第一次取得正品$\}$,$B=\{$第二次取得正品$\}$,那么,所求概率应为 $P(AB)$. 因:

$$P(A)=\frac{40}{50},\quad P(B|A)=\frac{39}{49}$$

于是:

$$\begin{aligned}P(AB)&=P(A)P(B|A)\\&=\frac{40}{50}\times\frac{39}{49}\approx0.636\,7\end{aligned}$$

3.4.3 全概率公式和贝叶斯公式

若 $B_1,B_2,\cdots,B_n$ 为样本空间 U 的 n 个事件,满足 $U=B_1\cup B_2\cup\cdots\cup B_n$ 且 $B_i\cap B_j=\emptyset$,$(i\neq j;i,j=1,2,\cdots,n)$,则称 $B_1,B_2,\cdots,B_n$ 为 U 的一个划分.

定理 3.4 设试验 E 的样本空间为 U,A 为 E 的事件,$B_1,B_2,\cdots,B_n$ 为 U 的一个划分,且 $P(B_i)>0(i=1,2,\cdots,n)$,则:

$$P(A)=P(A|B_1)P(B_1)+P(A|B_2)P(B_2)+\cdots+P(A|B_n)P(B_n)$$

上式称为全概率公式.

证明 因为:

$$A=AU=A(B_1\cup B_2\cup\cdots\cup B_n)=AB_1\cup AB_2\cup\cdots\cup B_n$$

由假设:

$$P(B_i)>0\quad(i=1,2,\cdots,n)$$

且:

$$(AB_i)(AB_j)=\varnothing \quad (i\neq j;i,j=1,2,\cdots,n)$$

由有限可加性，得：

$$\begin{aligned}P(A)&=P(AB_1)+P(AB_2)+\cdots+P(AB_n)\\&=P(A|B_1)P(B_1)+P(A|B_2)P(B_2)+\cdots+P(A|B_n)P(B_n)\end{aligned}$$

例 12　设 12 个乒乓球中有 3 个旧球，每次比赛时任意取出 3 个，用完后放回去，求第二次比赛时取的 3 个球是两新一旧的概率.

解　设 $B=\{$第二次比赛时取出 3 个球是两新一旧$\}$. 由于第一次比赛用球的情况不清楚，故事件 B 是较复杂的. 我们把第一次比赛用球的可能情况做如下分类：设 $A_i=\{$第一次比赛时取出 i 个新球$\}(i=0,1,2,3)$，根据全概率公式得：

$$P(B)=\sum_{i=0}^{3}P(A_i)P(B\mid A_i)=\sum_{i=0}^{3}\frac{C_9^iC_3^{3-i}}{C_{12}^3}\times\frac{C_{9-i}^2C_{3+i}^1}{C_{12}^3}\approx 0.455$$

定理 3.5　设试验 E 的样本空间为 U，A 为 E 的事件，$B_1,B_2,\cdots,B_n$ 为 U 的一个划分，且 $P(A)>0$，$P(B_i)>0(i=1,2,\cdots,n)$，则：

$$P(B_i\mid A)=\frac{P(A\mid B_i)P(B_i)}{\sum_{j=1}^{n}P(A\mid B_j)P(B_j)}\quad(i=1,2,\cdots,n)$$

上式称为贝叶斯公式.

证明　由条件概率的定义及全概率公式，即得：

$$P(B_i\mid A)=\frac{P(B_iA)}{P(A)}=\frac{P(A\mid B_i)P(B_i)}{\sum_{j=1}^{n}P(A\mid B_j)P(B_j)}\quad(i=1,2,\cdots,n)$$

特别地，在公式中取 $n=2$，并记 B_1 为 B，此时 B_2 就是 $\bar{B}$，那么，全概率公式和贝叶斯公式分别成为：

$$P(A)=P(A|B)P(B)+P(A|\bar{B})P(\bar{B})$$

$$P(B|A)=\frac{P(AB)}{P(A)}=\frac{P(A|B)P(B)}{P(A|B)P(B)+P(A|\bar{B})P(\bar{B})}$$

这两个公式是常用的.

例 13　对以往数据分析的结果表明，当机器调整得良好时，产品的合格率为 98%；而当机器发生某种故障时，产品的合格率为 55%. 每天早上机器开动时，机器调整得良好的概率为 95%. 试求：(1) 某日从生产的产品中随机地取出一件，求它是合格品的概率；(2) 已知该产品是合格品时，机器调整得良好的概率是多少？

解　设 A 为事件"产品合格"，B 为事件"机器调整得良好"，已知 $P(B)=0.95$，$P(\bar{B})=0.05$，$P(A|B)=0.98$，$P(A|\bar{B})=0.55$.

(1) 由全概率公式

$$\begin{aligned}P(A)&=P(A|B)P(B)+P(A|\bar{B})P(\bar{B})\\&=0.98\times0.95+0.55\times0.05\\&=0.931+0.0275=0.9585\end{aligned}$$

(2)由贝叶斯公式

$$P(B|A)=\frac{P(A|B)\cdot P(B)}{P(A)}=\frac{0.98\times 0.95}{0.958\ 5}=0.971\ 3$$

3.4.4 独立性

设 A,B 是试验 E 的两个事件,$P(A)>0$,可以定义 $P(B|A)$,一般地,A 的发生对 B 发生的概率是有影响的,这时 $P(B|A)\neq P(B)$;只有在这种影响不存在时,才会有 $P(B|A)=P(B)$,这时有:

$$P(AB)=P(B|A)P(A)=P(A)P(B)$$

例 14 设试验 E 为"抛甲乙两枚硬币,观察正反面出现的情况",设事件 A 为"甲币出现 H",事件 B 为"乙币出现 H",E 的样本空间为:

$$U=\{HH,HT,TH,TT\}$$

$$A=\{HH,HT\},B=\{HH,TH\},AB=\{HH\}$$

由古典概型的概率计算公式可得:

$$P(A)=\frac{1}{2},P(B)=\frac{1}{2},P(AB)=\frac{1}{4},P(B|A)=\frac{1}{2}$$

这里 $P(B|A)=P(B)$,而 $P(AB)=P(A)P(B)$. 事实上,由题意,显然甲币是否出现正面与乙币是否出现正面是互不影响的.

定义 3.4 如果事件 A、B 满足条件:

$$P(AB)=P(A)P(B)$$

那么称事件 A、B 是相互独立的.

由条件概率的公式可知,当事件 A 与 B 独立时,有:

$$P(B|A)=P(B),P(A|B)=P(A)$$

可以证明,若事件 A 与事件 B 相互独立,则 A 与 $\bar{B}$、$\bar{A}$ 与 $\bar{B}$、$\bar{A}$ 与 B 也相互独立.

独立性概念可以推广到多个事件的情况. 例如,3 个事件 A、B、C 独立时,有:

$$P(ABC)=P(A)P(B)P(C)$$

例 15 某工人照管甲、乙两部机床,在一段时间内,甲、乙两部机床不需要照管的概率分别是 0.9 和 0.8,求:

(1)在这段时间内甲、乙两部机床都不需要照管的概率;

(2)在这段时间内机床甲需要照管,而机床乙不需要照管的概率.

解 设 A、B 分别为在这段时间内机床甲、乙不需要工人照管的事件,实践告诉我们,各机床运转是相互独立的,因此,事件 A、B 相互独立,事件 $\bar{A}$、B 也相互独立.

(1)所求概率为

$$P(AB)=P(A)P(B)$$
$$=0.9\times 0.8=0.72$$

即甲、乙两部机床都不需要工人照管的概率是 0.72.

(2)所求概率为

$$P(\bar{A}B)=P(\bar{A})P(B)$$
$$=(1-0.9)\times0.8=0.08$$

即机床甲需要照管,而机床乙不需要照管的概率是0.08.

例16　招工时,需要通过三项考核,三项考核的通过率分别为0.6、0.8、0.85,求招工时的淘汰率.

解　设A、B、C分别表示通过第一、二、三项考核,那么录取的事件为ABC,淘汰的事件为$\overline{ABC}$,于是,所求概率为:

$$P(\overline{ABC})=1-P(ABC)$$

由于三项考核是独立的,故所求概率为:

$$P(\overline{ABC})=1-P(A)P(B)P(C)$$
$$=1-0.6\times0.8\times0.85=0.592$$

例17　假设一个问题由两个学生分别独立解决,如果每个学生各自解决该问题的概率是$\frac{1}{3}$,求此问题能够被解决的概率.

解　设A、B分别表示两人各自解决该问题的事件,则有:

$$P(A)=P(B)=\frac{1}{3}$$

至少一个人解决了,则此问题被解决,故所求为$P(A+B)$,因为A、B独立,用加法公式和乘法公式得到:

$$P(A+B)=P(A)+P(B)-P(AB)$$
$$=P(A)+P(B)-P(A)P(B)$$
$$=\frac{1}{3}+\frac{1}{3}-\frac{1}{3}\times\frac{1}{3}=\frac{5}{9}$$

由定理3.4,可以得到下列推论:

推论1　若事件$A_1,A_2,\cdots,A_n(n\geqslant2)$相互独立,则其中任意$k(2\leqslant k\leqslant n)$个事件也相互独立.

推论2　若事件$A_1,A_2,\cdots,A_n(n\geqslant2)$相互独立,则将其中任意$k(k\leqslant n)$个事件换成它们的对立事件,所得的$n$个事件仍相互独立.

例18　1个大学生毕业给4家单位各发出1份求职信,假定这些单位彼此独立通知他去面试的概率分别是$\frac{1}{2}$,$\frac{1}{3}$,$\frac{1}{4}$,$\frac{1}{5}$,问这个学生至少有1次面试机会的概率是多少?

解　设A_i表示"到第i个单位面试",$i=1,2,3,4$,则所求概率为:

$$P(A_1\cup A_2\cup A_3\cup A_4)=1-P(\overline{A_1\cup A_2\cup A_3\cup A_4})=1-P(\bar{A}_1\bar{A}_2\bar{A}_3\bar{A}_4)$$
$$=1-P(\bar{A}_1)P(\bar{A}_2)P(\bar{A}_3)P(\bar{A}_4)$$
$$=1-[1-P(A_1)][1-P(A_2)][1-P(A_3)][1-P(A_4)]$$

$$=1-\frac{1}{2}\times\frac{2}{3}\times\frac{3}{4}\times\frac{4}{5}=1-\frac{1}{5}=\frac{4}{5}$$

练习 3.4

1. 已知某台纺纱机在一小时内发生 0 次、1 次、2 次断头的概率分别为 0.8、0.12、0.05，求这台纺纱机在一小时内断头次数不超过 2 次的概率和断头次数超过 2 次的概率.

2. 某单位订阅甲、乙、丙三种报纸，据调查，职工中 40% 读甲报，26% 读乙报，20% 读丙报，8% 兼读甲、乙报，5% 兼读甲、丙报，4% 兼读乙、丙报，2% 兼读甲、乙、丙报. 现在从职工中随机抽查一个，问该职工至少读一种报纸的概率是多少？不读报的概率是多少？

3. 盒中有 5 个乒乓球，其中 3 个是新的，2 个是旧的，每次取一球，连续无放回地取两次，求：

(1) 第一次取到新球的概率；

(2) 当第一次取到新球时，第二次取到新球的概率；

(3) 两次都取到新球的概率.

4. 已知 100 件产品中有 10 件次品，无放回地抽 3 次，每次取 1 件，求全是次品的概率.

5. 某射手射中第一靶的概率等于$\frac{2}{3}$，如果第一次射击中了第一靶，那么他有权对第二靶射击，在两次发射的情况下，两靶均被射中的概率为 0.5，求射中第二靶的概率.

6. 由长期统计资料得知，某一地区 4 月份下雨（记为事件 A）的概率为$\frac{4}{5}$，刮风（记作事件 B）的概率为$\frac{7}{15}$，既刮风又下雨的概率为$\frac{3}{10}$，求：$P(A|B)$，$P(B|A)$.

7. 将两信息分别编码为 A 和 B 传递出去，接收站收到时，A 被误收作 B 的概率为 0.02，而 B 被误收作 A 的概率为 0.01，信息 A 与信息 B 传送的频繁程度为 2∶1. 若接收站收到的信息是 A，问原发信息为 A 的概率是多少？

8. 加工一个产品要经过三道工序，第一、二、三道工序不出废品的概率为 0.9、0.95、0.8，假定各工序是否出废品是独立的，求经过三道工序而不出废品的概率.

9. 设有 3 个人同时独立破译密码，他们能译出密码的概率分别为$\frac{1}{5}$、$\frac{1}{3}$、$\frac{1}{4}$，问能将此密码译出的概率是多少？

10. 设 $0<P(B)<1$，证明事件 A 与事件 B 相互独立的充要条件是 $P(A|B)=P(A|\bar{B})$.

11. 一射手对一目标独立地射击 4 次，若至少命中一次的概率为$\frac{80}{81}$，求射手射击一次命中目标的概率是多少？

习题三

一、选择题

1. 某人射击 3 次，以$A_i(i=1,2,3)$表示事件“第 i 次击中目标”，则事件“至多击中目标 1 次”的正确表示为(　　).

A. $A_1 \cup A_2 \cup A_3$

B. $\bar{A}_1\bar{A}_2 \cup \bar{A}_2\bar{A}_3 \cup \bar{A}_1\bar{A}_3$

C. $A_1\bar{A}_2\bar{A}_3 \cup \bar{A}_1A_2\bar{A}_3 \cup \bar{A}_1\bar{A}_2A_3$

D. $\overline{A_1 \cup A_2 \cup A_3}$

2. 设 A、B 为随机事件，则$(A\cup B)A=$(　　).

A. AB

B. A

C. B

D. $A\cup B$

3. 将两封信随机投入 4 个邮筒中，则未给前两个邮筒中投信的概率为(　　).

A. $\dfrac{2^2}{4^2}$

B. $\dfrac{C_2^1}{C_4^2}$

C. $\dfrac{2!}{A_4^2}$

D. $\dfrac{2!}{4!}$

4. 在 0，1，2，…，9 等 10 个数字中随机地、有放回地接连抽取 4 个数字，则“8”至少出现一次的概率为(　　).

A. 0.1

B. 0.343 9

C. 0.4

D. 0.656 1

5. 设随机变量 A 与 B 互不相容，且 $P(A)>0$，$P(B)>0$，则(　　).

A. $P(A)=1-P(B)$

B. $P(AB)=P(A)P(B)$

C. $P(A\cup B)=1$

D. $P(\overline{AB})=1$

6. 设 A、B 为随机事件，$P(B)>0$，$P(A|B)=1$，则必有(　　).

A. $P(A\cup B)=P(A)$

B. $A\subset B$

C. $P(A)=P(B)$

D. $P(AB)=P(A)$

7. 设 A，B 为两个随机事件，且 $P(AB)>0$，则 $P(A|AB)=$(　　).

A. $P(B)$

B. $P(AB)$

C. $P(A\cup B)$

D. 1

8. 设 A 与 B 互为对立事件，且 $P(A)>0$，$P(B)>0$，则下列各式中错误的是(　　).

A. $P(\bar{B}|A)=0$

B. $P(A|B)=0$

C. $P(AB)=0$

D. $P(A\cup B)=1$

9. 设随机事件 A 与 B 互不相容，$P(A)=0.4$，$P(B)=0.2$，则 $P(A|B)=$(　　).

A. 0　　B. 0.2

C. 0.4　　D. 0.5

10. 设 $P(A)>0$，$P(B)>0$，则由 A 与 B 相互独立不能推出(　　).

A. $P(A\cup B)=P(A)+P(B)$　　B. $P(A|B)=P(A)$

C. $P(\bar{B}|\bar{A})=P(\bar{B})$　　D. $P(A\bar{B})=P(A)P(\bar{B})$

11. 某人连续向一目标射击，每次命中目标的概率为 $\frac{3}{4}$，他连续射击直到命中为止，则射击次数为 3 的概率是(　　).

A. $\left(\frac{3}{4}\right)^3$　　B. $\left(\frac{3}{4}\right)^2\times\frac{1}{4}$

C. $\left(\frac{1}{4}\right)^2\times\frac{3}{4}$　　D. $C_4^2\left(\frac{1}{4}\right)^2\left(\frac{3}{4}\right)$

12. 抛一枚不均匀硬币，正面朝上的概率为 $\frac{2}{3}$，将此硬币连抛 4 次，则恰好 3 次正面朝上的概率是(　　).

A. $\frac{8}{81}$　　B. $\frac{8}{27}$

C. $\frac{32}{81}$　　D. $\frac{3}{4}$

二、填空题

1. 从 1, 2, 3, 4, 5 中任取 3 个自然数，则这 3 个数字中不含 1 的概率为____________.

2. 从 1,2,…,10 这 10 个自然数中任取 3 个数，则这 3 个数中最大的为 3 的概率是____________.

3. 一口袋装有 3 个红球、2 个黑球，现从中任取出 2 个球，则这 2 个球恰为一红一黑的概率是____________.

4. 从分别标有 1,2,…,9 号码的 9 件产品中随机任取 3 件，每次取 1 件，取后放回，则取得的 3 件产品的标号都是偶数的概率是____________.

5. 把 3 个不同的球随机地放入 3 个不同的盒中，则出现两个空盒的概率为____________.

6. 设随机事件 A 与 B 互不相容，$P(A)=0.2$，$P(A\cup B)=0.5$，则 $P(B)=$____________.

7. 100 件产品中有 10 件次品，不放回地从中接连取两次，每次取一个产品，则第二次取到次品的概率为____________.

8. 设 A、B 为随机事件，且 $P(A)=0.8$，$P(B)=0.4$，$P(B|A)=0.25$，则 $P(A|B)$

= ____________.

9. 某工厂的次品率为5%，而正品中有80%为一等品. 如果从该厂的产品中任取一件来检验，则检验结果是一等品的概率为____________.

10. 甲、乙两门高射炮彼此独立地向一架飞机各发一炮，甲、乙击中飞机的概率分别为0.3、0.4，则飞机至少被击中一炮的概率为____________.

11. 在一次考试中，某班学生数学和外语的及格率都是0.7，且这两门课是否及格相互独立，现从该班任选一名学生，则该生数学和外语只有一门及格的概率为____________.

12. 设A与B相互独立，$P(A)=0.2$，$P(B)=0.6$，则$P(A|B)=$____________.

13. 某射手命中率为$\frac{2}{3}$，他独立地向目标射击4次，则至少命中一次的概率为____________.

三、解答题

1. 设A、B、C是3个随机事件，用A、B、C及其关系和运算表示下列各事件：

(1)恰有A发生；

(2)A和B都发生而C不发生；

(2)A、B、C都发生；

(4)A、B、C至少有1个发生；

(5)至少有2个事件发生；

(6)恰有1个事件发生；

(7)恰有2个事件发生；

(8)不多于3个事件发生；

(9)不多于2个事件发生；

(10)3个事件都不发生.

2. 设A、B是两事件，且$P(A)=0.6$，$P(B)=0.7$，问：

(1)在什么条件下，$P(AB)$取得最大值，最大值是多少？

(2)在什么条件下，$P(AB)$取得最小值，最小值是多少？

3. 已知$P(A)=P(B)=P(C)=\frac{1}{4}$，$P(AB)=\frac{1}{6}$，$P(AC)=P(BC)=0$，求$A$、$B$、$C$均不发生的概率.

4. 设有A、B两事件，已知$P(A)=p$，$P(B)=q$，$P(A\cup B)=r$，求$P(A\bar{B})$.

5. 在1~3 000的整数中随机地取1个数，问取到的整数既不能被6整除，又不能被8整除的概率是多少？

6. 为防止意外，在矿内同时设有两种警报系统A、B，每种警报系统单独使用时，其有效的概率分别是：系统A为0.92，系统B为0.93；在A失灵的条件下B有效的概率为0.85. 求：

(1)发生意外时，两个警报系统至少有一个有效的概率；

(2)B失灵的条件下，A有效的概率.

7. 某人忘记了电话号码的最后一个数字，因而随意地拨最后一个数，求：

(1)不超过三次拨通电话的概率；

(2)已知最后一个数字是奇数,求不超过三次拨通电话的概率.

8. 一批产品共100件,对产品进行无放回抽样检查. 整批产品不合格的条件是:在被检查的5件产品中至少有1件废品. 如果在该产品中有5%是废品,求该批产品被拒绝接收的概率.

9. 一批同样规格的零件是由甲、乙、丙三个工厂生产的,三个工厂的产品数量分别是总量的20%、40%和40%,并且已知三个工厂的产品次品率分别为5%、4%、3%. 今任取1个零件,问它是次品的概率是多少?

10. 用3台机床制造一部机器的3种零件,机床的不合格品率分别为0.2、0.3、0.1. 从它们的产品中各取1件进行检验,求所检验的3个产品都是不合格品的概率.

11. 加工某种零件需要经过4道工序,假设这4道工序出不合格品的概率分别是2%、4%、5%、3%. 假设各道工序是互不影响的,求加工的零件是合格品的概率.

12. 一个工人看管3台机床,在一小时内不需要工人照管的概率,第一台为0.9,第二台为0.8,第三台为0.7. 求在一小时内:

(1)3台机床都不需要工人照管的概率;

(2)3台机床至少有一台需要工人照管的概率.

13. 对以往数据进行分析,结果表明:当机器调整得良好时,产品的合格率为90%;而当机器发生某一故障时,产品的合格率为30%. 每天早上机器开动时,机器调整得良好的概率为75%. 设某日早上第一件产品是合格品,试问机器调整得良好的概率是多少?

14. 设事件A与B相互独立,证明$\bar{A}$与B也相互独立.

15. 设事件A与B相互独立,两事件中只有A发生及只有B发生的概率是$\frac{1}{4}$,求$P(A)$与$P(B)$.

第四章
随机变量及其数字特征

概率论的核心内容是随机变量的分布及其数字特征. 概率分布全面地描述了随机变量取值的统计规律性,而数字特征则描述了这种统计规律性的某些重要特征以及变量之间的相互关系.

4.1　随机变量及其分布

4.1.1　随机变量的概念

概率统计是从数量上来研究随机现象的统计规律的,为此,我们必须将随机事件数量化. 将随机事件数量化是可以做到的. 例如,抽样检测中产品的不合格数,测量中的误差,一次射击中的环数等,都可以用一定的数值表示;另外一些事件,虽然不表现为数量,但经过适当的处理,也能使其数量化,如性别问题,可以用"1"代表男性,用"0"代表女性,从而使事件数量化.

当把一个随机试验的不同结果用变量来表示时,就有了随机变量的概念.

我们把用来表示每个随机试验结果的变量,称为随机变量.

随机变量通常用大写字母 $X,Y,Z\cdots$ 表示,而表示随机变量的取值时,一般采用小写字母 $x,y,z\cdots$ 表示.

例 1　抛一枚匀称的硬币,引进一个变量 Y,当出现正面时,令 $Y=1$;当出现反面时,令 $Y=0$,即:

$$Y=\begin{cases}1, & \text{出现正面}\\0, & \text{出现反面}\end{cases}$$

可见,Y 正表示了"出现正面的次数". Y 取 0 或 1,事先不能确定,但已知:

$$P(Y=1)=\frac{1}{2},P(Y=0)=\frac{1}{2}$$

可见,这里 Y 就是一个随机变量.

研究随机变量要把握两点：一是随机变量可能取哪些值，二是它以多大的概率取这些值. 为了更清楚地研究随机变量和随机变量与概率的关系，我们引入分布函数的概念.

定义 4.1　设 X 是一个随机变量，X 可取一切可能的实数值，则函数 $F(x)=P\{X\leqslant x\}$ 称为 X 的分布函数，简称分布.

分布函数具有以下性质：

性质 1　$0\leqslant F(x)\leqslant 1$，$F(-\infty)=0$，$F(+\infty)=1$；

性质 2　当 $x_1\leqslant x_2$ 时，有 $F(x_1)\leqslant F(x_2)$；

性质 3　$P(x_1<X\leqslant x_2)=F(x_2)-F(x_1)$.

从随机试验可能出现的结果来看，随机变量至少有两种不同的类型：一种是随机变量的所有可能取得的值是有限多个或可列无限多个，这种随机变量称为离散型随机变量；另一种随机变量的取值不只是可列个，而是可取到某个区间 $[a,b]$ 或 $(-\infty,+\infty)$ 上的一切值，这样的随机变量称为连续型随机变量. 当然，随机变量还有更复杂的类型，但已超出本书范围，实践中也少见. 我们只对离散型随机变量和连续型随机变量进行讨论.

4.1.2　离散型随机变量及其分布

1. 离散型随机变量

定义 4.2　设 X 是随机变量，若 X 只可能取有限个值或者可列无限个值，则称 X 为离散型随机变量. 如果离散型随机变量 X 的可能取值为 $x_1,x_2,\cdots,x_k\cdots$ 则称：

$$P(X=x_k)=p_k\quad(k=1,2\cdots)$$

或：

X	x_1	x_2	$\cdots$	x_k	$\cdots$
p_k	p_1	p_2	$\cdots$	p_k	$\cdots$

为离散型随机变量 X 的概率分布，简称分布律或分布列.

分布律具有以下性质：

性质 1　$0\leqslant p_k\leqslant 1\quad(k=1,2,3\cdots)$；

性质 2　$p_1+p_2+\cdots+p_k+\cdots=\sum\limits_{k=1}^{\infty}p_k=1.$

例 2　掷一颗均匀骰子，求出现的点数的概率分布.

解　用 X 表示出现的点数，X 的可能取值是 $1,2,\cdots,6$，且出现各点的概率均为 $\frac{1}{6}$，于是有概率分布：

X	1	2	3	4	5	6
p_k	$\frac{1}{6}$	$\frac{1}{6}$	$\frac{1}{6}$	$\frac{1}{6}$	$\frac{1}{6}$	$\frac{1}{6}$

对于任意一个实数 x，我们可以由 X 的概率分布计算事件 $\{X\leqslant x\}$ 的概率. 设 X 是离散型随机变量，则有：

$$P(X\leqslant x)=\sum_{x_k\leqslant x}p_k$$

上式右端表明对所有小于或等于 x 的那些 x_k 的 p_k 求和. $P(X\leqslant x)$ 显然是 x 的函数，称为随机变量 X 的分布函数，它是一个累积分布函数，通常用 $F(x)$ 表示，即：

$$F(x)=P(X\leqslant x)=\sum_{x_k\leqslant x}P_k$$

2. 常见离散型随机变量的分布

(1)二点分布

定义 4.3　如果随机变量 X 取两个值 0 或 1，且有概率分布：

$$P(X=1)=p,\ P(X=0)=q=1-p,\quad 0<p<1$$

那么称 X 服从二点分布，记作 $X\sim B(1,p)$.

例 3　掷一枚硬币，定义随机变量 X：$X=\begin{cases}1, & \text{出现正面}\\0, & \text{出现反面}\end{cases}$，则其分布列为：

X	0	1
p	$\frac{1}{2}$	$\frac{1}{2}$

而 X 的分布函数为：

$$F(x)=\begin{cases}0\ , & x<0\\ \dfrac{1}{2}\ , & 0\leqslant x<1\\ 1\ , & x\geqslant 1\end{cases}$$

(2)二项分布

定义 4.4　如果随机变量 X 的可能取值为 $0,1,2,\cdots,n$，取到这些值的概率为：

$$P(X=k)=C_n^kp^k(1-p)^{n-k}\qquad(p\geqslant 0;k=0,1,2,\cdots,n)$$

那么称 X 服从二项分布，记为 $X\sim B(n,p)$.

二项分布的特点是每次试验只有两个结果，相同的试验独立重复进行 n 次，某事件发生 k 次，则用二项分布计算其概率.

例 4　据调查，市场上假冒的某名牌香烟有 15%. 某人每年买 20 条这个品牌的香烟，求他至少买到 1 条假烟的概率.

解　假设他买到 X 条假烟，对于 1 条香烟而言，真假必居其一，且为假的概率是 15%，为真的概率就是 85%. 所以 X 服从二项分布 $B(20,0.15)$.

20 条香烟全真，即 $X=0$，有：

$$P(X=0)=C_{20}^{0}\times 0.15^{0}\times 0.85^{20}$$
$$\approx 0.039$$

所求概率为：

$$P=1-P(X=0)=1-0.039=0.961$$

可见，20 条中至少有 1 条假烟的概率是非常大的.

(3)泊松(Poissos)分布

定义 4.5 如果随机变量 X 的概率分布为：

$$P(X=k)=\frac{\lambda^{k}}{k!}e^{-\lambda}\quad (k=0,1,2\cdots;\lambda>0)$$

那么称 X 服从参数为 λ 的泊松分布，记为 $X\sim\pi(\lambda)$.

例如，在确定的时间段内通过某交通路口的小轿车的辆数，容器内的细菌数，铸件的疵点数，交换台电话被呼叫的次数，一般都服从泊松分布.

例 5 电话交换台每分钟接到的呼叫次数 X 为随机变量，设 $X\sim\pi(3)$，求一分钟内呼次数不超过 1 次的概率.

解 $\because X\sim\pi(3)$，$\therefore \lambda=3$

$$\therefore P(X=k)=\frac{3^{k}}{k!}e^{-3}\quad (k=0,1,2\cdots)$$

于是：

$$P(X\leqslant 1)=P(X=0)+P(X=1)$$
$$=\frac{3^{0}}{0!}e^{-3}+\frac{3^{1}}{1!}e^{-3}=4e^{-3}\approx 0.199$$

注：这里 λ 是该电话交换台平均每分钟接到的呼叫次数.

对于二项分布，在实际计算中，当 n 较大，p 较小($np<5$)时，可以把泊松分布作为二项分布的近似分布来应用，其中 $\lambda=n\cdot p$，从而查泊松分布表，便可得到二项分布需要的结果.

例 6 一批产品的次品率为 0.015，求抽取 100 件这样的产品恰有 1 件是次品的概率.

解 由 $n=100$，$p=0.015$，利用二项分布得：

$$P_{100}(X=1)=C_{100}^{1}(0.015)^{1}(0.985)^{99}\approx 0.33595$$

另外：由 $np=100\times 0.015=1.5<5$，取 $\lambda=1.5$，查泊松分布表(附表 1)，得：

$$P_{1.5}(X=1)=0.334695$$

可见，两种方法解得的结果很接近.

4.1.3　连续型随机变量及其分布

1. 连续型随机变量

定义 4.6　对于随机变量 X,如果存在非负可积函数 $f(x)(-\infty<x<+\infty)$,使得对任意 $a<b$,有:

$$P(a<X\leqslant b)=\int_a^b f(x)\mathrm{d}x$$

那么称 X 为连续型随机变量. 函数 $f(x)$ 称为随机变量 X 的概率密度函数,简称概率密度或密度.

由定义可知,概率密度函数具有以下性质:

(1) $f(x)\geqslant 0$;

(2) $\int_{-\infty}^{+\infty} f(x)\mathrm{d}x=1$.

由连续型随机变量的定义和定积分的性质可知:

$$P(X=x_0)=P(x_0\leqslant X\leqslant x_0)=\int_{x_0}^{x_0} f(x)\mathrm{d}x=0$$

即连续型随机变量取任一定值的概率为0.

对离散型随机变量,我们已求得事件 $\{X\leqslant x\}$ 的概率. 类似地,对连续型随机变量 X,事件 $\{X\leqslant x\}$ 的概率:

$$F(x)=P(X\leqslant x)=\int_{-\infty}^{x} f(t)\mathrm{d}t$$

$F(x)$ 称为连续型随机变量 X 的分布函数. 如果点 x 是 $f(x)$ 的连续点,那么 $F(x)$ 关于 x 的导数 $F'(x)=f(x)$.

一般地,对随机变量 X,$P(X\leqslant x)$ 就是随机变量 X 的分布函数,记为:

$$F(x)=P(X\leqslant x)$$

例 7　设随机变量 X 具有概率密度:

$$f(x)=\begin{cases}A(1-x), & 0\leqslant x\leqslant 1\\ 0, & 其他\end{cases}$$

试求:(1) 常数 A;(2) $P\left(-4<X\leqslant\frac{1}{2}\right)$;(3) $P\left(\frac{1}{4}<X<1\right)$.

解

(1) $\because\quad 1=\int_{-\infty}^{+\infty} f(x)\mathrm{d}x=\int_0^1 A(1-x)\mathrm{d}x=\frac{A}{2}$

$\therefore\quad A=2$

于是:

$$f(x)=\begin{cases}2(1-x), & 0\leqslant x\leqslant 1\\ 0, & 其他\end{cases}$$

(2) $P\left(-4 < X \leqslant \frac{1}{2}\right) = \int_0^{\frac{1}{2}} 2(1-x)\mathrm{d}x = 0.75$

(3) $P\left(\frac{1}{4} < X < 1\right) = \int_{\frac{1}{4}}^{1} 2(1-x)\mathrm{d}x = 0.562\ 5$

例 8 向某一目标发射炮弹,设弹着点到目标的距离 X(单位:m)的概率密度为

$$f(x)=\begin{cases}\frac{1}{1\ 250}x\mathrm{e}^{-\frac{x^2}{2\ 500}}, & x>0\\ 0, & x\leqslant 0\end{cases}$$

又知当弹着点距目标在 50m 之内时即可摧毁目标. 求:

(1)发射 1 枚炮弹就能摧目标的概率;

(2)至少要发射多少枚炮弹才能使摧毁目标的概率不小于 0.95?

解 (1)所求为 $P(0\leqslant X\leqslant 50)$. 由连续型随机变量定义:

$$\begin{aligned}P(0\leqslant X\leqslant 50) &= \int_0^{50}\frac{x}{1\ 250}\mathrm{e}^{-\frac{x^2}{2\ 500}}\mathrm{d}x\\ &= \frac{1}{1\ 250}\,\frac{-2\ 500}{2}\int_0^{50}\mathrm{e}^{-\frac{x^2}{2\ 500}}\mathrm{d}\left(-\frac{x^2}{2\ 500}\right)\\ &= -\mathrm{e}^{-\frac{x^2}{2\ 500}}\Big|_0^{50}\\ &= 1-\mathrm{e}^{-1}\approx 0.632\end{aligned}$$

(2)一枚炮弹摧毁目标的概率是 0.632,没有摧毁目标的概率是 0.368.

若用 Y 表示 n 枚炮弹中摧毁目标的炮弹枚数,可知 $Y\sim B(n,0.632)$.

当 $n=2$ 时,$P(Y=0)=C_2^0 0.632^0\times 0.368^2=(0.368)^2\approx 0.135$

当 $n=3$ 时,$P(Y=0)=C_3^0 0.632^0\times 0.368^3=(0.368)^3\approx 0.049\ 8$

可见,至少发射 3 枚炮弹,才能使不摧毁目标的概率是 0.049 8,它小于 0.05,那么能摧毁目标的概率就不小于 0.95.

2. 常见连续型随机变量的分布

(1)均匀分布

定义 4.7 设连续型随机变量 X 具有概率密度:

$$f(x)=\begin{cases}\frac{1}{b-a}, & a<x<b\\ 0, & \text{其他}\end{cases}$$

则称 X 在区间 (a,b) 上服从均匀分布,记为 $X\sim U(a,b)$.

易知,$f(x)\geqslant 0$ 且 $\int_{-\infty}^{+\infty}f(x)\mathrm{d}x=1$.

在区间 (a,b) 上服从均匀分布的随机变量 X,具有下述意义的等可能性,即它落在 (a,b) 上任何等长度的子区间内的可能性是相同的,或者说,它落在 (a,b) 的子区间的概率只依赖于子区间的长度,而与子区间的位置无关.

由分布函数的概念,得 X 的分布函数为:

$$F(x)=\begin{cases}0 , & x\leqslant a \\ \dfrac{x-a}{b-a}, & a<x\leqslant b \\ 1 , & x>b\end{cases}$$

$f(x)$及$F(x)$的图形分别见图4－1、图4－2.

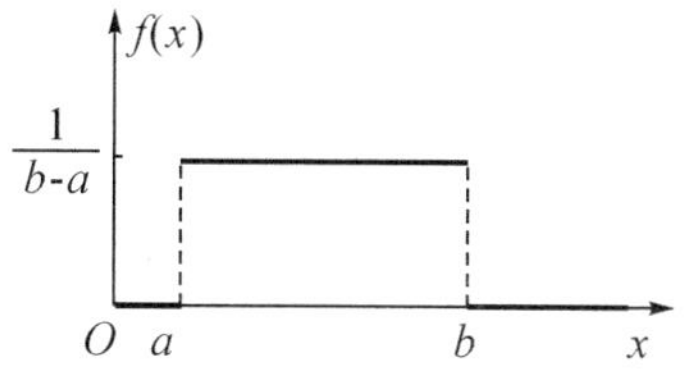

图4－1

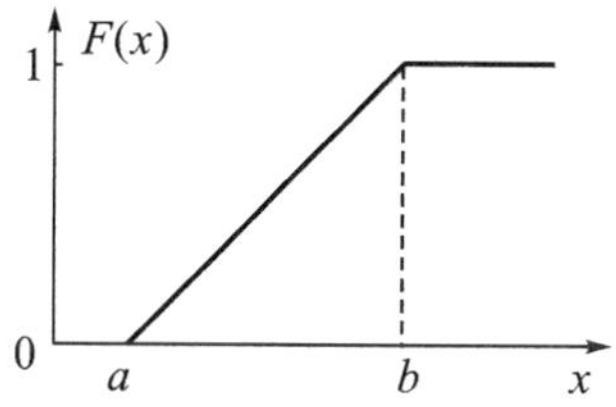

图4－2

例9　设电阻值R是一个随机变量,均匀分布在900～1 100Ω,求R的概率密度及R落在950～1 050Ω的概率.

解　按题意,R的概率密度为

$$f(R)=\begin{cases}\dfrac{1}{1\ 100-900}, & 900<R<1\ 100 \\ 0 , & 其他\end{cases}$$

故:

$$P\{950\leqslant R\leqslant 1\ 050\}=\int_{950}^{1\ 050}\frac{1}{200}\mathrm{d}R=0.5$$

(2)指数分布

定义4.8　设连续型随机变量X的概率密度为:

$$f(r)=\begin{cases}\dfrac{1}{\lambda}\mathrm{e}^{-\frac{x}{\lambda}}, & x>0 \\ 0 , & 其他\end{cases}$$

其中$\lambda>0$,为常数,则称X服从参数为λ的指数分布,记作$X\sim E(\lambda)$.

显然$f(x)\geqslant 0$,且$\int_{-\infty}^{+\infty}f(x)\mathrm{d}x=1$. 图4－3中给出了$\lambda=\dfrac{1}{3}$,$\lambda=1$,$\lambda=2$时$f(x)$的图形.

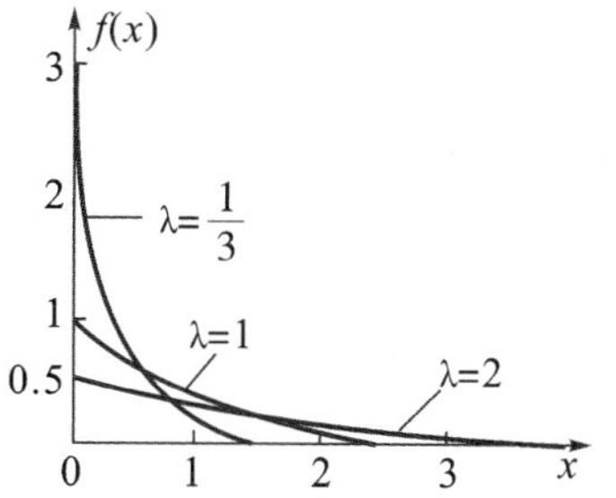

图4－3

我们很容易得到随机变量 X 的分布函数为：

$$F(x)=\begin{cases}1-e^{-\frac{x}{\lambda}}, & x>0\\ 0, & \text{其他}\end{cases}$$

指数分布在可靠性理论与排队论中有广泛的应用，在实践中也有很多应用，有许多种"寿命"的分布，如电子元件的寿命，动物的寿命，电话的通话时间，随机服务系统的服务时间等，都近似地服从指数分布.

例 10 设某型号的日光灯管的使用寿命 X(单位：h)服从参数 $\lambda=2\ 000$ 的指数分布，求：

①任取该型号的灯管一只，能正常使用 1 000h 以上的概率.

②在使用了 1 000h 后，还能使用 1 000h 以上的概率.

解 由题意知，$X\sim E(2\ 000)$，于是得到 X 的分布函数为：

$$F(x)=\begin{cases}\int_0^x \frac{1}{2\ 000}e^{-\frac{1}{2\ 000}t}dt, & x>0\\ 0, & \text{其他}\end{cases}$$

即：

$$F(x)=\begin{cases}1-e^{-\frac{x}{2\ 000}}, & x>0\\ 0, & \text{其他}\end{cases}$$

于是：

①能正常使用 1 000h 以上的概率为：

$$P\{x>1\ 000\}=1-P(x\leqslant 1\ 000)$$
$$=1-F(1\ 000)=1-(1-e^{-\frac{1\ 000}{2\ 000}})=e^{-\frac{1}{2}}=0.607$$

②在使用了 1 000h 后，还能使用 1 000h 以上的概率为：

$$P(x>2\ 000|x>1\ 000)=\frac{P(x>2\ 000 \text{ 且 } x>1\ 000)}{P(x>1\ 000)}$$
$$=\frac{P(x>2\ 000)}{P(x>1\ 000)}=\frac{1-P(x\leqslant 2\ 000)}{1-P(x\leqslant 1\ 000)}=\frac{e^{-1}}{e^{-\frac{1}{2}}}=e^{-\frac{1}{2}}\approx 0.607$$

(3)正态分布

定义 4.9 设连续型随机变量 X 的概率密度为：

$$f(x)=\frac{1}{\sqrt{2\pi}\sigma}e^{-\frac{(x-\mu)^2}{2\sigma^2}}, -\infty<x<+\infty$$

其中 $\mu,\sigma(\sigma>0)$ 为常数，则称 X 服从参数为 μ,σ 的正态分布，记为 $X\sim N(\mu,\sigma^2)$.

显然，$f(x)\geqslant 0$，可以证明 $\int_{-\infty}^{\infty}f(x)dx=1$(证明略).

$f(x)$ 的图形见图 4-4. 函数 $f(x)$ 具有下列性质：

性质 1　曲线 $f(x)$ 关于 $x=\mu$ 对称. 这表明对于任意 $h>0$, 有:

$$P\{\mu-h<X\leqslant\mu\}=P\{\mu<X\leqslant\mu+h\}$$

性质 2　当 $x=\mu$ 时, $f(x)$ 取得极大值:

$$f(\mu)=\frac{1}{\sqrt{2\pi}\sigma}$$

x 离 μ 越远, $f(x)$ 的值越小. 这表明对于同样长度的区间, 离 μ 越远, 则 X 落在这个区间上的概率越小.

性质 3　在 $x=\mu\pm\sigma$ 处, 曲线有拐点; 曲线以 x 轴为渐近线.

另外, 如果固定 σ, 改变 μ 的值, 则图形沿 x 轴平移, 而形状不改变(见图 4－4). 由此可见, 正态分布的概率密度曲线 $y=f(x)$ 的位置完全由参数 μ 所确定, μ 称为位置参数.

如果固定 μ 改变 σ 的值, 由最大值 $f(\mu)=\frac{1}{\sqrt{2\pi}\sigma}$ 可知, 当 σ 越小时, 图形变得越陡(见图 4－5), 因而 X 落在 μ 附近的概率越大.

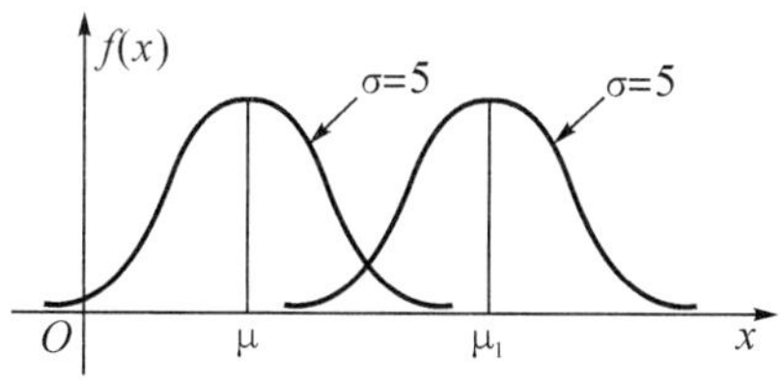

图 4－4

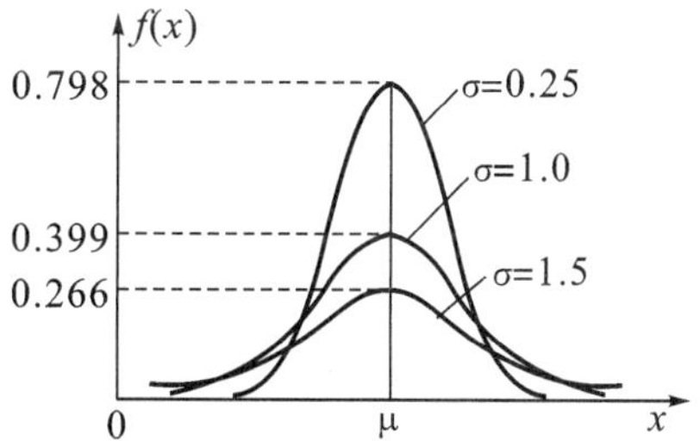

图 4－5

若 $X\sim N(\mu,\sigma^2)$, 则 X 的分布函数为(见图 4－6)

$$F(x)=\frac{1}{\sqrt{2\pi}\sigma}\int_{-\infty}^{x}e^{-\frac{(t-\mu)^2}{2\sigma^2}}dt$$

特别地, 当 $\mu=0, \sigma=1$ 时, 称 X 服从标准正态分布, 其概率密度和分布函数分别用 $\varphi(x)$, $\Phi(x)$ 表示, 即有:

$$\varphi(x)=\frac{1}{\sqrt{2\pi}}e^{-\frac{x^2}{2}},\quad -\infty<x<+\infty$$

$$\Phi(x)=\frac{1}{\sqrt{2\pi}}\int_{-\infty}^{x}e^{-\frac{t^2}{2}}dt$$

由图形的对称性(见图 4－7)容易看出:

$$\Phi(-x)=1-\Phi(x)$$

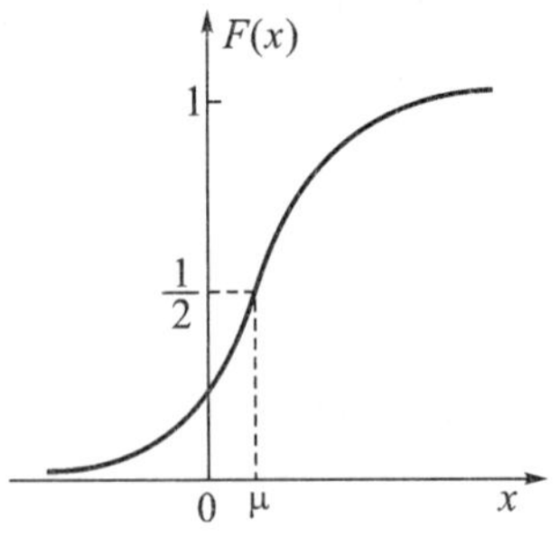

图 4－6

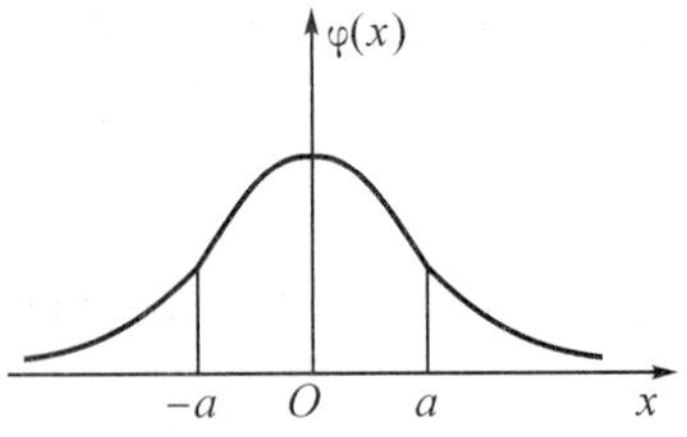

图 4－7

为了方便计算，人们编制了 $\Phi(x)$ 的函数表，供我们查用（附表 2）.

对一般的正态分布 $X \sim N(\mu,\sigma^2)$，我们可以通过一个线性变换将它化为标准正态分布：

定理 4.1 若 $X \sim N(\mu,\sigma^2)$，则 $Z=\dfrac{X-\mu}{\sigma} \sim N(0,1)$.

证 $Z=\dfrac{X-\mu}{\sigma}$ 的分布函数为：

$$P\{Z \leqslant x\} = P\left\{\frac{X-\mu}{\sigma} \leqslant x\right\} = P\{X \leqslant \mu+\sigma x\}$$

$$= \frac{1}{\sqrt{2\pi}\sigma}\int_{-\infty}^{\mu+\sigma x} e^{-\frac{(t-\mu)^2}{2\sigma^2}} dt$$

令 $\dfrac{t-\mu}{\sigma}=u$，得：

$$P\{Z \leqslant x\} = \frac{1}{\sqrt{2\pi}}\int_{-\infty}^{x} e^{-\frac{u^2}{2}} du = \Phi(x)$$

于是，若 $X \sim N(\mu,\sigma^2)$，则它的分布函数 $F(x)$ 可写成：

$$F(x)=P\{X \leqslant x\}=P\left\{\frac{X-\mu}{\sigma} \leqslant \frac{x-\mu}{\sigma}\right\}=\Phi\left(\frac{x-\mu}{\sigma}\right)$$

对于任意区间 (x_1,x_2)，有：

$$P\{x_1<X \leqslant x_2\}=P\left\{\frac{x_1-\mu}{\sigma}<\frac{X-\mu}{\sigma} \leqslant \frac{x_2-\mu}{\sigma}\right\}$$

$$=\Phi\left(\frac{x_2-\mu}{\sigma}\right)-\Phi\left(\frac{x_1-\mu}{\sigma}\right)$$

这样，我们就可以通过查标准正态分布表来进行计算.

例 11 设 $X \sim N(0,1)$，求：① $P\{X \leqslant 2.35\}$；② $P\{|X| \leqslant 1.54\}$.

解 ① $P\{X \leqslant 2.35\}=\Phi(2.35)=0.990\ 6$

② $P\{|X| \leqslant 1.54\}=P\{-1.54 \leqslant X \leqslant 1.54\}$

$$=\Phi(1.54)-\Phi(-1.54)=2\Phi(1.54)-1$$

$$=2 \times 0.938\ 2-1=0.876\ 4$$

例 12　设 $X \sim N(1.5,4)$. 求：① $P\{X \leqslant -4\}$；② $P\{X \geqslant 2\}$；③ $P\{|X| \leqslant 3\}$.

解　这里 $\mu = 1.5, \sigma = 2$

① $P\{X \leqslant -4\} = \Phi(\frac{-4-1.5}{2}) = \Phi(-2.75) = 1 - \Phi(2.75) = 1 - 0.9970 = 0.0030$

② $P\{X \geqslant 2\} = 1 - P\{X \leqslant 2\} = 1 - \Phi(\frac{2-1.5}{2}) = 1 - \Phi(0.25) = 1 - 0.5987 = 0.4013$

③ $P\{|X| \leqslant 3\} = \Phi(\frac{3-1.5}{2}) - \Phi(\frac{-3-1.5}{2})$

$= \Phi(0.75) - \Phi(-2.25) = 0.7734 - 0.0122 = 0.7612$

例 13　假定某类人群的体重符合参数为 $\mu = 55, \sigma = 10$（单位：千克）的正态分布，即 $X \sim N(55, 10^2)$，任选一人，试求：他的体重①在区间$[45,65]$上的概率；②大于 85 千克的概率.

解　① $P\{45 \leqslant X \leqslant 65\} = \Phi\left(\frac{65-55}{10}\right) - \Phi\left(\frac{45-55}{10}\right) = \Phi(1) - \Phi(-1) = 2\Phi(1) - 1$

$= 2 \times 0.8413 - 1 = 0.6826$

② $P\{X > 85\} = 1 - P\{X \leqslant 85\} = 1 - \Phi\left(\frac{85-55}{10}\right) = 1 - \Phi(3) = 1 - 0.9987 = 0.0013$

结果表明，这类人群中至少$\frac{2}{3}$的人体重都在 45 ~ 65 千克，而体重超过 85 千克的仅占千分之一多一点.

练习 4.1

1. 判断以下函数 $f(x)$ 在各自指定区间上（$f(x)$ 在指定区间之外取值为 0）是不是某随机变量的密度函数.

(1) $f(x) = \frac{4}{3} \times \frac{2}{3(x+1)^2}$，　$[0,3]$

(2) $f(x) = \frac{3}{250}(10x - x^2)$，　$[0,5]$

(3) $f(x) = \frac{6}{27}(3x - x^2)$，　$[0,3]$

2. 一批产品分一、二、三级，其中一级品是二级品的两倍，三级品是二级品的一半. 从这批产品中随机地抽取一个检验质量，用随机变量描述检验的可能结果，求出它的概率分布.

3. 一批产品 20 件，其中有 5 件次品. 从这批产品中任取 4 件，求这 4 件产品中次品数 ζ 的分布（精确到 0.01）.

4. 一个口袋中有 4 个球，在这 4 个球上分别标有 -3，$-\frac{1}{2}$，$+\frac{1}{3}$，$+2$ 这样的数字. 从袋中任取一个球，求取得的球上标明非负数字 ζ 的概率分布和分布函数.

5. 从一个装有 4 个红球、2 个白球的口袋中，一个一个地取球，共取了 5 次，每次取出的球：(1)取后放回；(2)取后不放回. 求取得红球的个数 ζ 的概率分布.

6. 某射手有 5 发子弹，每次射击命中目标的概率为 0.9. 如果命中了就停止射击，如果命不中就一直射到子弹用尽，求耗用子弹数 ζ 的概率分布和分布函数.

7. 若每次射击中靶的概率为 0.7，现发射炮弹 10 次，分别求命中 3 次的概率与至少命中 3 次的概率.

8. 从一批废品率为 0.1 的产品中，重复抽取 20 件产品，求其中废品数不大于 3 件的概率.

9. 一批产品废品率为 0.001，用泊松分布求 800 件产品中废品为 2 件的概率以及废品数不超过 2 件的概率.

10. 设连续型随机变量 ζ 的分布密度为：

$$\varphi(x)=\begin{cases}\dfrac{C}{x^2}, & x\geqslant 100\\ 0, & x<100\end{cases}$$

求：(1)常数 C；

(2)ζ 的分布函数；

(3)$P(\zeta<150)$.

11. 如果 ζ 的分布密度为：

$$f(x)=\begin{cases}\dfrac{1}{b-a}, & a\leqslant x\leqslant b\\ 0, & 其他\end{cases}$$

则说明 ζ 服从 $[a,b]$ 上的均匀分布，求 ζ 的分布函数.

12. 设随机变量 ζ 的分布密度为：

$$f(x)=\begin{cases}a\cos x, & -\dfrac{\pi}{2}\leqslant x\leqslant\dfrac{\pi}{2}\\ 0, & 其他\end{cases}$$

求：(1)系数 a；

(2)$P(0\leqslant\zeta\leqslant\dfrac{\pi}{4})$；

(3)ζ 的分布函数.

13. 设 $\zeta\sim N(0,1)$，试计算：

(1)$P(\zeta<2.2)$，$P(\zeta>1.76)$，$P(\zeta<-0.78)$

(2)$P(|\zeta|<1.55)$，$P(|\zeta|>2.5)$

14. 设 $\eta\sim N(-1,16)$，试计算：

(1)$P(\eta<2.44)$，$P(\eta>-1.5)$

(2)$P(\eta<-2.8)$，$P(-5<\eta<2)$

(3) $P(|\eta-1|>1)$

15. 设电池寿命(小时)是一个随机变量,并服从 $N(300,35^2)$.

(1)求这样的电池寿命在250小时以上的概率;

(2)求 x,使得电池寿命在区间 $(300-x,300+x)$ 内取值的概率不小于0.9.

4.2　随机变量函数的分布

在实际中,我们常对某些随机变量的函数更感兴趣. 例如,在一些试验中,我们所关心的随机变量往往不能直接测量得到,而它是某个能直接测量的随机变量的函数. 比如我们能测量到圆轴截面的直径 d,而关心的却是截面面积 $A=\frac{1}{4}\pi d^2$,这里的随机变量 A 是随机变量 d 的函数. 在本节中,我们将通过一些具体例子,讨论如何由已知随机变量 X 的分布去求它的函数 $Y=f(X)$ 的概率分布.

4.2.1　离散型随机变量函数的分布

例1　设 X 的分布律为:

X	−1	0	1	2
p	0.1	0.2	0.3	0.4

求 $Y=X^2$ 的分布律.

解　Y 的全部可能取值为0,1,4,且有:

$P\{Y=0\}=P\{X=0\}=0.2$

$P\{Y=1\}=P\{“X=-1”\cup“X=1”\}=P\{X=-1\}+P\{X=1\}=0.4$

$P\{Y=4\}=P\{X=2\}=0.4$

即 Y 的分布律为:

Y	0	1	4
p	0.2	0.4	0.4

一般地,若离散型随机变量 X 的分布律为 $P\{X=x_k\}=p_k(k=1,2\cdots)$,则 $Y=f(x)$ 的全部可能取值为 $\{y_k=f(x_k),k=1,2\cdots\}$. 由于其中可能有重复的,所以在求 Y 的分布律,即计算 $P\{Y=y_i\}$ 时,应将使 $f(x_k)=y_i$ 的所有 x_k 所对应的概率 $P\{X=x_k\}$ 累加起来,即有:

$$P\{Y=y_i\}=\sum_{f(x_k)=y_i}P\{X=x_k\}\quad(i=1,2\cdots)$$

4.2.2 连续型随机变量的函数的分布

已知随机变量 X 的概率密度为 $P_X(x)$，如何求得 X 的函数 $Y=f(X)$ 的概率密度 $P_Y(y)$？下面我们通过实例说明解决此问题的一般思路.

例 2 设 $X\sim N(0,1)$，求 $Y=e^X$ 的分布.

解 由题设知，X 的取值范围为全体实数，故 $Y=e^X$ 的全部可能取值在 $(0,+\infty)$ 内. 于是，当 $y\leqslant 0$ 时，显然有 $F_Y(y)=P\{Y\leqslant y\}=0$.

又由于生成 Y 的函数 $f(x)=e^x$ 为 R 上的严格单调增函数，所以，当 $y>0$ 时，

$$F_Y(y)=P\{Y\leqslant y\}=P\{e^X\leqslant y\}=P\{X\leqslant \ln y\}=F_X(\ln y)$$

两边对 y 求导，得：

$$P_Y(y)=\frac{1}{y}P_X(\ln y)$$

而 $P_X(x)=\frac{1}{\sqrt{2\pi}}\mathrm{e}^{-\frac{x^2}{2}}$，故 $P_Y(y)=\frac{1}{\sqrt{2\pi}y}\mathrm{e}^{-\frac{\ln^2 y}{2}}$.

于是，Y 的概率密度为：

$$P_Y(y)=\begin{cases}0, & y\leqslant 0\\ \frac{1}{\sqrt{2\pi}y}\mathrm{e}^{-\frac{1}{2}\ln^2 y}, & y>0\end{cases}$$

例 3 设随机变量 X 具有概率密度 $f_X(x)$，$-\infty<x<+\infty$，求 $Y=X^2$ 的概率密度.

解 分别记 X,Y 的分布函数为 $F_X(x)$，$F_Y(y)$，先来求 Y 的分布函数 $F_Y(y)$，由于 $Y=X^2\geqslant 0$，故当 $y\leqslant 0$ 时，$F_Y(y)=0$. 当 $y>0$ 时，有：

$$\begin{aligned}F_Y(y)&=P\{Y\leqslant y\}=P\{X^2\leqslant y\}\\&=P\{-\sqrt{y}\leqslant X\leqslant\sqrt{y}\}\\&=F_X(\sqrt{y})-F_X(-\sqrt{y})\end{aligned}$$

将 $F_Y(y)$ 对 y 求导数，即得 Y 的概率密度为：

$$f_Y(y)=\begin{cases}\frac{1}{2\sqrt{y}}[f_X(\sqrt{y})+f_X(-\sqrt{y})], & y>0\\ 0, & y\leqslant 0\end{cases} \tag{4.1}$$

例如，设 $X\sim N(0,1)$，其概率密度为：

$$\varphi(x)=\frac{1}{\sqrt{2\pi}}\mathrm{e}^{-\frac{x^2}{2}},\ -\infty<x<+\infty$$

由式(4.1)，得 $Y=X^2$ 的概率密度为：

$$f_Y(y)=\begin{cases}\frac{1}{\sqrt{2\pi}}y^{-\frac{1}{2}}\mathrm{e}^{-\frac{y}{2}}, & y>0\\ 0, & y\leqslant 0\end{cases}$$

上述两例表明，求连续型随机变量 X 的函数 $Y=f(X)$ 的概率密度，可先由 Y 的分布

函数 $F_Y(y)$ 入手，将有关 Y 的概率计算转化为有关 X 的概率计算后，再通过求导而得 Y 的密度函数. 依照这一思路不难证得下面的定理.

定理 4.2　设连续型随机变量 X 的取值范围为 (a,b)（a 可为 $-\infty$，b 可为 $+\infty$），其概率密度为 $P_X(x)$，若函数 $f(x)$ 在 (a,b) 内严格单调，且其反函数 $g(y)$ 有连续导数，则 $Y=f(X)$ 的概率密度为：

$$P_Y(y)=\begin{cases}P_X[g(y)]\cdot|g'(y)|, & \alpha<y<\beta\\ 0, & \text{其他}\end{cases}$$

其中 $\alpha=\min\{f(a),f(b)\}$，$\beta=\max\{f(a),f(b)\}$.

例 4　设随机变量 $X\sim N(\mu,\sigma^2)$，试证明 X 的线性函数 $Y=aX+b(a\neq 0)$ 也服从正态分布.

证明　X 的概率密度为：

$$f_X(x)=\frac{1}{\sqrt{2\pi}\sigma}e^{-\frac{(x-\mu)^2}{2\sigma^2}},\quad -\infty<x<+\infty$$

设 $y=g(x)=ax+b$，则：

$$x=h(y)=\frac{y-b}{a},\ 且\ h'(y)=\frac{1}{a}$$

由定理 4.2 得 $Y=aX+b$ 的概率密度为：

$$f_Y(y)=\frac{1}{|a|}f_X\left(\frac{y-b}{a}\right),\quad -\infty<y<+\infty$$

即：

$$\begin{aligned}f_Y(y)&=\frac{1}{|a|}\frac{1}{\sqrt{2\pi}\sigma}e^{-\frac{\left(\frac{y-b}{a}-\mu\right)^2}{2\sigma^2}}\\&=\frac{1}{|a|\sqrt{2\pi}\sigma}e^{-\frac{[y-(b+a\mu)]^2}{2(a\sigma)^2}},\quad -\infty<y<+\infty\end{aligned}$$

即有：

$$Y=aX+b\sim N(a\mu+b,(a\sigma)^2)$$

特别地，在上例中取 $a=\frac{1}{\sigma}$，$b=-\frac{\mu}{\sigma}$，得：

$$Y=\frac{X-\mu}{\sigma}\sim N(0,1)$$

练习 4.2

1. 设 X 的分布律为：

X	-1	0	1	2
p	$\frac{1}{10}$	$\frac{2}{10}$	$\frac{3}{10}$	$\frac{4}{10}$

求：(1) $Y=2X-3$ 的分布律；

(2) $Z=X^2+1$ 的分布律.

2. 设随机变量 X 的概率密度为 $f(x)=\begin{cases}\dfrac{1}{\pi(1+x^2)}, & x>0\\ 0, & x\leqslant 0\end{cases}$，求 $Y=\ln X$ 的概率密度.

3. 设 X 的分布律为：

X	1	2	3	…	n	…
p	$\frac{1}{2}$	$(\frac{1}{2})^2$	$(\frac{1}{2})^3$	…	$(\frac{1}{2})^n$	…

求 $Y=\sin\frac{\pi X}{2}$ 的分布律.

4. 设 X 的分布律为：

X	-2	0	2	3
p	0.2	0.2	0.3	0.3

求：(1) $Y_1=-2X+1$ 的分布律；(2) $Y_2=|X|$ 的分布律.

5. 设 X 的分布律为：

X	-1	0	1	2
p	0.2	0.3	0.1	0.4

求：$Y=(X-1)^2$ 的分布律.

6. $X\sim U(0,1)$ 求以下 Y 的概率密度：

(1) $Y=-2lnX$

(2) $Y=3X+1$

(3) $Y=e^X$

7. 设随机变量 X 的概率密度为：

$$f_X(x)=\begin{cases}\frac{3}{2}x^2, & -1<x<1\\ 0, & \text{其他}\end{cases}$$

求以下 Y 的概率密度：

(1) $Y=3X$

(2) $Y=3-X$

(3) $Y=X^2$

8. 设 X 服从参数为 $\lambda=1$ 的指数分布，求以下 Y 的概率密度：

(1) $Y=2X+1$

(2) $Y=e^{X}$

(3) $Y=X^2$

9. $X\sim N(0,1)$,求以下 Y 的概率密度:

(1) $Y=|X|$

(2) $Y=2X^2+1$

4.3　数学期望

如果知道了随机变量 X 的概率分布列或概率密度(以下统称为概率分布),那么 X 的概率特性就一目了然了. 但是在实际问题中概率分布是较难确定的,而它的某些数字特征却比较容易估算出来,还有不少问题只要知道它的某些数字特征就够了,不必详细地了解其概率特性. 因此在研究随机变量时,确定它的某些数字特征是重要的,在这些数字特征中最常用的是期望和方差. 通常把随机变量的期望和方差等统称为它的数字特征.

先看一个例子.

某手表厂在出厂产品中抽查了 $N=100$ 只手表的日走时误差,其数据见表 4-1.

表 4-1

日走时误差 k(秒)	-2	-1	0	1	2	3	4
只数(N_k)	3	10	17	28	21	16	5

抽查到的这 100 只手表的平均日走时误差为:

$$\frac{\sum_{k=-2}^{4}k\cdot N_k}{N}=\frac{(-2)\times3+(-1)\times10+0\times17+1\times28+2\times21+3\times16+4\times5}{100}$$

$$=1.22(\text{秒/日})$$

其中,$\frac{N_k}{N}$是"日走时误差为 k 秒"这一事件的频率,可记作 f_k,于是:

$$\text{平均值}=\sum_{k=-2}^{4}k\cdot f_k$$

每做一次这样的检验,就得到一组不同的频率,也就有不同的日走时误差的平均值. 由频率和概率的关系可知,在求平均值时,理论上应该用概率 P_k 去代替上述求和式中的频率 f_k,这时得到的平均值才是理论上的(也即真的)平均值,这个平均值称为数学期望,简称为期望(或均值).

设离散型随机变量 X 的分布律为:

$$P\{X=x_k\}=p_k,\quad k=1,2\cdots$$

若:

$$\sum_{k=1}^{\infty} x_k p_k = x_1 p_1 + x_2 p_2 + \cdots + x_i p_i + \cdots$$

存在,则称 $\sum_{k=1}^{\infty} x_k p_k$ 的值为随机变量 X 的数学期望,记作 $E(X)$,即:

$$E(X) = \sum_{k=1}^{\infty} x_k p_k$$

设连续型随机变量 X 的概率密度为 $f(x)$,若积分:

$$\int_{-\infty}^{+\infty} x f(x)\,\mathrm{d}x$$

存在,则称积分 $\int_{-\infty}^{+\infty} x f(x)\,\mathrm{d}x$ 的值为随机变量 X 的数学期望,记作 $E(X)$,即:

$$E(X) = \int_{-\infty}^{+\infty} x f(x)\,\mathrm{d}x$$

例 1　求二点分布的数学期望.

解　二点分布为:

$$P(X=1)=p,\quad P(X=0)=q=1-p$$

于是,数学期望:

$$E(X)=1\cdot p+0\cdot q=p$$

例 2　设随机变量 $X\sim B(n,p)$,求 $E(X)$.

解　X 的分布律为:

$$p_k=P\{X=k\}=C_n^k p^k q^{n-k},\quad q=1-p,\quad k=0,1,2,\cdots,n$$

X 的数学期望为:

$$\begin{aligned} E(X) &= \sum_{k=0}^{n} k p_k = \sum_{k=0}^{n} k C_n^k p^k q^{n-k} \\ &= np\sum_{k=1}^{n} C_{n-1}^{k-1} p^{k-1} q^{(n-1)-(k-1)} \\ &= np(p+q)^{n-1} = np \end{aligned}$$

例 3　设随机变量 $X\sim \pi(\lambda)$,求 $E(X)$.

解　X 的分布律为:

$$p_k=P\{X=k\}=\frac{\lambda^k}{k!}\mathrm{e}^{-\lambda},\quad k=0,1,2\cdots$$

X 的数学期望为:

$$E(X) = \sum_{k=0}^{\infty} k p_k = \sum_{k=1}^{\infty} k\cdot\frac{\lambda^k}{k!}\mathrm{e}^{-\lambda} = \lambda\cdot \mathrm{e}^{-\lambda}\sum_{k=0}^{\infty}\frac{\lambda^{k-1}}{(k-1)!} = \lambda$$

例 4　设随机变量 $X\sim U(a,b)$,求 $E(X)$.

解　X 的概率密度为:

$$f(x)=\begin{cases}\dfrac{1}{b-a}, & a<x<b\\ 0\quad, & \text{其他}\end{cases}$$

X 的数学期望为：

$$E(X)=\int_{-\infty}^{+\infty}xf(x)\mathrm{d}x=\int_a^b\frac{x}{b-a}\mathrm{d}x=\frac{a+b}{2}$$

即服从均匀分布的随机变量的数学期望位于区间(a,b)的中点.

例 5　指数分布的密度函数是：

$$f(x)=\begin{cases}\dfrac{1}{\lambda}\mathrm{e}^{-\frac{x}{\lambda}}, & x>0\\ 0, & x\leqslant 0\end{cases}\quad(\lambda>0)$$

于是,它的数学期望为：

$$\begin{aligned}E(X)&=\int_{-\infty}^{+\infty}x\cdot f(x)\mathrm{d}x\\&=\int_0^{+\infty}x\cdot\frac{1}{\lambda}\mathrm{e}^{-\frac{x}{\lambda}}\mathrm{d}x\\&=-\int_0^{+\infty}x\mathrm{d}(\mathrm{e}^{-\frac{x}{\lambda}})\\&=-x\mathrm{e}^{-\frac{x}{\lambda}}\Big|_0^{+\infty}+\int_0^{+\infty}\mathrm{e}^{-\frac{x}{\lambda}}\mathrm{d}x\\&=-\lambda\mathrm{e}^{-\frac{x}{\lambda}}\Big|_0^{+\infty}=\lambda\end{aligned}$$

例 6　设随机变量 $X\sim N(\mu,\sigma^2)$,求 $E(X)$.

解　$E(X)=\int_{-\infty}^{+\infty}xf(x)\mathrm{d}x=\dfrac{1}{\sqrt{2\pi}\sigma}\int_{-\infty}^{+\infty}x\mathrm{e}^{-\frac{(x-\mu)^2}{2\sigma^2}}\mathrm{d}x$　（令$\dfrac{x-\mu}{\sigma}=t$）

$$=\frac{1}{\sqrt{2\pi}}\int_{-\infty}^{+\infty}(\sigma t+\mu)\mathrm{e}^{-\frac{t^2}{2}}\mathrm{d}t$$

$$=\frac{1}{\sqrt{2\pi}}\left(\int_{-\infty}^{+\infty}\sigma t\mathrm{e}^{-\frac{t^2}{2}}\mathrm{d}t+\int_{-\infty}^{+\infty}\mu\mathrm{e}^{-\frac{t^2}{2}}\mathrm{d}t\right)$$

$$=\mu\int_{-\infty}^{+\infty}\frac{1}{\sqrt{2\pi}}\mathrm{e}^{-\frac{t^2}{2}}\mathrm{d}t=\mu$$

这说明正态分布的参数 μ 正是它的数学期望.

例 7　设连续型随机变量 X 的密度函数是：

$$f(x)=\begin{cases}\dfrac{3}{2}x^2, & -1\leqslant x\leqslant 1\\ 0, & \text{其他}\end{cases}$$

求 $E(X)$.

解　由公式：

$$\begin{aligned}E(X)&=\int_{-\infty}^{+\infty}xf(x)\mathrm{d}x\\&=\int_{-1}^{1}x\frac{3}{2}x^2\mathrm{d}x=0\end{aligned}$$

例 8 某商店对某种家用电器的销售采用先使用后付款的方式，记使用寿命为 X（以年计），规定：

$$X\leqslant 1,\quad 每台付款 1\ 500 元;$$
$$1<X\leqslant 2,\quad 每台付款 2\ 000 元;$$
$$2<X\leqslant 3,\quad 每台付款 2\ 500 元;$$
$$X>3,\quad 每台付款 3\ 000 元.$$

设寿命 X 服从指数分布，其概率密度为：

$$f(x)=\begin{cases}\frac{1}{10}e^{-\frac{x}{10}}, & x>0\\ 0, & x\leqslant 0\end{cases}$$

试求该商店对该种家用电器每台收费 Y 的数学期望.

解 先求出寿命 X 落在各个时间区间内的概率，即有：

$$P\{X\leqslant 1\}=\int_0^1\frac{1}{10}e^{-\frac{x}{10}}dx=1-e^{-0.1}=0.095\ 2$$

$$P\{1<X\leqslant 2\}=\int_1^2\frac{1}{10}e^{-\frac{x}{10}}dx=e^{-0.1}-e^{-0.2}=0.086\ 1$$

$$P\{2<X\leqslant 3\}=\int_2^3\frac{1}{10}e^{-\frac{x}{10}}dx=e^{-0.2}-e^{-0.3}=0.077\ 9$$

$$P\{X>3\}=\int_3^{+\infty}\frac{1}{10}e^{-\frac{x}{10}}dx=e^{-0.3}=0.740\ 8$$

于是得到每台收费 Y 的分布律为：

Y	1 500	2 000	2 500	3 000
p_k	0.095 2	0.086 1	0.077 9	0.740 8

所以：

$$\begin{aligned}E(Y)&=1\ 500\times 0.095\ 2+2\ 000\times 0.086\ 1+2\ 500\times 0.077\ 9+3\ 000\times 0.740\ 8\\&=2\ 732.15\end{aligned}$$

即平均每台收费 2 732.15 元.

我们已经熟悉了随机变量的数学期望，由定义求数学期望时，应该先求出随机变量的分布律或概率密度，但在求随机变量的函数 $Y=g(X)$ 的数学期望时，可以不必求 $g(X)$ 的分布律而只要直接利用原随机变量 X 的分布律就可以了，这对简化计算当然是有利的. 为此需要下面的定理.

定理 4.3 设 Y 是随机变量 X 的函数，$Y=g(X)$（g 是连续函数），若

（1）X 是离散型随机变量，它的分布律为 $P\{X=x_k\}=p_k, k=1,2\cdots$ 且 $\sum_{k=1}^{\infty}g(x_k)p_k$ 存在，则：

$$E(Y)=E[g(X)]=\sum_{k=1}^{\infty}g(x_k)p_k$$

(2) X 是连续型随机变量，它的概率密度为 $f(x)$，且 $\int_{-\infty}^{+\infty}g(x)f(x)\mathrm{d}x$ 存在，则：

$$E(Y)=E[g(X)]=\int_{-\infty}^{+\infty}g(x)f(x)\mathrm{d}x$$

例 9　设离散型随机变量 ζ 的概率分布为：

ζ	-1	0	2	3
p	$\frac{1}{8}$	$\frac{1}{4}$	$\frac{3}{8}$	$\frac{1}{4}$

求：$E(\zeta^2)$，$E(\zeta+1)$，$E(3\zeta)$.

解

$$E(\zeta^2)=(-1)^2\times\frac{1}{8}+0^2\times\frac{1}{4}+2^2\times\frac{3}{8}+3^2\times\frac{1}{4}=\frac{31}{8}$$

$$E(\zeta+1)=(-1+1)\times\frac{1}{8}+(0+1)\times\frac{1}{4}+(2+1)\times\frac{3}{8}+(3+1)\times\frac{1}{4}=\frac{19}{8}$$

$$E(3\zeta)=3\times(-1)\times\frac{1}{8}+3\times0\times\frac{1}{4}+3\times2\times\frac{3}{8}+3\times3\times\frac{1}{4}=\frac{33}{8}$$

例 10　X 的密度函数为 $f(x)=\begin{cases}2(1-x), & 0\leqslant x\leqslant1\\0, & \text{其他}\end{cases}$

求 X 的数学期望与 $Y=2X-3$ 和 $Z=X^2$ 的数学期望.

解　因为 X 的密度函数为：

$$f(x)=\begin{cases}2(1-x), & 0\leqslant x\leqslant1\\0, & \text{其他}\end{cases}$$

所以，由公式得：

$$E(X)=\int_{-\infty}^{+\infty}xf(x)\mathrm{d}x=\int_0^1x\cdot2(1-x)\mathrm{d}x$$

$$=2\int_0^1x\mathrm{d}x-2\int_0^1x^2\mathrm{d}x=x^2\Big|_0^1-\frac{2}{3}x^3\Big|_0^1=\frac{1}{3}$$

因为 $Y=2X-3$，$Z=X^2$ 是随机变量 X 的函数，所以利用公式，有 Y 的期望：

$$E(Y)=\int_{-\infty}^{+\infty}yf(x)\mathrm{d}x$$

$$=\int_0^1(2x-3)\cdot2\cdot(1-x)\mathrm{d}x$$

$$=2\int_0^1(5x-2x^2-3)\mathrm{d}x$$

$$=2\left(\frac{5}{2}x^2-\frac{2}{3}x^3-3x\right)\Big|_0^1=-\frac{7}{3}$$

Z 的期望：

$$
\begin{aligned}
E(Z) &= 2\int_0^1 x^2 \cdot (1-x)\,\mathrm{d}x \\
&= 2\int_0^1 (x^2 - x^3)\,\mathrm{d}x \\
&= 2\left(\frac{x^3}{3} - \frac{x^4}{4}\right)\Big|_0^1 = \frac{1}{6}
\end{aligned}
$$

根据数学期望的概念和函数的数学期望的定理，我们可以得到数学期望的基本性质：

设 b、c 为常数，X、Y 为两个随机变量，则有：

(1) $E(c) = c$

(2) $E(cX) = c \cdot E(X)$

(3) $E(X + c) = E(X) + c$

(4) $E(bX + c) = b \cdot E(X) + c$

(5) $E(X \pm Y) = E(X) \pm E(Y)$

(6) $E(X \cdot Y) = E(X) \cdot E(Y)$　（其中 X、Y 相互独立）

练习 4.3

1. 已知随机变量 X 的概率分布为：

$$P(X = k) = \frac{1}{10}\quad (k = 2, 4, \cdots, 18, 20)$$

求 $E(X)$.

2. 某城市观看足球比赛，出席观看的球迷人数如下：

当天气非常冷时，有 35 000 人；当天气较冷时，有 40 000 人；当天气较暖和时，有 48 000 人；当天气暖和时，有 60 000 人. 若上述四种天气的概率分别为 0.08，0.42，0.43，0.07，问每场比赛观看的球迷人数的期望为多少？

3. 在射击比赛中，每人射击 4 次（每次 1 发弹），约定：全都不命中得 0 分；只中 1 发得 15 分；中 2 发得 30 分；中 3 发得 55 分；中 4 发得 100 分. 某人每次射击的命中率为 0.5，问他得分的期望是多少？

4. 设随机变量 X 的密度函数为：

$$f(x) = \begin{cases} 2x, & 0 \leqslant x \leqslant 1 \\ 0, & \text{其他} \end{cases}$$

求 X 的期望值.

5. 设随机变量 X 的密度为：

$$f(x) = \frac{1}{2}\mathrm{e}^{-|x|}\quad (-\infty < x < +\infty)$$

求 $E(X)$.

6. 对圆的直径进行测量,设测得直径值均匀地分布在区间$[a,b]$上,求圆面积的期望值.

7. 设连续型随机变量 X 的分布函数为 $F(x)=\begin{cases}0, & x<-1\\ a+b\cdot\arcsin x, & -1\le x<1\\ 1, & x\geq 1\end{cases}$,试确定常数 a,b,并求 $E(X)$.

8. 设轮船横向摇摆的随机振幅 X 的概率密度为$f(x)=\begin{cases}\dfrac{1}{\sigma^2}e^{-\frac{x^2}{2\sigma^2}}, & x>0\\ 0, & x\leqslant 0\end{cases}$,求 $E(X)$.

9. 设 $X_1,X_2,\cdots,X_n$ 独立同分布,均值为 μ,且设 $Y=\dfrac{1}{n}\sum\limits_{i=1}^{n}X_i$,求 $E(Y)$.

4.4　方差

数学期望反映了随机变量取值的平均水平,在许多实际问题中,只要知道这个平均值就可以了. 但是数学期望毕竟只能反映平均值,有很大的局限性,在某些问题中,仅仅知道平均值是不够的. 还是以手表的日走时误差为例:如果有甲乙两种牌号的手表,它们的日走时误差分别为 X_1 和 X_2,其分布律如下:

X_1	−1	0	1
p	0.1	0.8	0.1

X_2	−2	−1	0	1	2
p	0.1	0.2	0.4	0.2	0.1

容易验证,$E(X_1)=E(X_2)$. 从数学期望(即日走时误差的平均值)去比较这两种牌号的手表,是分不出它们的优劣的. 如果仔细观察一下这两个分布律,就会得出结论:甲牌号的手表要优于乙牌号,何以见得呢?

先讨论甲牌号,已知 $E(X_1)=0$,从分布律可知,大部分手表(占80%)的日走时误差为0,小部分手表(占20%)日走时误差分散在 $E(X_1)$的两侧(±1 秒). 再看乙牌号,虽然也有 $E(X_2)=0$,但是只有小部分(占40%)的日走时误差为0,大部分(占60%)的日走时误差分散在 $E(X_2)$的两侧,而且分散的范围也比甲牌号的大(达±2 秒). 由此看来,两种牌号的手表中甲牌号的手表日走时误差比较稳定,所以甲牌号比乙牌号好. 对于这样的讨论,读者可能会觉得有点啰唆. 那么,是否可以用一个数字指标来度量一个随机变量对它的期望值的偏离程度呢? 这正是本节所要讨论的问题.

如果 X 是要讨论的随机变量,$E(X)$是它的数学期望,则$|X-E(X)|$就可以度量随机变量 X 和它的期望值 $E(X)$之间偏差的大小. 由于绝对值运算有许多不便之处,人们便用$[X-E(X)]^2$ 去度量这个偏差,但是$[X-E(X)]^2$ 是一个随机变量,应该用它的平均

值,即用 $E[X-E(X)]^2$ 来度量 X 对它的期望 $E(X)$ 的偏离程度.

定义 4.10 设 X 是一个随机变量,如果 $E[X-E(X)]^2$ 存在,则称 $E[X-E(X)]^2$ 为 X 的方差,记为 $D(X)$ 或 $Var(X)$,即

$$D(X)=Var(X)=E[X-E(X)]^2$$

在应用上,还引入了与随机变量 X 具有相同量纲的量 $\sqrt{D(X)}$,记为 $\sigma(X)$,称为 X 的标准差或均方差.

由定义可知,方差实际上就是随机变量 X 的函数 $g(X)=[X-E(X)]^2$ 的数学期望. 于是,对于离散型随机变量,有:

$$D(X)=\sum_{k=1}^{\infty}[x_k-E(X)]^2\cdot p_k$$

其中 $P\{X=x_k\}=p_k(k=1,2\cdots)$ 是 X 的分布律.

对于连续型随机变量,则有:

$$D(X)=\int_{-\infty}^{+\infty}[x-E(X)]^2\cdot f(x)\mathrm{d}x$$

其中 $f(x)$ 是 X 的概率密度.

随机变量 X 的方差 $D(X)$ 也可按下式计算:

$$D(X)=E(X^2)-[E(X)]^2$$

这是因为:

$$\begin{aligned}D(X)&=E[X-E(X)]^2=E[X^2-2X\cdot E(X)+(E(X))^2]\\&=E(X^2)-2E(X)\cdot E(X)+[E(X)]^2\\&=E(X^2)-[E(X)]^2\end{aligned}$$

现在不妨来计算一下前述甲乙两种牌号手表的日走时误差的方差,由于 $E(X_1)=E(X_2)=0$,利用上式,有:

$D(X_1)=E(X_1^2)=(-1)^2\times0.1+0^2\times0.8+1^2\times0.1=0.2$

$D(X_2)=E(X_2^2)=(-2)^2\times0.1+(-1)^2\times0.2+0^2\times0.4+1^2\times0.2+2^2\times0.1=1.2$

显然有 $D(X_1)<D(X_2)$,故甲牌号优于乙牌号. 这样的比较比起前面的大段讨论当然要简洁得多了.

例 1 设随机变量 X 服从二点分布,其分布律为:

$$P\{X=0\}=1-p,P\{X=1\}=p$$

求 $D(X)$.

解

$$E(X)=0\times(1-p)+1\times p=p$$
$$E(X^2)=0^2\times(1-p)+1^2\times p=p$$

于是:

$$D(X)=E(X^2)-[E(X)]^2=p-p^2=p(1-p)$$

例 2　设随机变量 $X \sim \pi(\lambda)$，求 $D(X)$.

解　X 的分布律为：

$$P\{X=k\} = \frac{\lambda^k e^{-\lambda}}{k!} \quad (k=0,1,2\cdots;\lambda>0)$$

由前面知，$E(X)=\lambda$，而：

$$\begin{aligned} E(X^2) &= E[X(X-1)+X] = E[X(X-1)] + E(X) \\ &= \sum_{k=0}^{\infty} k(k-1)\frac{\lambda^k e^{-\lambda}}{k!} + \lambda = \lambda^2 e^{-\lambda}\sum_{k=2}^{\infty}\frac{\lambda^{k-2}}{(k-2)!} + \lambda \\ &= \lambda^2 e^{-\lambda} e^{\lambda} + \lambda = \lambda^2 + \lambda \end{aligned}$$

于是：

$$D(X) = E(X^2) - [E(X)]^2 = \lambda$$

由此可知，泊松分布的数学期望与方差相等，都等于参数 λ. 由于泊松分布只含一个参数 λ，因此只要知道它的数学期望或方差就能完全确定它的分布了.

例 3　设随机变量 $X \sim U(a,b)$，求 $D(X)$.

解　X 的概率密度为：

$$f(x) = \begin{cases} \dfrac{1}{b-a}, & a<x<b \\ 0, & \text{其他} \end{cases}$$

由前面知，$E(X)=\dfrac{a+b}{2}$，于是：

$$\begin{aligned} D(X) &= E(X^2) - [E(X)]^2 = \int_a^b x^2 \cdot \frac{1}{b-a}dx - \left(\frac{a+b}{2}\right)^2 \\ &= \frac{1}{b-a}\cdot\frac{b^3-a^3}{3} - \frac{(a+b)^2}{4} = \frac{(b-a)^2}{12} \end{aligned}$$

例 4　设随机变量 X 服从指数分布，其概率密度为：

$$f(x) = \begin{cases} \dfrac{1}{\lambda}e^{-\frac{x}{\lambda}}, & x>0 \\ 0, & \text{其他} \end{cases}$$

其中 $\lambda>0$，求 $D(X)$.

解

$$\begin{aligned} E(X^2) &= \int_{-\infty}^{+\infty} x^2 f(x)dx = \int_0^{+\infty} x^2 \cdot \frac{1}{\lambda}e^{-\frac{x}{\lambda}}dx = -\int_0^{+\infty} x^2 d(e^{-\frac{x}{\lambda}}) \\ &= -x^2 e^{-\frac{x}{\lambda}}\Big|_0^{+\infty} + \int_0^{+\infty} 2x e^{-\frac{x}{\lambda}}dx = -2\lambda\int_0^{+\infty} x d(e^{-\frac{x}{\lambda}}) \\ &= -2\lambda x \cdot e^{-\frac{x}{\lambda}}\Big|_0^{+\infty} + 2\lambda\cdot\int_0^{+\infty} e^{-\frac{x}{\lambda}}dx = -2\lambda^2 e^{-\frac{x}{\lambda}}\Big|_0^{+\infty} = 2\lambda^2 \end{aligned}$$

于是：

$$D(X) = E(X^2) - [E(X)]^2 = 2\lambda^2 - \lambda^2 = \lambda^2$$

例 5 设随机变量 $X \sim N(\mu,\sigma^2)$，求 $D(X)$.

解 $E(X)=\mu$，于是:

$$
\begin{aligned}
D(X) &= \int_{-\infty}^{+\infty}[x-E(X)]^2 f(x)\mathrm{d}x \\
&= \frac{1}{\sqrt{2\pi}\sigma}\int_{-\infty}^{+\infty}(x-\mu)^2 \mathrm{e}^{-\frac{(x-\mu)^2}{2\sigma^2}}\mathrm{d}x \quad (令\frac{x-\mu}{\sigma}=t) \\
&= \frac{1}{\sqrt{2\pi}}\int_{-\infty}^{+\infty}\sigma^2 t^2 \mathrm{e}^{-\frac{t^2}{2}}\mathrm{d}t \\
&= \frac{\sigma^2}{\sqrt{2\pi}}\int_{-\infty}^{+\infty}(-t)\mathrm{d}(\mathrm{e}^{-\frac{t^2}{2}}) \\
&= \frac{\sigma^2}{\sqrt{2\pi}}\left(-t\mathrm{e}^{-\frac{t^2}{2}}\Big|_{-\infty}^{+\infty}+\int_{-\infty}^{+\infty}\mathrm{e}^{-\frac{t^2}{2}}\mathrm{d}t\right) \\
&= \frac{\sigma^2}{\sqrt{2\pi}}\cdot\sqrt{2\pi}=\sigma^2
\end{aligned}
$$

由此可见，正态分布的第二个参数 σ 即为随机变量 X 的标准差，因而正态分布由它的数学期望和标准差唯一确定.

方差的性质:

设 X、Y 为随机变量，c 为常数，则有:

(1) $D(c)=0$

(2) $D(cX)=c^2D(X)$

(3) $D(X+c)=D(X)$

(4) $D(X\pm Y)=D(X)+D(Y)$ (X、Y 相互独立)

例 6 设离散型随机变量 ξ 的概率分布为:

ξ	-2	-1	0	1	2
p	$\frac{1}{10}$	$\frac{2}{5}$	$\frac{1}{10}$	$\frac{1}{10}$	$\frac{3}{10}$

求: $D(\xi)$，$D(-3\xi+1)$.

解 $E(\xi)=(-2)\times\frac{1}{10}+(-1)\times\frac{2}{5}+0\times\frac{1}{10}+1\times\frac{1}{10}+2\times\frac{3}{10}=\frac{1}{10}$

$E(\xi^2)=(-2)^2\times\frac{1}{10}+(-1)^2\times\frac{2}{5}+0^2\times\frac{1}{10}+1^2\times\frac{1}{10}+2^2\times\frac{3}{10}=\frac{21}{10}$

故

$$D(\xi)=E(\xi^2)-[E(\xi)]^2=2.09$$

$$D(-3\xi+1)=(-3)^2D(\xi)=9\times2.09=18.81$$

例 7 设连续型随机变量 ξ 的分布密度为:

$$f(x)=\begin{cases}\frac{1}{2\sqrt{x}}, & 0<x<1 \\ 0, & 其他\end{cases}$$

求：$D(\xi)$，$D(2\xi-1)$.

解
$$E(\xi)=\int_{-\infty}^{+\infty}xf(x)\mathrm{d}x=\int_0^1 x\cdot\frac{1}{2\sqrt{x}}\mathrm{d}x=\frac{1}{3}$$

$$E(\xi^2)=\int_{-\infty}^{+\infty}x^2f(x)\mathrm{d}x=\int_0^1\frac{x^2}{2\sqrt{x}}\mathrm{d}x=\frac{1}{5}$$

故
$$D(\xi)=E(\xi^2)-[E(\xi)]^2=\frac{4}{45}$$

$$D(2\xi-1)=D(2\xi)=2^2\cdot D(\xi)=4\times\frac{4}{45}=\frac{16}{45}$$

几种常见分布的数学期望和方差见表 4－2.

表 4－2

分布	参数	分布律或概率密度	数学期望	方差
二点分布	$0<p<1$	$P\{X=k\}=p^k(1-p)^{1-k},k=0,1$	p	$p(1-p)$
二项分布	$n\geqslant 1$ $0<p<1$	$P\{X=k\}=C_n^kp^k(1-p)^{n-k}$ $k=0,1,\cdots,n$	np	$np(1-p)$
泊松分布	$\lambda>0$	$P\{X=k\}=\dfrac{\lambda^k\mathrm{e}^{-\lambda}}{k!},k=0,1\cdots$	λ	λ
均匀分布	$a<b$	$f(x)=\begin{cases}\dfrac{1}{b-a}, & a<x<b\\0, & \text{其他}\end{cases}$	$\dfrac{a+b}{2}$	$\dfrac{(b-a)^2}{12}$
指数分布	$\lambda>0$	$f(x)=\begin{cases}\dfrac{1}{\lambda}\mathrm{e}^{-\frac{x}{\lambda}}, & x>0\\0, & \text{其他}\end{cases}$	λ	λ^2
正态分布	μ $\sigma>0$	$f(x)=\dfrac{1}{\sqrt{2\pi}\sigma}\mathrm{e}^{-\frac{(x-\mu)^2}{2\sigma^2}},\ -\infty<x<+\infty$	μ	σ^2

例 8　设 $E(X)=-2$，$E(X^2)=7$，求 $E(2-3X)$ 和 $D(2-3X)$.

解　$E(2-3X)=2-3E(X)=2-3\times(-2)=8$

$D(X)=E(X^2)-E^2(X)=7-(-2)^2=3$

$D(2-3X)=D(-3X)=9D(X)=27$

练习 4.4

1. 已知每次射击的命中率为 0.6，如果进行 10 次射击，用 X 表示命中的次数，求 $E(X)$，$D(X)$.

2. 在相同的条件下，用两种方法测量某零件的长度（单位：mm），由大量测量结果得到分布列见表 4－3.

表 4－3

长度 X	4.8	4.9	5.0	5.1	5.2
p_1	0.1	0.1	0.6	0.1	0.1
p_2	0.2	0.2	0.2	0.2	0.2

其中，p_1、p_2 分别表示1、2种方法的概率，试比较哪种方法的精确度较好.

3. 设随机变量 X 的密度为：

$$p(x)=\begin{cases}1+x, & -1\leqslant x\leqslant 0\\ 1-x, & 0<x\leqslant 1\\ 0, & \text{其他}\end{cases}$$

求 $D(X)$.

4. 设离散型随机变量 X 的分布律为：

X	-1	0	0.5	1	2
p	0.1	0.5	0.1	0.1	0.2

求 $E(X)$，$E(X^2)$，$D(X)$.

5. 盒中有5个球，其中有3个白球，2个黑球，从中任取两个球，求取出白球数 X 的期望和方差.

6. 设随机变量 X、Y 相互独立，它们的概率密度分别为：

$$f_X(x)=\begin{cases}2e^{-2x}, & x>0\\ 0, & x\leqslant 0\end{cases},\quad f_Y(y)=\begin{cases}4, & 0\leqslant x\leqslant \frac{1}{4}\\ 0, & \text{其他}\end{cases}$$

求 $D(X+Y)$.

7. 设随机变量 X 的概率密度为 $f_X(x)=\frac{1}{2}e^{-|x|}$，$-\infty<x<+\infty$，求 $D(X)$.

8. 设随机变量 X 与 Y 相互独立，且 $D(X)=1$，$D(Y)=2$，求 $D(X-Y)$.

9. 若连续型随机变量 X 的概率密度为 $f(x)=\begin{cases}ax^2+bx+c, & 0<x<1\\ 0, & \text{其他}\end{cases}$，且 $E(X)=0.5$，$D(X)=0.15$，求常数 a,b,c.

4.5　二维随机变量及其分布

4.5.1　二维随机变量

如果随机试验的结果需用两个随机变量 X 与 Y 的联合 (X,Y) 来描述，则称 (X,Y) 为一个二维随机变(或向)量.

1. 二维随机变量的分布函数

定义 4.11　设 (X,Y) 是二维随机变量，对于任意实数 x,y，二元函数：

$$F(x,y)=P\{(X\leqslant x)\cap(Y\leqslant y)\}=P\{X\leqslant x,Y\leqslant y\}$$

称为二维随机变量 (X,Y) 的分布函数，或称为随机变量 X 和 Y 的联合分布函数.

如果将二维随机变量 (X,Y) 看成平面上随机点的坐标，那么二维随机变量 (X,Y) 的分布函数 $F(x,y)$ 的几何意义就是随机点 (X,Y) 落在图 4－8 所示无穷矩形域内的概率.

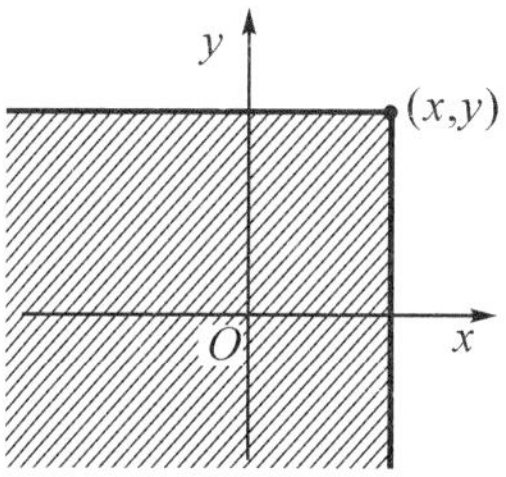

图 4－8

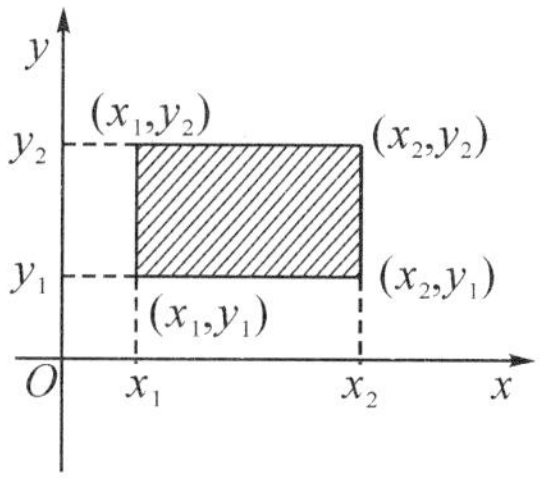

图 4－9

$F(x,y)$ 是一个普通的二元函数，它的定义域是 R^2. $F(x,y)$ 具有以下性质：

性质 1　$0\leqslant F(x,y)\leqslant 1$，且对于任意固定的 y，$F(-\infty,y)=0$；对于任意固定的 x，$F(x,-\infty)=0$；$F(-\infty,-\infty)=0$；$F(+\infty,+\infty)=1$.

性质 2　对于任意的 $x_1<x_2$ 和固定的 y，都有 $F(x_2,y)\geqslant F(x_1,y)$；对于任意的 $y_1<y_2$ 和固定的 x，都有 $F(x,y_1)\leqslant F(x,y_2)$.

性质 3　$F(x,y)=F(x^+,y)$；$F(x,y)=F(x,y^+)$，即 $F(x,y)$ 关于 x 右连续，关于 y 也右连续.

性质 4　对于任意 (x_1,y_1)，(x_2,y_2)，$x_1<x_2$，$y_2<y_2$(见图 4－9)，下述不等式成立：

$$F(x_2,y_2)-F(x_2,y_1)+F(x_1,y_1)-F(x_1,y_2)\geqslant 0$$

2. 二维离散型随机变量的分布

若二维随机变量 (X,Y) 只能取有限对或可列无穷对值，则称 (X,Y) 为二维离散型随机变量.

设二维离散型随机变量 (X,Y) 的所有可能取值为 (x_i,y_j) $(i,j=1,2\cdots)$ 且：

$$P\{X=x_i,Y=y_j\}=p_{ij}\quad(i,j=1,2\cdots)$$

则称 $P\{X=x_i,Y=y_j\}=p_{ij}(i,j=1,2\cdots)$ 为二维离散型随机变量 (X,Y) 的分布律，或随机变量 X 和 Y 的联合分布律.

由概率的定义知：

$$p_{ij}\geqslant 0,\sum_{i=1}^{\infty}\sum_{j=1}^{\infty}p_{ij}=1$$

我们经常用表 4－4 表示 X 和 Y 的联合分布.

表 4－4

$X \backslash Y$	y_1	y_2	$\cdots$	y_j	$\cdots$
x_1	p_{11}	p_{12}	$\cdots$	p_{1j}	$\cdots$
x_2	p_{21}	p_{22}	$\cdots$	p_{2j}	$\cdots$
$\vdots$	$\vdots$	$\vdots$		$\vdots$	
x_i	p_{i1}	p_{i2}	$\cdots$	p_{ij}	$\cdots$
$\vdots$	$\vdots$	$\vdots$		$\vdots$	

例 1　袋中装有 4 个球，每个球上编号分别是 1，2，2，3，今随机从中 1 次取 1 球，无放回地取 2 次，以 X、Y 分别记第 1 次和第 2 次所取球的编号，求 (X,Y) 的分布律.

解　记 $x_i=i(i=1,2,3)$，$y_j=j(j=1,2,3)$，依题意，有：

$$p_{11}=P\{X=x_1,Y=y_1\}=P\{X=1,Y=1\}=0$$

$$p_{12}=P\{X=x_1,Y=y_2\}=P\{X=1,Y=2\}=P\{X=1\}\cdot P\{Y=2|X=1\}$$

$$=\frac{1}{4}\cdot\frac{2}{3}=\frac{1}{6}$$

$$\vdots$$

类似地，求出：

$$p_{31}=\frac{1}{4}\cdot\frac{1}{3}=\frac{1}{12}$$

$$p_{32}=P\{X=3,Y=2\}=P\{X=3\}\cdot P\{Y=2|X=3\}$$

$$=\frac{1}{4}\cdot\frac{2}{3}=\frac{1}{6}$$

于是，(X,Y) 的分布律为：

X \ Y	1	2	3
1	0	$\frac{1}{6}$	$\frac{1}{12}$
2	$\frac{1}{6}$	$\frac{1}{6}$	$\frac{1}{6}$
3	$\frac{1}{12}$	$\frac{1}{6}$	0

3. 二维连续型随机变量的分布

定义 4.12　对二维随机变量(X,Y)的分布函数$F(x,y)$，如果存在非负函数$f(x,y)$，使对任意的实数对(x,y)都有：

$$F(x,y)=\int_{-\infty}^{y}\int_{-\infty}^{x}f(u,v)\,\mathrm{d}u\mathrm{d}v$$

则称(X,Y)为二维连续型随机变量，非负函数$f(x,y)$称为二维随机变量(X,Y)的联合概率密度，简称分布密度.

由此定义的二维连续型随机变量(X,Y)的联合概率密度$f(x,y)$具有下列性质：

性质 1　$f(x,y)\geqslant 0$

性质 2　$\int_{-\infty}^{+\infty}\int_{-\infty}^{+\infty}f(x,y)\,\mathrm{d}x\mathrm{d}y=1$

性质 3　若$f(x,y)$在点(x_0,y_0)处连续，$F(x,y)$在点(x_0,y_0)的某个邻域内的二阶混合偏导数$F''_{xy}(x,y)$存在，且在点(x_0,y_0)处连续，则有：

$$\frac{\partial^2 F(x,y)}{\partial x\partial y}=f(x_0,y_0)$$

性质 4　设G为xOy平面上的一个区域，则随机点(X,Y)落在G内的概率为：

$$P\{(X,Y)\in G\}=\iint_G f(x,y)\,\mathrm{d}\sigma$$

例 2　已知(X,Y)的概率密度为：

$$f(x,y)=\begin{cases}A\mathrm{e}^{-(2x+3y)}, & x>0,y>0\\ 0, & \text{其他}\end{cases}$$

试求：(1)常数A；(2)$P\{0\leqslant X<1,0\leqslant Y<2\}$；(3)$(X,Y)$的分布函数$F(x,y)$.

解　(1)因$f(x,y)$是概率密度，所以：

$$1=\int_{-\infty}^{+\infty}\int_{-\infty}^{+\infty}f(x,y)\,\mathrm{d}x\mathrm{d}y=A\int_0^{+\infty}\mathrm{d}x\int_0^{+\infty}\mathrm{e}^{-(2x+3y)}\mathrm{d}y$$

$$=A\int_0^{+\infty}\mathrm{e}^{-2x}\mathrm{d}x\int_0^{+\infty}\mathrm{e}^{-3y}=\frac{1}{6}A$$

由此可得$A=6$.

(2)$P\{0\leqslant X<1,0\leqslant Y<2\}=\int_0^1\mathrm{d}x\int_0^2 6\mathrm{e}^{-(2x+3y)}\mathrm{d}y=6\int_0^1\mathrm{e}^{-2x}\mathrm{d}x\int_0^1\mathrm{e}^{-3y}\mathrm{d}y$

$$= 6\left(-\frac{1}{2}e^{-2x}\right)\Big|_0^1 \cdot \left(-\frac{1}{3}e^{-3y}\right)\Big|_0^2 = (1-e^{-2})(1-e^{-6})$$

$$(3)F(x,y) = \int_{-\infty}^{x}\int_{-\infty}^{y} f(u,v)\,du\,dv$$

$$= \begin{cases} \int_0^x\int_0^y 6e^{-(2x+3y)}\,du\,dv = (1-e^{-2x})(1-e^{-3y}), & x>0, y>0 \\ 0, & 其他 \end{cases}$$

4.5.2 边缘分布

(X,Y)为二维随机变量的同时，X,Y又都是一维随机变量，我们自然会想到(X,Y)的联合分布与X,Y的分布有何关系？有时，也需要由已知的(X,Y)的联合分布去了解X,Y的分布，这便产生了边缘分布.

定义 4.13　设(X,Y)的分布函数为$F(x,y)$，则：

$$F_X(x) = P\{X \leqslant x\} = P\{X \leqslant x, Y < +\infty\} = \lim_{y\to+\infty} F(x,y) = F(x,+\infty)$$

$$F_Y(y) = P\{Y \leqslant y\} = P\{X < +\infty, Y < y\} = \lim_{x\to+\infty} F(x,y) = F(+\infty,y)$$

分别称为(X,Y)关于X和Y的边缘分布函数，或称$F_X(x)$为X的边缘分布函数，$F_Y(y)$为Y的边缘分布函数.

1. 二维离散型随机变量的边缘分布

对于离散型随机变量(X,Y)，X和Y的分布律分别称为二维随机变量(X,Y)关于X和关于Y的边缘分布律.

设(X,Y)的联合分布律为：

X \ Y	y_1	y_2	…	y_j	…
x_1	p_{11}	p_{12}	…	p_{1j}	…
x_2	p_{21}	p_{22}	…	p_{2j}	…
⋮	⋮	⋮		⋮	
x_i	p_{i1}	p_{i2}	…	p_{ij}	…
⋮	⋮	⋮		⋮	

或写成：

$$P\{X=x_i, Y=y_j\} = p_{ij} \quad (i,j=1,2\cdots)$$

由于$\{Y=y_1\}\cup\{Y=y_2\}\cup\cdots\cup\{Y=y_n\}\cup\cdots=U$且$\{Y=y_i\}\cap\{Y=y_j\}=\varnothing(i \pm j)$

$$P\{X=x_i\} = P\{X=x_i, U\}$$
$$= P\{(X=x_i,Y=y_1)\cup P(X=x_i,Y=y_2)\cup\cdots\cup P(X=x_i,Y=y_n)\cup\cdots\}$$

所以：

$$P\{X=x_i\}=\sum_{j=1}^{\infty}P\{X=x_i,Y=y_j\}=\sum_{j=1}^{\infty}p_{ij}=p_{i\cdot}$$

由此,得(X,Y)关于X的边缘分布律为:

$$p_{i\cdot}=\sum_{j=1}^{\infty}p_{ij}\quad(i=1,2\cdots)$$

或写成:

X	x_1	x_2	$\cdots$	x_i	$\cdots$
$p_{i\cdot}$	$p_{1\cdot}$	$p_{2\cdot}$	$\cdots$	$p_{i\cdot}$	$\cdots$

同理,可定义(X,Y)关于Y的边缘分布律为

$$p_{\cdot j}=\sum_{i=1}^{\infty}p_{ij}\quad(j=1,2\cdots)$$

或写成:

Y	y_1	y_2	$\cdots$	y_j	$\cdots$
$p_{\cdot j}$	$p_{\cdot 1}$	$p_{\cdot 2}$	$\cdots$	$p_{\cdot j}$	$\cdots$

事实上,将(X,Y)的联合分布律的表格中的第i行各数相加,即得$p_{i\cdot}$,将第j列各数相加即得$p_{\cdot j}$,见表4-5.

表4-5

X \ Y	y_1	y_2	$\cdots$	y_j	$\cdots$	$p_{i\cdot}$
x_1	p_{11}	p_{12}	$\cdots$	p_{1j}	$\cdots$	$p_{1\cdot}$
x_2	p_{21}	p_{22}	$\cdots$	p_{2j}	$\cdots$	$p_{2\cdot}$
$\vdots$	$\vdots$	$\vdots$		$\vdots$		$\vdots$
x_i	p_{i1}	p_{i2}	$\cdots$	p_{ij}	$\cdots$	$p_{i\cdot}$
$\vdots$	$\vdots$	$\vdots$		$\vdots$		$\vdots$
$p_{\cdot j}$	$p_{\cdot 1}$	$p_{\cdot 2}$	$\cdots$	$p_{\cdot j}$	$\cdots$	1

例3　设袋中装有3个球,分别标有号码1、2、3,从中随机取1球,不放回袋中,再随机取1球,用X、Y分别表示第1次、第2次取得的球上的号码,试求(X,Y)的联合分布律及边缘分布律.

解　(X,Y)可能取的值为数组:(1,2),(1,3),(2,1),(2,3),(3,1),(3,2),由乘法分式,得:

$$p_{ij}=P\{X=x_i,Y=y_j\}=P\{X=x_i\}\cdot P\{Y=y_j|X=x_i\}$$

故:

X \ Y	1	2	3	$p_{i\cdot}$
1	0	$\frac{1}{6}$	$\frac{1}{6}$	$\frac{1}{3}$
2	$\frac{1}{6}$	0	$\frac{1}{6}$	$\frac{1}{3}$
3	$\frac{1}{6}$	$\frac{1}{6}$	0	$\frac{1}{3}$
$p_{\cdot j}$	$\frac{1}{3}$	$\frac{1}{3}$	$\frac{1}{3}$	1

即关于 X,Y 的边缘分布律分别为：

X	1	2	3
$p_{i\cdot}$	$\frac{1}{3}$	$\frac{1}{3}$	$\frac{1}{3}$

Y	1	2	3
$p_{\cdot j}$	$\frac{1}{3}$	$\frac{1}{3}$	$\frac{1}{3}$

2. 二维连续型随机变量的边缘分布

设(X,Y)为二维连续型随机变量，$F(x,y)$，$f(x,y)$分别是(X,Y)的联合分布函数和联合概率密度，则有：

$$F(x,y)=\int_{-\infty}^{x}\int_{-\infty}^{y}f(u,v)\,\mathrm{d}u\mathrm{d}v$$

由 $F_X(x)=F(x,+\infty)$及 $F_Y(y)=F(+\infty,y)$，可得关于 X 和关于 Y 的边缘分布函数为：

$$F_X(x)=\int_{-\infty}^{x}\int_{-\infty}^{+\infty}f(u,v)\,\mathrm{d}u\mathrm{d}v=\int_{-\infty}^{x}\left[\int_{-\infty}^{+\infty}f(u,v)\,\mathrm{d}v\right]\mathrm{d}u$$

$$F_Y(y)=\int_{-\infty}^{+\infty}\int_{-\infty}^{y}f(u,v)\,\mathrm{d}u\mathrm{d}v=\int_{-\infty}^{y}\left[\int_{-\infty}^{+\infty}f(u,v)\,\mathrm{d}u\right]\mathrm{d}v$$

(X,Y)关于 X,Y 的边缘概率密度分别为：

$$f_X(x)=F'_X(x)=\int_{-\infty}^{+\infty}f(x,y)\,\mathrm{d}y$$

$$f_Y(y)=F'_Y(y)=\int_{-\infty}^{+\infty}f(x,y)\,\mathrm{d}x$$

例 4 设随机变量(X,Y)的概率密度为：

$$f(x,y)=\begin{cases}\dfrac{6-x-y}{8}, & 0<x<2,2<y<4\\ 0, & 其他\end{cases}$$

求边缘概率密度.

解

$$f_X(x)=\int_{-\infty}^{+\infty}f(x,y)\,\mathrm{d}y=\begin{cases}\dfrac{1}{8}\displaystyle\int_2^4(6-x-y)\,\mathrm{d}y, & 0<x<2\\ 0, & 其他\end{cases}$$

$$=\begin{cases}\dfrac{3-x}{4}, & 0<x<2\\ 0, & 其他\end{cases}$$

同理,得:

$$f_Y(y)=\begin{cases}\dfrac{5-y}{4}, & 2<y<4\\ 0, & 其他\end{cases}$$

4.5.3　独立性

在讨论随机事件的关系时,我们学习了随机事件的相互独立性,很自然会联想到随机变量之间的相互独立性.

设 $F(x,y)$、$F_X(x)$、$F_Y(y)$ 分别是二维随机变量 (X,Y) 的联合分布函数和边缘分布函数,如果对于任意实数 x,y 都有:

$$P\{X\leqslant x,Y\leqslant y\}=P\{X\leqslant x\}\cdot P\{Y\leqslant y\}$$

即:

$$F(x,y)=F_X(x)\cdot F_Y(y)$$

则称随机变量 X 与 Y 是相互独立的.

关于随机变量 X、Y 的相互独立性,我们有以下性质:

性质1　设 (X,Y) 是离散型随机变量,则 X 与 Y 相互独立的充要条件是,对 (X,Y) 的所有可能取值 $(x_i,y_j)(i,j=1,2\cdots)$,均有:

$$P\{X=x_i,Y=y_j\}=P\{X\leqslant x_i\}\cdot P\{Y\leqslant y_j\}$$

即
$$p_{ij}=p_{i\cdot}\cdot p_{\cdot j}\quad(i,j=1,2\cdots)$$

性质2　设 $f(x,y)$ 和 $f_X(x)$、$f_Y(y)$ 分别是 X 与 Y 的联合概率密度和边缘概率密度,则 X 与 Y 相互独立的充要条件是对于任意的 x、y 都有:

$$f(x,y)=f_X(x)\cdot f_Y(y)$$

例5　设 (X,Y) 的联合分布律为:

X \ Y	-1	1	2
0	$\frac{1}{12}$	0	$\frac{3}{12}$
$\frac{3}{2}$	$\frac{2}{12}$	$\frac{1}{12}$	$\frac{1}{12}$
$\frac{1}{2}$	$\frac{3}{12}$	$\frac{1}{12}$	0

试问随机变量 X 与 Y 是否相互独立?

解 判断 X 与 Y 是否相互独立,应验证 (X,Y) 的一切可能取值 $(x_i,y_j)(i,j=1,2\cdots)$ 是否都满足 $p_{ij}=p_{i\cdot}\cdot p_{\cdot j}$,只要存在某一对 i、j,使 $p_{ij}\neq p_{i\cdot}\cdot p_{\cdot j}$,则 Y 与 X 不相互独立.

由于:

$$P\{X=0,Y=-1\}=\frac{1}{12}\neq P\{X=0\}\cdot P\{Y=-1\}=\frac{1}{3}\cdot\frac{1}{2}=\frac{1}{6}$$

所以,X 与 Y 不相互独立.

例 6 设 (X,Y) 具有联合概率密度:

$$f(x,y)=\begin{cases}Ax^2y, & 0\leqslant x\leqslant 1,0\leqslant y\leqslant 2\\ 0, & \text{其他}\end{cases}$$

(1)求常数 A;(2)讨论 X 与 Y 的相互独立性.

解 (1) $1=\int_{-\infty}^{+\infty}\int_{-\infty}^{+\infty}f(x,y)\mathrm{d}x\mathrm{d}y=A\int_0^1\mathrm{d}x\int_0^2 x^2y\mathrm{d}y=\frac{2A}{3}$

故:

$$A=\frac{3}{2}$$

即

$$f(x,y)=\begin{cases}\frac{3}{2}x^2y, & 0\leqslant x\leqslant 1,0\leqslant y\leqslant 2\\ 0, & \text{其他}\end{cases}$$

(2) $f_X(x)=\int_{-\infty}^{+\infty}f(x,y)\mathrm{d}y=\begin{cases}\int_0^2\frac{3}{2}x^2y\mathrm{d}y=3x^2, & 0\leqslant x\leqslant 1\\ 0, & \text{其他}\end{cases}$

$$f_Y(y)=\int_{-\infty}^{+\infty}f(x,y)\mathrm{d}x=\begin{cases}\int_0^1\frac{3}{2}x^2y\mathrm{d}x=\frac{y}{2}, & 0\leqslant y\leqslant 2\\ 0, & \text{其他}\end{cases}$$

$$f_X(x)\cdot f_Y(y)=\begin{cases}\frac{3}{2}x^2y, & 0\leqslant x\leqslant 1,0\leqslant y\leqslant 2\\ 0, & \text{其他}\end{cases}$$

显然,对任意实数 x、y,均有:

$$f(x,y)=f_X(x)\cdot f_Y(y)$$

故随机变量 X 与 Y 相互独立.

*4.5.4 协方差和相关系数

对于二维随机变量 (X,Y),数学期望 $E(X)$、$E(Y)$ 只反映了 X 与 Y 各自的平均值,方差 $D(X)$、$D(Y)$ 只反映了 X 与 Y 各自对均值的偏离程度,它们对 X 与 Y 之间的相互联系不提供任何信息. 前面已经指出,二维随机变量 (X,Y) 的概率密度 $f(x,y)$ 或分布律 p_{ij} 全面描述了 (X,Y) 的统计规律,其中包含有 X 与 Y 相互联系的内容. 同数学期望和方差一样，当然也希望有一个数字特征能够在一定程度上反映二维随机变量的这种关系.

由数学期望的性质可知，当 X 与 Y 相互独立时：

$$E[(X-E(X))(Y-E(Y))]=0$$

即当 $E[(X-E(X))(Y-E(Y))]\neq 0$ 时，X 与 Y 肯定不相互独立，这说明 $E[(X-E(X))\cdot(Y-E(Y))]$ 的数值在一定程度上反映了 X 与 Y 相互间的联系，因而我们引入定义 4.14.

定义 4.14　$E[(X-E(X))(Y-E(Y))]$ 称为随机变量 X 与 Y 的协方差，记为 $\mathrm{cov}(X,Y)$，即：

$$\mathrm{cov}(X,Y)=E[(X-E(X))(Y-E(Y))]$$

对于任意两个随机变量 X 与 Y，有：

$$\mathrm{cov}(X,Y)=E(XY)-E(X)\cdot E(Y)$$

$$D(X\pm Y)=D(X)+D(Y)\pm 2\mathrm{cov}(X,Y)$$

协方差具有下列性质：

性质 1　$\mathrm{cov}(X,Y)=\mathrm{cov}(Y,X)$.

性质 2　$\mathrm{cov}(aX,bY)=ab\mathrm{cov}(X,Y)$，其中 a,b 为任意常数.

性质 3　$\mathrm{cov}(X_1+X_2,Y)=\mathrm{cov}(X_1,Y)+\mathrm{cov}(X_2,Y)$.

以上性质可由定义直接推出，请读者自己完成证明.

例 7　设随机变量 (X,Y) 服从二维正态分布，概率密度为：

$$f(x,y)=\frac{1}{2\pi\sigma_1\sigma_2\sqrt{1-\rho^2}}\mathrm{e}^{-\frac{1}{2(1-\rho^2)}\left[(\frac{x-\mu_1}{\sigma_1})^2-2\rho\frac{x-\mu_1}{\sigma_1}\cdot\frac{y-\mu_2}{\sigma_2}+(\frac{y-\mu_2}{\sigma_2})^2\right]}$$

求 $\mathrm{cov}(X,Y)$.

解　由于 (X,Y) 的边缘概率密度为：

$$f_X(x)=\frac{1}{2\sqrt{2\pi}\sigma_1}\mathrm{e}^{-\frac{(x-\mu_1)^2}{2\sigma_1^2}},\quad -\infty<x<+\infty$$

$$f_Y(y)=\frac{1}{2\sqrt{2\pi}\sigma_2}\mathrm{e}^{-\frac{(x-\mu_2)^2}{2\sigma_2^2}},\quad -\infty<x<+\infty$$

于是有：

$$E(X)=\mu_1,E(Y)=\mu_2$$

$$D(X)=\sigma_1^2,D(Y)=\sigma_2^2$$

而：

$$\begin{aligned}&\mathrm{cov}(X,Y)\\&=\int_{-\infty}^{+\infty}\int_{-\infty}^{+\infty}(x-\mu_1)(y-\mu_2)\frac{1}{2\pi\sigma_1\sigma_2\sqrt{1-\rho^2}}\mathrm{e}^{-\frac{1}{2(1-\rho^2)}\left[(\frac{x-\mu_1}{\sigma_1})^2-2\rho\frac{x-\mu_1}{\sigma_1}\cdot\frac{y-\mu_2}{\sigma_2}+(\frac{y-\mu_2}{\sigma_2})^2\right]}\mathrm{d}x\mathrm{d}y\\&=\frac{1}{2\pi\sigma_1\sigma_2\sqrt{1-\rho^2}}\int_{-\infty}^{+\infty}\int_{-\infty}^{+\infty}(x-\mu_1)(y-\mu_2)\mathrm{e}^{-\frac{1}{2(1-\rho^2)}\left[(\frac{x-\mu_1}{\sigma_1})^2-2\rho\frac{x-\mu_1}{\sigma_1}\cdot\frac{y-\mu_2}{\sigma_2}+(\frac{y-\mu_2}{\sigma_2})^2\right]}\mathrm{d}x\mathrm{d}y\end{aligned}$$

令 $t = \frac{1}{\sqrt{1-\rho^2}}\left(\frac{x-\mu_1}{\sigma_1} - \rho\frac{y-\mu_2}{\sigma_2}\right), u = \frac{y-\mu_2}{\sigma_2}$，则有：

$$\begin{aligned}\mathrm{cov}(X,Y) &= \frac{1}{2\pi}\int_{-\infty}^{+\infty}\int_{-\infty}^{+\infty}(\sigma_1\sigma_2\sqrt{1-\rho^2}tu + \rho\sigma_1\sigma_2u^2)\mathrm{e}^{-\frac{t^2}{2}-\frac{u^2}{2}}\mathrm{d}t\mathrm{d}u \\ &= \frac{\sigma_1\sigma_2\sqrt{1-\rho^2}}{2\pi}\int_{-\infty}^{+\infty}t\mathrm{e}^{-\frac{t^2}{2}}\mathrm{d}t\int_{-\infty}^{+\infty}u\mathrm{e}^{-\frac{u^2}{2}}\mathrm{d}u + \frac{\rho\sigma_1\sigma_2}{2\pi}\int_{-\infty}^{+\infty}\mathrm{e}^{-\frac{t^2}{2}}\mathrm{d}t\int_{-\infty}^{+\infty}u^2\mathrm{e}^{-\frac{u^2}{2}}\mathrm{d}u \\ &= \frac{\rho\sigma_1\sigma_2}{2\pi}\sqrt{2\pi}\sqrt{2\pi} = \rho\sigma_1\sigma_2\end{aligned}$$

由此结果还可以推出二维正态分布的第5个参数 ρ 的概率意义：

$$\rho = \frac{\mathrm{cov}(X,Y)}{\sigma_1\sigma_2} = \frac{\mathrm{cov}(X,Y)}{\sqrt{D(X)}\sqrt{D(Y)}}$$

即 ρ 是 X,Y 的标准化随机变量的协方差.

由以上叙述可知，如果协方差 $\mathrm{cov}(X,Y)\neq 0$，则 X 与 Y 不相互独立而存在一定关系. 但需指出，协方差 $\mathrm{cov}(X,Y)=0$ 只是 X 与 Y 独立的必要条件而非充分条件. 但对 (X,Y) 服从二维正态分布的情况，我们已知道 $\rho=0$ 是 X 与 Y 相互独立的充要条件，而由上式不难看出，$\rho=0$ 和 $\mathrm{cov}(X,Y)=0$ 是等价的，所以对于二维正态分布而言，$\mathrm{cov}(X,Y)=0$ 也是 X 与 Y 相互独立的充要条件. 但要注意，对于一般情况的二维分布，充分性是不成立的.

定义4.15 设 X 与 Y 是两个随机变量，则：

$$\frac{\mathrm{cov}(X,Y)}{\sigma(X)\sigma(Y)}$$

称为随机变量 X 与 Y 的相关系数，记为 ρ_{XY} 或 ρ，即：

$$\rho_{XY} = \frac{\mathrm{cov}(X,Y)}{\sigma(X)\sigma(Y)}$$

例8 设随机变量 (X,Y) 的概率密度为：

$$f(x,y) = \begin{cases}\frac{1}{\pi}, & x^2+y^2\leqslant 1 \\ 0, & \text{其他}\end{cases}$$

试证 X 与 Y 不相关，且 X 与 Y 也不相互独立.

证明 由于：

$$E(X) = \mu_1 = \int_{-\infty}^{+\infty}\int_{-\infty}^{+\infty}xf(x,y)\mathrm{d}x\mathrm{d}y = \frac{1}{\pi}\int_0^{2\pi}\int_0^1 r\cos\theta\cdot r\mathrm{d}r\mathrm{d}\theta = 0$$

$$E(Y) = \mu_2 = \int_{-\infty}^{+\infty}\int_{-\infty}^{+\infty}yf(x,y)\mathrm{d}x\mathrm{d}y = \frac{1}{\pi}\int_0^{2\pi}\int_0^1 r\sin\theta\cdot r\mathrm{d}r\mathrm{d}\theta = 0$$

于是：

$$\begin{aligned}\mathrm{cov}(X,Y) &= \int_{-\infty}^{+\infty}\int_{-\infty}^{+\infty}(x-\mu_1)(y-\mu_2)f(x,y)\mathrm{d}x\mathrm{d}y \\ &= \frac{1}{\pi}\int_0^{2\pi}\int_0^1 r^2\sin\theta\cos\theta\cdot r\mathrm{d}r\mathrm{d}\theta = 0\end{aligned}$$

即 X 与 Y 是不相关的.

又由于：

$$f_X(x)=\int_{-\infty}^{+\infty}f(x,y)\mathrm{d}y$$

$$=\begin{cases}\dfrac{1}{\pi}\displaystyle\int_{-\sqrt{1-x^2}}^{\sqrt{1-x^2}}\mathrm{d}y=\dfrac{2}{\pi}\sqrt{1-x^2}\ , & -1\leqslant x\leqslant 1\\ 0 & , \text{其他}\end{cases}$$

$$f_Y(y)=\int_{-\infty}^{+\infty}f(x,y)\mathrm{d}x$$

$$=\begin{cases}\dfrac{1}{\pi}\displaystyle\int_{-\sqrt{1-y^2}}^{\sqrt{1-y^2}}\mathrm{d}x=\dfrac{2}{\pi}\sqrt{1-y^2}\ , & -1\leqslant y\leqslant 1\\ 0 & , \text{其他}\end{cases}$$

于是：

$$f(x,y)\neq f_X(x)\cdot f_Y(y)$$

故 X 与 Y 不相互独立.

性质 4　对随机变量 X 与 Y，下列结论是等价的：

(1) $\mathrm{cov}(X,Y)=0$；

(2) X 与 Y 不相关；

(3) $E(XY)=E(X)\cdot E(Y)$；

(4) $D(X\pm Y)=D(X)+D(Y)$.

练习 4.5

1. 已知 10 件产品中有 3 件一等品，5 件二等品，2 件三等品，从这批产品中任取 4 件产品，求其中一等品、二等品件数的二维概率分布.

2. 函数 $f(x,y)=\begin{cases}c\mathrm{e}^{-(x+y)}\ , & x>0,y>0\\ 0\ , & \text{其他}\end{cases}$ 是否可为 (X,Y) 的概率密度.

3. 设随机变量 (X,Y) 的概率密度为 $f(x,y)=\begin{cases}k(6-x-y)\ , & 0<x<2,2<y<4\\ 0\ , & \text{其他}\end{cases}$

(1) 确定常数 k；(2) 求 $P\{X<1,Y\leqslant 3\}$；(3) 求 $P\{X<1.5\}$；(4) 求 $P\{X+Y\leqslant 4\}$.

4. 将一硬币抛掷 3 次，以 X 表示 3 次中出现正面的次数，以 Y 表示 3 次中出现正面次数与出现反面次数之差的绝对值，试写出 X 和 Y 的联合分布律以及 (X,Y) 的边缘分布律.

5. 设二维随机变量 (X,Y) 的概率密度为：

$$f(x,y)=\begin{cases}ky(2-x)\ , & 0\leqslant x\leqslant 1,0\leqslant y\leqslant x\\ 0\ , & \text{其他}\end{cases}$$

试求常数 k 及边缘概率密度函数 $f_X(x)$ 及 $f_Y(y)$，并判断 X 与 Y 是否相互独立.

6. 设随机变量(X,Y)的联合分布律为：

X \ Y	-1	1	2
-1	$\frac{1}{8}$	$\frac{1}{8}$	$\frac{1}{8}$
0	$\frac{1}{8}$	0	$\frac{1}{8}$
1	$\frac{1}{8}$	$\frac{1}{8}$	$\frac{1}{8}$

试验证X和Y不相关，且X与Y也不相互独立.

7. 已知三个随机变量X、Y、Z的$E(X)=E(Y)=1$，$E(Z)=-1$，$D(X)=D(Y)=D(Z)=1$，$\rho_{XY}=0$，$\rho_{XZ}=\frac{1}{2}$，$\rho_{YZ}=-\frac{1}{2}$，求：$E(X+Y+Z)$，$D(X+Y+Z)$.

8. 设随机变量X、Y的方差分别为25、36，相关系数为0.4，求$D(X+Y)$及$D(X-Y)$.

习题四

一、选择题

1. 设一批产品共有1 000件，其中有50件次品，从中随机地、有放回地抽取500件产品，X表示抽到次品的件数，则$P\{X=3\}=(\quad)$.

A. $\dfrac{C_{50}^{3}C_{950}^{497}}{C_{1\,000}^{500}}$　　B. $\dfrac{A_{50}^{3}A_{950}^{497}}{A_{1\,000}^{500}}$

C. $C_{500}^{3}(0.05)^{3}(0.95)^{497}$　　D. $\dfrac{3}{500}$

2. 设随机变量$X\sim B(4,0.2)$，$P\{X>3\}=(\quad)$.

A. 0.001 6　　B. 0.027 2

C. 0.409 6　　D. 0.819 2

3. 设随机变量X的分布函数为$F(x)$，下列结论中不一定成立的是$(\quad)$.

A. $F(+\infty)=1$　　B. $F(-\infty)=0$

C. $0\leqslant F(x)\leqslant 1$　　D. $F(x)$为连续函数

4. 下列各函数中可以是随机变量分布函数的为$(\quad)$.

A. $F_1(x)=\dfrac{1}{1+x^2}$，　$-\infty<x<+\infty$

B. $F_2(x)=\begin{cases}0, & x\leqslant 0\\ \dfrac{x}{1+x}, & x>0\end{cases}$

C. $F_3(x)=e^{-x}, \quad -\infty<x<+\infty$

D. $F_4(x)=\dfrac{3}{4}+\dfrac{1}{2\pi}\arctan x, \quad -\infty<x<+\infty$

5. 设随机变量 X 的概率密度为 $f(x)=\begin{cases}\dfrac{a}{x^2}, & x>10\\ 0, & x\leqslant 10\end{cases}$，则常数 $a=$(　　).

A. -10

B. $-\dfrac{1}{500}$

C. $\dfrac{1}{500}$

D. 10

6. 如果函数 $f(x)=\begin{cases}x, a\leqslant x\leqslant b\\ 0, \text{其他}\end{cases}$ 是某连续型随机变量的概率密度，则区间 $[a,b]$ 可以是(　　).

A. $[0,1]$

B. $[0,2]$

C. $[0,\sqrt{2}]$

D. $[1,2]$

7. 设随机变量 X 的取值范围是 $[-1,1]$，以下函数可以作为 X 的概率密度的是(　　).

A. $\begin{cases}\dfrac{1}{2}, & -1<x<1\\ 0, & \text{其他}\end{cases}$

B. $\begin{cases}2, & -1<x<1\\ 0, & \text{其他}\end{cases}$

C. $\begin{cases}x, & -1<x<1\\ 0, & \text{其他}\end{cases}$

D. $\begin{cases}x^2, & -1<x<1\\ 0, & \text{其他}\end{cases}$

8. 设连续型随机变量 X 的概率密度为 $f(x)=\begin{cases}\dfrac{x}{2}, & 0<x<2\\ 0, & \text{其他}\end{cases}$，则 $P\{-1\leqslant x\leqslant 1\}=$(　　).

A. 0

B. 0.25

C. 0.5

D. 1

9. 设随机变量 $X\sim U(2,4)$，则 $P\{3<X<4\}=$(　　).

A. $P\{2.25<X<3.25\}$

B. $P\{1.5<X<2.5\}$

C. $P\{3.5<X<4.5\}$

D. $P\{4.5<X<5.5\}$

10. 设随机变量 X 的概率密度为 $f(x)=\dfrac{1}{2\sqrt{2\pi}}e^{-\frac{(x+1)^2}{8}}$，则 $X\sim$(　　).

A. $N(-1,2)$

B. $N(-1,4)$

C. $N(-1,8)$

D. $N(-1,16)$

11. 已知随机变量 X 的概率密度为 $f_X(x)$，令 $Y=-2X$，则 Y 的概率密度 $f_Y(y)$ 为(　　).

A. $2f_X(-2y)$　　B. $f_X\left(-\frac{y}{2}\right)$

C. $-\frac{1}{2}f_X\left(-\frac{y}{2}\right)$　　D. $\frac{1}{2}f_X\left(\frac{y}{2}\right)$

12. 设随机变量 X 服从参数为 0.5 的指数分布，则下列各项中正确的是(　　).

A. $E(X)=0.5, D(X)=0.25$　　B. $E(X)=2, D(X)=4$

C. $E(X)=0.5, D(X)=4$　　D. $E(X)=2, D(X)=0.25$

13. 设随机变量 X、Y 相互独立，且 $X\sim B(16,0.5)$，Y 服从参数为 9 的泊松分布，则 $D(X-2Y+1)=$(　　).

A. -14　　B. 13

C. 40　　D. 41

14. 已知 $D(X)=15, D(Y)=1, \rho_{XY}=0.4$，则 $D(X-Y)=$(　　).

A. 6　　B. 22

C. 30　　D. 46

15. 设 (X,Y) 为二维连续型随机变量，则 X 与 Y 不相关的充分必要条件是(　　).

A. X 与 Y 相互独立　　B. $E(X+Y)=E(X)+E(Y)$

C. $E(XY)=E(X)E(Y)$　　D. $(X,Y)\sim N(\mu_1,\mu_2,\sigma_1^2,\sigma_2^2,0)$

16. 设二维随机变量 $(X,Y)\sim N\left(1,1,4,9,\frac{1}{2}\right)$，则 $\mathrm{cov}(X,Y)=$(　　).

A. $\frac{1}{2}$　　B. 3

C. 18　　D. 36

17. 已知随机变量 X 与 Y 相互独立，且它们分别在区间 $[-1,3]$ 和 $[2,4]$ 上服从均匀分布，则 $E(XY)=$(　　).

A. 3　　B. 6

C. 10　　D. 12

18. 设二维随机变量 $(X,Y)\sim N(0,0,1,1,0)$，$\Phi(x)$ 为标准正态分布函数，则下列结论中错误的是(　　).

A. X 与 Y 都服从 $N(0,1)$ 正态分布　　B. X 与 Y 相互独立

C. $\mathrm{cov}(X,Y)=1$　　D. (X,Y) 的分布函数是 $\Phi(x)\cdot\Phi(y)$

二、填空题

1. 已知随机变量 X 的分布律为:

X	1	2	3	4	5
p	$2a$	0.1	0.3	a	0.3

则常数 $a=$____________.

2. 设随机变量 X 的分布律为:

X	1	2	3
p	$\frac{1}{6}$	$\frac{2}{6}$	$\frac{3}{6}$

记 X 的分布函数为 $F(x)$,则 $F(2)=$____________.

3. 抛硬币 5 次,记其中正面向上的次数为 X,则 $P\{X\leqslant 4\}=$____________.

4. 设 X 服从参数为 $\lambda(\lambda>0)$ 的泊松分布,且 $P\{X=0\}=\frac{1}{2}P\{X=2\}$,则 $\lambda=$____________.

5. 设随机变量 X 的分布函数为:

$$F(x)=\begin{cases}0, & x<a\\ 0.4, & a\leqslant x<b\\ 1, & x\geqslant b\end{cases}$$

其中 $0<a<b$,则 $P\left\{\frac{a}{2}<X<\frac{a+b}{2}\right\}=$____________.

6. 设 X 为连续型随机变量,c 是一个常数,则 $P\{X=c\}=$____________.

7. 设连续型随机变量 X 的分布函数为:

$$F(x)=\begin{cases}\frac{1}{3}e^{x}, & x<0\\ \frac{1}{3}(x+1), & 0\leqslant x<2\\ 1, & x\geqslant 2\end{cases}$$

记 X 的概率密度为 $f(x)$,则 $x<0$ 时 $f(x)=$____________.

8. 设连续型随机变量 X 的分布函数为 $F(x)=\begin{cases}1-e^{-2x}, & x>0\\ 0, & x\leqslant 0\end{cases}$,其概率密度为 $f(x)$,则 $f(1)=$____________.

9. 设随机变量 X 的概率密度为 $f(x)=\begin{cases}\frac{1}{2a}, & -a<x<a\\ 0, & \text{其他}\end{cases}$,其中 $a>0$,要使

$P\{X>1\}=\frac{1}{3}$,则常数 $a=$____________.

10. 设随机变量 $X\sim N(0,1)$,$\Phi(x)$为其分布函数,则 $\Phi(x)+\Phi(-x)=$____________.

11. 设 $X\sim N(\mu,\sigma^2)$,其分布函数为 $F(x)$,$\Phi(x)$为标准正态分布函数,则 $F(x)$与 $\Phi(x)$之间的关系是 $F(x)=$____________.

12. 设 $X\sim N(2,4)$,则 $P\{X\leqslant 2\}=$____________.

13. 设 $X\sim N(5,9)$,已知标准正态分布函数值为 $\Phi(0.5)=0.6915$,为使 $P\{X<a\}<0.6915$,则常数 $a<$____________.

14. 设 $X\sim N(0,1)$,则 $Y=2X+1$ 的概率密度 $f_Y(y)=$____________.

15. 若二维随机变量$(X,Y)\sim N(\mu_1,\mu_2,\sigma_1^2,\sigma_2^2,\rho)$,且 X 与 Y 相互独立,则 $\rho=$____________.

16. 设随机变量 X 的分布律为:

X	-1	0	1	2
p	0.1	0.2	0.3	0.4

令 $Y=2X+1$,则 $E(Y)=$____________.

17. 已知随机变量 X 服从泊松分布,且 $D(X)=1$,则 $P\{X=1\}=$____________.

18. 设随机变量 X 与 Y 相互独立,且 $D(X)=D(Y)=1$,则 $D(X-Y)=$____________.

19. 已知随机变量 X 服从参数为 2 的泊松分布,$E(X^2)=$____________.

20. 设 X 为随机变量,且 $E(X)=2$,$D(X)=4$,则 $E(X^2)=$____________.

21. 已知随机变量 X 的分布函数为:

$$F(x)=\begin{cases}0, & x<0\\ \frac{x}{4}, & 0\leq x<4\\ 1, & x\geq 4\end{cases}$$

则 $E(X)=$____________.

22. 设随机变量 X 与 Y 相互独立,且 $D(X)=2$,$D(Y)=1$,则 $D(X-2Y+3)=$________.

三、解答题

1. 菜场根据以往零售某种蔬菜的经验知道,进货后,第 1 天售出的概率是 50%,每 10 千克的毛利是 10 元;第 2 天售出 30%,每 10 千克的毛利是 5 元;第 3 天能全部售出,其毛利只有每 10 千克 1 元. 求每 10 千克毛利 X 的概率分布.

2. 设随机变量 Y 的概率分布为:

$$P(Y=k)=c\left(\frac{2}{3}\right)^k \quad (k=1,2)$$

试确定常数 c，并求 $E(Y)$，$D(Y)$.

3. 按照规定，某种型号灯管的使用寿命超过 5 000 小时为一级品，现已知一大批此种灯管中的一级品率为 0.2，从中任意抽测 10 只，问这 10 只灯管中恰有 k 只为一级品的概率是多少？

4. 若书中的某一页上出现印刷错误的个数服从参数为 0.5 的泊松分布，求该页上至少有 1 个印刷错误的概率.

5. 设连续型随机变量 X 的密度函数为：

$$f(x)=\begin{cases}Ax^2, & 0<x<2\\ 0, & \text{其他}\end{cases}$$

(1)试确定常数 A；

(2)求概率 $P(-2<x<0.5)$；

(3)求 $E(X)$，$D(X)$.

6. 某市每天的用电量不超过百万瓦，用 Z 表示每天的耗电率，耗电率等于用电量/百万瓦，设 Z 具有密度函数：

$$f(z)=\begin{cases}12z(1-z)^2, & 0<z<1\\ 0, & \text{其他}\end{cases}$$

若该市每天供应的电量只有 80 万瓦，求每天供应的电量不够的概率，若每天供电量为 90 万瓦呢？

7. A，B 两台机床同时生产一种产品，生产 1 000 个这种产品所出的次品数分别用 X、Y 表示，根据以往经验知道它们的概率分布为：

次品个数	0	1	2	3
X 的分布列	0.7	0.1	0.1	0.1
Y 的分布列	0.5	0.3	0.2	0

试比较两台机床的优劣.

8. 设随机变量 X 的密度函数为：

$$f(x)=\begin{cases}a+bx^2, & 0\leqslant x\leqslant 1\\ 0, & \text{其他}\end{cases}$$

且 $E(X)=3/5$，试确定系数 a、b，并求 $D(X)$.

9. 设随机变量 X 的密度函数为：

$$f(x)=\begin{cases}0, & x\leqslant a\\ \dfrac{3a^3}{x^4}, & x>a\end{cases}\quad(a>0)$$

求 $E(X)$，$D(X)$，$E\left(\dfrac{2}{3}X-a\right)$，$D\left(\dfrac{2}{3}X-a\right)$.

10. 设 X 的概率密度为 $f(x)=\begin{cases}|x|, & -1\leqslant x\leqslant 1\\ 0, & 其他\end{cases}$，求：(1) X 的分布函数 $F(x)$；(2) $P\{X<0.5\}$ 与 $P\{X>-0.5\}$.

11. 设随机变量 X 的密度函数为：

$$f(x)=\begin{cases}x, & 0\leqslant x\leqslant 1\\ 2-x, & 1\leqslant x<2\\ 0, & 其他\end{cases}$$

求：(1) $E(X)$ 与 $D(X)$；(2) $E(X^n)$，其中 n 为正整数.

12. 设随机变量 X_1 与 X_2 相互独立，且 $X_1\sim N(\mu,\sigma^2)$，$X_2\sim N(\mu,\sigma^2)$，令 $X=X_1+X_2$，$Y=X_1-X_2$，求 ：(1) $D(X)$ 与 $D(Y)$；(2) X 与 Y 的相关系数 ρ_{XY}.

13. 设随机变量 X 的概率密度函数为：

$$f(x)=\begin{cases}2e^{-2x}, & x>0\\ 0, & x\leqslant 0\end{cases}$$

(1) 求 $E(X)$ 与 $D(X)$；

(2) 令 $Y=\dfrac{X-E(X)}{\sqrt{D(X)}}$，求 Y 的概率密度 $f_Y(y)$.

14. 设二维随机变量 (X,Y) 的概率密度为：

$$f(x,y)=\begin{cases}2, & 0\leqslant x\leqslant 1, 0\leqslant y\leqslant x\\ 0, & 其他\end{cases}$$

求：(1) $E(X+Y)$；(2) $E(XY)$；(3) $P\{X+Y\leqslant 1\}$.

15. 设随机变量 X 的分布律为：

X	-1	0	1
p	$\frac{1}{3}$	$\frac{1}{3}$	$\frac{1}{3}$

记 $Y=X^2$，求：(1) $D(X)$ 与 $D(Y)$；(2) ρ_{XY}.

16. 设随机变量 X_1,X_2,X_3,X_4 相互独立，且有 $E(X_i)=i$，$D(X_i)=5-i$，$i=1,2,3,4$. $Y=2X_1-X_2+3X_3-\frac{1}{2}X_4$，求 $E(Y)$ 与 $D(Y)$.

第五章 数理统计初步

本章将介绍数理统计的初步知识. 数理统计是一个应用广泛的数学分支,它以概率论的理论为基础,研究如何通过试验或观察获得数据资料,如何利用所得的数据资料对所研究的随机现象的一般概率特征(概率分布律、数学期望、方差等)做出推断.

数理统计的内容相当丰富, 本章只介绍抽样分布、参数估计与假设检验.

5.1 数理统计的基本概念

5.1.1 总体与个体

在统计学中,我们把研究对象的全体称为总体,而把总体中每个单位称为个体. 例如,我们要研究一家工厂某产品的次品率,这时所有的产品就是总体,而每件产品就是个体. 由此可见,总体与个体的关系,就像集合与元素的关系.

在试验中抽取某个个体进行研究所得的值 x,就是一个随机变量,因而可以用 x 的分布去描述总体的分布情况. 如果把总体与随机变量 x 的所有可能取值的全体所构成的集合等同起来,这样随机变量 x 的分布就成了总体的分布. 统计学的任务就是由对个体(随机变量)的研究来推测总体的分布规律. 但是作为统计研究对象的总体的分布一般是未知的,为了获得对总体分布的认识,一般的方法是对总体进行抽样观察. 通常的做法是从它全部的对象中随机地抽取一些样品来研究,这些样品称作样本,样本中所含的个体的个数称为样本容量.

在抽取样本进行分析时,为了更好地反映总体的特征,要求样本应具有以下特性:

(1)代表性,即每个 $X_i(i=1,2,\cdots,n)$ 与 X 具有相同的分布.

(2)独立性,即 $X_i(i=1,2,\cdots,n)$ 两两之间是相互独立的.

我们以后讨论的样本,都是指具有以上特性的样本,也称为简单随机样本. 从总体中抽取容量为 n 的样本,一般记为 $(X_1,X_2,\cdots,X_n)$,而把一次具体测得的结果记为 $(x_1,x_2,$

$\cdots,x_n)$,它是$(X_1,X_2,\cdots,X_n)$的一次具体观察值(样本值).

5.1.2 常用的统计量

样本是进行统计推断的依据,当我们获取样本以后,往往不是直接利用样本进行推断,而是针对不同的问题,构造出不含未知参数的样本函数. 如:

$$\bar{X}=\frac{1}{n}\sum_{i=1}^{n}X_i,\ S^2=\frac{1}{n-1}\sum_{i=1}^{n}(X_i-\bar{X})^2$$

等,再利用这些函数,对总体的特征进行分析与推断,这些函数就称为统计量.

定义 5.1 设$X_1,X_2,\cdots,X_n$是总体X的一个样本,$g(X_1,X_2,\cdots,X_n)$是$X_1,X_2,\cdots,X_n$的函数,若$g(X_1,X_2,\cdots,X_n)$中不包含总体X的任何未知参数,则称它为一个统计量.

当$(x_1,x_2,\cdots,x_n)$是样本$(X_1,X_2,\cdots,X_n)$取定的一组观察值时,则称$g(x_1,x_2,\cdots,x_n)$是统计量$g(X_1,X_2,\cdots,X_n)$的一个观察值. 从定义上看,由于样本是随机变量,所以它的函数(统计量)也应该是随机变量. 另外应注意,统计量是不含未知参数的.

下面给出数理统计中几个最常用的统计量.

设$X_1,X_2,\cdots,X_n$是总体X的一个样本,$x_1,x_2,\cdots,x_n$是这一样本的观察值.

(1)样本平均值(简称样本均值)

$$\bar{X}=\frac{1}{n}\sum_{i=1}^{n}X_i$$

它的观察值记作:

$$\bar{x}=\frac{1}{n}\sum_{i=1}^{n}x_i$$

(2) 样本方差

$$S^2=\frac{1}{n-1}\sum_{i=1}^{n}(X_i-\bar{X})^2$$

它的观察值记作:

$$s^2=\frac{1}{n-1}\sum_{i=1}^{n}(x_i-\bar{x})^2$$

样本方差S^2的表达式可以简化为

$$S^2=\frac{1}{n-1}\left(\sum_{i=1}^{n}X_i^2-n\bar{X}^2\right)$$

事实上,我们有:

$$\begin{aligned}S^2&=\frac{1}{n-1}\sum_{i=1}^{n}(X_i^2-2X_i\bar{X}+\bar{X}^2)\\&=\frac{1}{n-1}\left(\sum_{i=1}^{n}X_i^2-2\bar{X}\sum_{i=1}^{n}X_i+n\bar{X}^2\right)\\&=\frac{1}{n-1}\left(\sum_{i=1}^{n}X_i^2-2\bar{X}\cdot n\bar{X}+n\bar{X}^2\right)\end{aligned}$$

$$= \frac{1}{n-1}\left(\sum_{i=1}^{n} X_i^2 - n\bar{X}^2\right)$$

于是，样本方差的观察值 s^2 的表达式可以简化为：

$$s^2 = \frac{1}{n-1}\left(\sum_{i=1}^{n} x_i^2 - n\bar{x}^2\right)$$

（3）样本标准差

$$S = \sqrt{S^2} = \sqrt{\frac{1}{n-1}\sum_{i=1}^{n}(X_i - \bar{X})^2}$$

它的观察值记作：

$$s = \sqrt{s^2} = \sqrt{\frac{1}{n-1}\sum_{i=1}^{n}(x_i - \bar{x})^2}$$

（4）样本 k 阶原点矩

$$V_k = \frac{1}{n}\sum_{i=1}^{n} X_i^k$$

它的观察值记作：

$$v_k = \frac{1}{n}\sum_{i=1}^{n} x_i^k$$

显然，样本一阶原点矩就是样本均值，即：

$$V_1 = \bar{X}$$

（5）样本 k 阶中心矩

$$U_k = \frac{1}{n}\sum_{i=1}^{n}(X_i - \bar{X})^k$$

它的观察值记作：

$$u_k = \frac{1}{n}\sum_{i=1}^{n}(x_i - \bar{x})^k$$

显然，样本一阶中心矩恒等于零，即：

$$U_1 \equiv 0$$

样本二阶中心矩 U_2 与样本方差 S^2 之间有下面的关系式：

$$U_2 = \frac{1}{n}\sum_{i=1}^{n}(X_i - \bar{X})^2$$

$$= \frac{n-1}{n}\cdot\frac{1}{n-1}\sum_{i=1}^{n}(X_i - \bar{X})^2 = \frac{n-1}{n}S^2$$

为了方便起见，今后我们不妨把某统计量的观察值简称为该统计量. 例如，样本均值 $\bar{X}$ 的观察值 $\bar{x}$ 简称为样本均值，等等.

5.1.3　几个重要统计量的分布

当取得总体的样本后，通常是借助样本的统计量对未知的总体分布进行推断. 为了实现推断的目的，必须进一步确定相应的统计量所服从的分布．下面介绍几个常用的统计量的分布．

1．χ^2 分布

定义 5.2 设总体 $X \sim N(0,1)$，$X_1, X_2, \cdots, X_n$ 是它的一个容量为 n 的样本，则称统计量：

$$\chi^2 = X_1^2 + X_2^2 + \cdots + X_n^2$$

为服从自由度为 n 的 χ^2 分布，记为 $\chi^2 \sim \chi^2(n)$．

这里，自由度是指定义式中包含的独立变量的个数．

$\chi^2(n)$ 分布的概率密度为：

$$f(x) = \begin{cases} \dfrac{1}{2^{\frac{n}{2}}\Gamma\left(\dfrac{n}{2}\right)} x^{\frac{n}{2}-1} e^{-\frac{x}{2}}, & x > 0 \\ 0, & 其他 \end{cases}$$

其中 $\Gamma(t) = \int_0^{+\infty} x^{t-1} e^{-x} dx \quad (t > 0)$．

$f(x)$ 的图形见图 5－1．

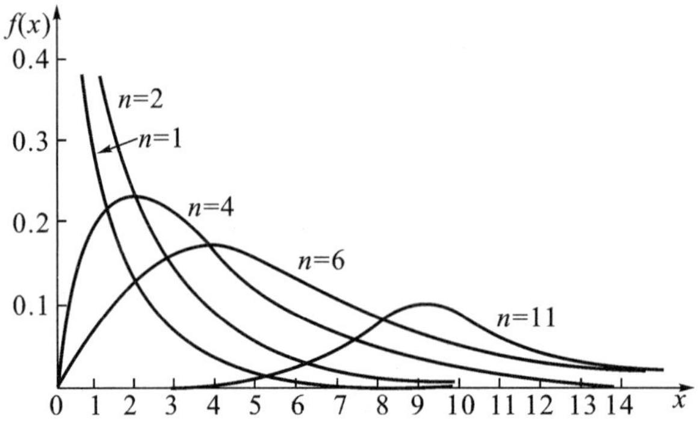

图 5－1

χ^2 分布具有下列性质：

性质 1 χ^2 分布的可加性：

设 $\chi_1^2 \sim \chi^2(n_1)$，$\chi_2^2 \sim \chi^2(n_2)$，并且 χ_1^2 与 χ_2^2 相互独立，则有：

$$\chi_1^2 + \chi_2^2 \sim \chi^2(n_1 + n_2)$$

性质 2 χ^2 分布的数学期望和方差：

若 $\chi^2 \sim \chi^2(n)$，则：

$$E(\chi^2) = n,\ D(\chi^2) = 2n$$

事实上，因 $X_i \sim N(0,1)$ 故：

$$E(X_i^2) = D(X_i) = 1$$

$$D(X_i^2) = E(X_i^4) - [E(X_i^2)]^2 = 3 - 1 = 2 \quad (i = 1, 2, \cdots, n)$$

于是：

$$E(\chi^2) = E(\sum_{i=1}^{n} X_i^2) = \sum_{i=1}^{n} E(X_i^2) = n$$

$$D(\chi^2) = D(\sum_{i=1}^{n} X_i^2) = \sum_{i=1}^{n} D(X_i^2) = 2n$$

定义 5.3　(χ^2 分布的分位点)对于给定的正数 α, $0<\alpha<1$,称满足条件：

$$P\{\chi^2 > \chi_{\alpha}^2(n)\} = \int_{\chi_{\alpha}^2(n)}^{+\infty} f(x)\,\mathrm{d}x = \alpha$$

的点 $\chi_{\alpha}^2(n)$ 为 $\chi^2(n)$ 分布的上 α 分位点,见图 5－2.

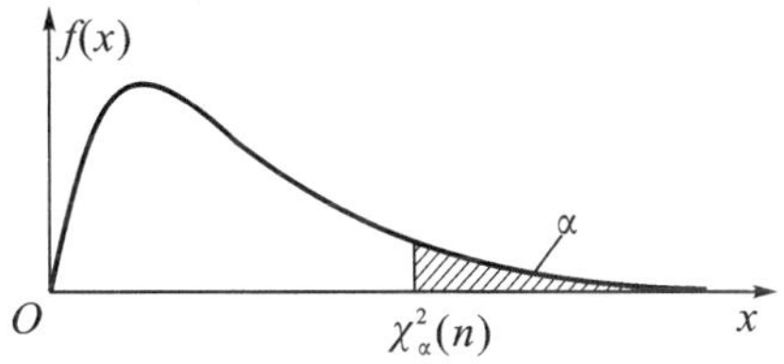

图 5－2

对于不同的 α、n,上 α 分位点的值已制成表格,可以查用(参见附表4). 例如,对于 $\alpha=0.1$, $n=25$,查得 $\chi_{0.1}^2(25)=34.382$. 也就是说,若 $\chi^2 \sim \chi^2(25)$,则 $P\{\chi^2>34.382\}=0.1$. 但该表只详列到 $n=45$ 为止,费歇(R. A. Fisher)曾证明,当 n 充分大时,近似的有：

$$\chi_{\alpha}^2(n) \approx \frac{1}{2}(z_{\alpha} + \sqrt{2n-1})^2$$

其中,z_{α} 是标准正态分布的上 α 分位点. 利用上式可以求得当 $n>45$ 时,$\chi^2(n)$ 分布的上 α 分位点的近似值.

例如,我们可得 $\chi_{0.05}^2(50) \approx \frac{1}{2}(1.645+\sqrt{99})^2 = 67.221$(由更详细的表得 $\chi_{0.05}^2(50)=67.505$).

2. t 分布

定义 5.4　设 $X \sim N(0,1)$, $Y \sim \chi^2(n)$,且 X、Y 相互独立,则称随机变量：

$$t = \frac{X}{\sqrt{Y/n}}$$

为服从自由度为 n 的 t 分布,记为 $t \sim t(n)$.

t 分布又称学生氏(Student)分布.

$t(n)$ 分布的概率密度为：

$$h(t) = \frac{\Gamma\left(\frac{n+1}{2}\right)}{\sqrt{\pi n}\,\Gamma\left(\frac{n}{2}\right)}\left(1+\frac{t^2}{n}\right)^{-\frac{n+1}{2}}, \quad -\infty < t < +\infty$$

t 分布的密度函数图像(见图 5－3)是关于 $t=0$ 对称的,形状类似于正态曲线,当 n 较大时(一般 $n>45$),t 分布近似于标准正态分布 $N(0,1)$,但对于 n 较小时,t 分布与

$N(0,1)$差异比较大.

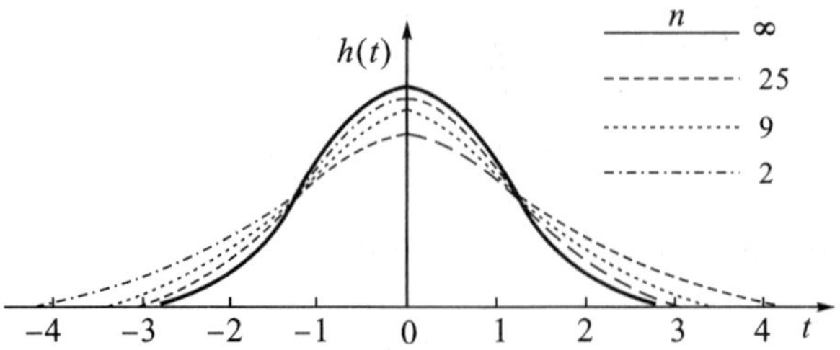

图 5－3

定义 5.5 （t 分布的分位点）对于给定的 $\alpha(0<\alpha<1)$，称满足：

$$P\{t > t_{\alpha}(n)\} = \int_{t_{\alpha}(n)}^{+\infty} h(t)\,\mathrm{d}t = \alpha$$

的点 $t_{\alpha}(n)$ 为 $t(n)$ 分布的上 α 分位点（见图 5－4）.

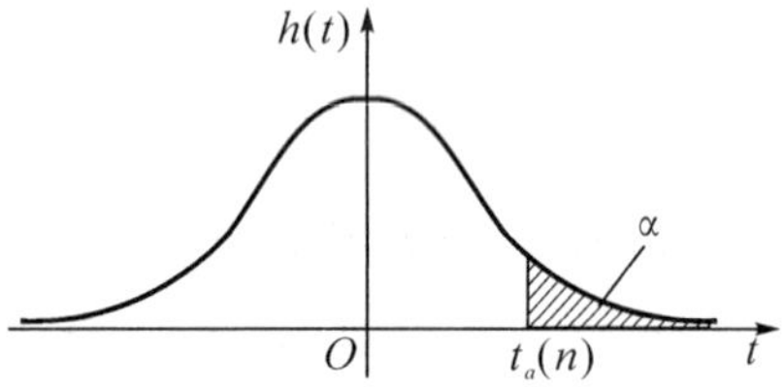

图 5－4

当我们要求 t 分布的上 α 分位点时，可查 t 分布表（附表 3）.

当 $\alpha>0.5$ 时，可用公式 $t_{\alpha}(n) = -t_{1-\alpha}(n)$ 来转换.

3. F 分布

定义 5.6 设 $X \sim \chi^2(n_1)$，$Y \sim \chi^2(n_2)$，且 X、Y 相互独立，则称随机变量：

$$F = \frac{X/n_1}{Y/n_2}$$

为服从自由度为(n_1,n_2)的 F 分布，记为 $F \sim F(n_1,n_2)$.

$F(n_1,n_2)$分布的概率密度（见图 5－5）为：

$$\psi(x) = \begin{cases} \dfrac{\Gamma\left(\dfrac{n_1+n_2}{2}\right)\left(\dfrac{n_1}{n_2}\right)^{\frac{n_1}{2}} \cdot x^{\frac{n_1}{2}-1}}{\Gamma\left(\dfrac{n_1}{2}\right)\Gamma\left(\dfrac{n_2}{2}\right)\left(1+\dfrac{n_1}{n_2}x\right)^{\frac{n_1+n_2}{2}}}, & x>0 \\ 0, & 其他 \end{cases}$$

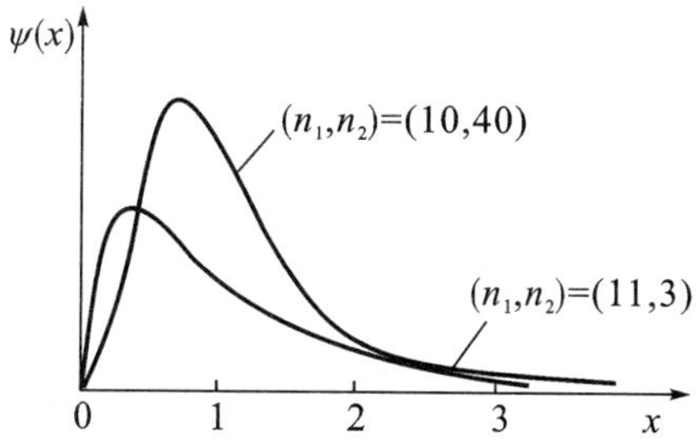

图 5－5

由定义可知，若 $F \sim F(n_1, n_2)$，则$\dfrac{1}{F} \sim F(n_2, n_1)$.

定义 5.7　（F 分布的分位点）对于给定的 $\alpha(0<\alpha<1)$，称满足条件：

$$P\{F > F_{\alpha}(n_1,n_2)\} = \int_{F_{\alpha}(n_1,n_2)}^{+\infty} \psi(x)\,\mathrm{d}x = \alpha$$

的点 $F_{\alpha}(n_1,n_2)$ 为 $F(n_1,n_2)$ 分布的上 α 分位点（见图 5－6）.

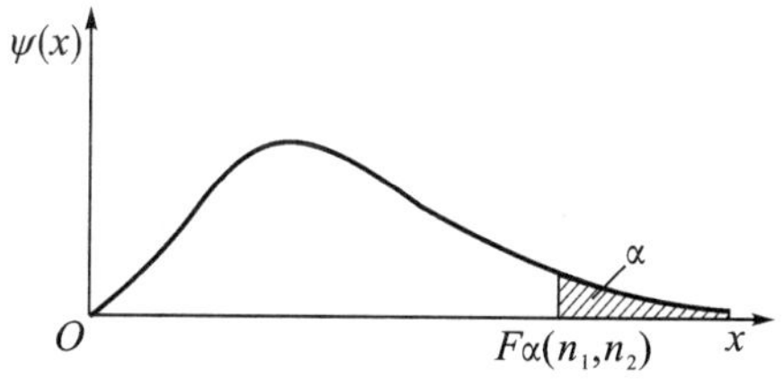

图 5－6

F 分布的上 α 分位点有表格可查（附表 5）.

F 分布的上 α 分位点有一个重要性质：

$$F_{1-\alpha}(n_1,n_2) = \frac{1}{F_{\alpha}(n_2,n_1)}$$

此式常用来求 F 分布表中未列出的常用的上 α 分位点，例如：

$$F_{0.95}(12,9) = \frac{1}{F_{0.05}(9,12)} = \frac{1}{2.80} = 0.357$$

练习 5.1

1. 已知总体 X 服从正态分布 $N(\mu,\sigma^2)$，其中 μ,σ^2 均未知，设 $(X_1,X_2,\cdots,X_n)$ 是从总体中抽取的样本，指出下面哪些是统计量：

(1) $(X_1-\mu)^2+(X_2-\mu)^2+\cdots+(X_n-\mu)^2$

(2) $(X_1^2+X_2^2+\cdots+X_n^2)\cdot\dfrac{1}{n}$

(3) $\max(X_1,X_2,\cdots,X_n)-\min(X_1,X_2,\cdots,X_n)$

(4) $\dfrac{1}{\sigma^2}[(X_1-\mu)^2+(X_2-\mu)^2+\cdots+(X_n-\mu)^2]$

2. 求下列一组样本值9.1,7.9,8.2,9.9,7.6,8.7,10.0,9.7,8.9,8.3的样本均值 $\bar{x}$ 及样本方差 S^2.

3. 查表求值:

(1) $\chi^2_{0.95}(45)$, $\chi^2_{0.025}(24)$, $\chi^2_{0.95}(43)$, $\chi^2_{0.005}(32)$

(2) $t_{0.10}(12)$, $t_{0.01}(25)$, $t_{0.005}(40)$, $t_{0.95}(9)$

4. 设 $X \sim N(0,1)$, $X_1, X_2, \cdots, X_6$ 是简单随机样本, $Y = aX_1^2 + b(X_2 + X_3)^2 + c(X_4 + X_5 + X_6)^2$,试求常数 a、b、c,使 Y 服从 χ^2 分布.

5.2 参数的点估计

一般地,设总体 X 的分布函数的形式已知,但它的一个或多个参数未知,利用样本所提供的信息来对这些参数进行估计,就是参数估计问题.

5.2.1 点估计的概念和方法

设总体 X 的分布函数的形式为 $F(x;\theta)$,其中参数 θ(也可能有多个)未知,借助于总体 X 的一个样本 $X_1, X_2, \cdots, X_n$ 来对参数 θ 进行估计的问题,称为参数的点估计问题. 通常用 $\hat{\theta}$ 表示 θ 的估计量,即 $\hat{\theta} = T(X_1, X_2, \cdots, X_n)$,其中 $T(X_1, X_2, \cdots, X_n)$ 为由样本 $X_1, X_2, \cdots, X_n$ 构造的统计量.

当样本取观测值 $X_1 = x_1, X_2 = x_2, \cdots, X_n = x_n$ 时,估计量 $T(X_1, X_2, \cdots, X_n)$ 对应得到估计值 $T(x_1, x_2, \cdots, x_n)$. 在不致混淆的情况下,统称估计量和估计值为参数的估计,并用 $\hat{\theta}$ 表示.

常用的点估计方法有两种:矩估计和极大似然估计.

1. 矩估计法

在概率论中,我们知道随机变量的几个重要的数字特征:数学期望、方差,另外还有随机变量的矩. 这里为了表述问题的需要,我们回忆前面给出的样本矩的概念.

称 $V_k = \dfrac{1}{n} \sum\limits_{i=1}^{n} X_i^k$ 为样本的 k 阶原点矩;

称 $U_k = \dfrac{1}{n} \sum\limits_{i=1}^{n} (X_i - \bar{X})^k$ 为样本的 k 阶中心矩.

矩估计法的思想就是用样本的一阶原点矩作为总体一阶原点矩(即数学期望)的估计,用样本的二阶原点矩作为总体二阶原点矩的估计……用样本的 k 阶原点矩作为总体 k 阶原点矩的估计;用样本的二阶中心矩作为总体二阶中心矩(即方差)的估计……用样本的 k 阶中心矩作为总体 k 阶中心矩的估计.

例1 设总体 X 服从 $[0,\theta]$ 上的均匀分布,求参数 θ 的矩估计量.

解　由于 X 服从 $[0,\theta]$ 上的均匀分布，其概率密度为：

$$f(x)=\begin{cases}\dfrac{1}{\theta}, & 0<x<\theta\\ 0, & \text{其他}\end{cases}$$

总体均值：

$$\mu=E(X)=\int_0^\theta x\cdot\frac{1}{\theta}\mathrm{d}x=\frac{\theta}{2}$$

由矩估计，得 $\hat{\mu}=\bar{X}$，即 $\dfrac{\hat{\theta}}{2}=\bar{X}$，所以，参数 θ 的矩估计为 $\hat{\theta}=2\bar{X}$.

例 2　某灯泡厂生产了一批灯泡，从中随机抽取 10 只进行寿命测试，得到如下一组样本值(单位：小时)

1 200，1 130，1 200，1 050，1 080，1 100，1 250，1 040，1 300，1 120

试估计这批灯泡的平均寿命 μ 和方差 σ^2.

解　由于样本均值为：

$$\begin{aligned}\bar{x}&=\frac{1}{10}\sum_{i=1}^{10}X_i=\frac{1}{10}(1\,200+1\,130+1\,200+1\,050+1\,080+1\,100+1\,250+1\,040\\&\quad+1\,300+1\,120)\\&=1\,147\end{aligned}$$

样本的方差为 $$\begin{aligned}S^2&=\frac{1}{10-1}\sum_{i=1}^{10}(X_i-\bar{X})^2\\&=\frac{1}{9}[(1\,200-1\,147)^2+(1\,130-1\,147)^2+\cdots+(1\,120-1\,147)^2]\\&=7\,578.9\end{aligned}$$

于是，平均使用寿命 μ 和方差 σ^2 的点估计值分别为 $\hat{\mu}=1\,147$ 和 $\hat{\sigma}^2=7\,578.9$.

2. 极大似然估计法

极大似然估计法的指导思想很简单，就是在得到的试验结果的情况下，应该把结果出现可能性最大的那个 θ 作为真 θ 的估计值.

极大似然估计法的基本步骤如下：

(1)构造样本的似然函数：设总体 X 的概率密度(或分布律)为 $f(x,\theta)$，则构造似然函数 $L(\theta)=L(x_1,x_2,\cdots,x_n;\theta)=\prod\limits_{i=1}^{n}f(x_i,\theta)$.

(2)求似然函数 $L(\theta)$ 的极大值点：按我们所学的知识，只需由一阶导数 $\dfrac{\mathrm{d}L}{\mathrm{d}\theta}=0$ 求得 θ；当似然函数中有多个未知参数 θ_i，则需要求似然函数的偏导数 $\dfrac{\partial L}{\partial\theta_i}$，然后令 $\dfrac{\partial L}{\partial\theta_i}=0$ 解方程组，得到各 θ_i.

例 3　设总体 X 服从参数为 λ 的泊松分布 $\pi(\lambda)$，求参数 λ 的极大似然估计量.

解　设 $x_1,x_2,\cdots,x_n$ 是取自总体 $\pi(\lambda)$ 的一个样本 $X_1,X_2,\cdots,X_n$ 的观测值，由总体

分布：

$$P\{X=k\}=\frac{\lambda^k e^{-\lambda}}{k!}\quad(k=0,1,2\cdots)$$

得似然函数为：

$$L(\lambda)=\frac{\lambda^{x_1}}{x_1!}e^{-\lambda}\cdot\frac{\lambda^{x_2}}{x_2!}e^{-\lambda}\cdot\cdots\cdot\frac{\lambda^{x_n}}{x_n!}e^{-\lambda}$$

$$=\frac{\lambda^{\sum\limits_{i=1}^{n}x_i}}{\prod\limits_{i=1}^{n}x_i!}e^{-n\lambda}$$

对数似然函数为：

$$\ln L(\lambda)=\ln\left[\frac{\lambda^{\sum\limits_{i=1}^{n}x_i}}{\prod\limits_{i=1}^{n}x_i!}e^{-n\lambda}\right]=(\sum_{i=1}^{n}x_i)\ln\lambda-\ln(\prod_{i=1}^{n}x_i!)-n\lambda$$

令$\frac{d\ln L(\lambda)}{d\lambda}=0$，即$(\sum\limits_{i=1}^{n}x_i)\cdot\frac{1}{\lambda}-n=0$，解得：

$$\lambda=\frac{1}{n}\sum_{i=1}^{n}x_i$$

则 λ 的极大似然估计值为样本均值 $\bar{x}=\frac{1}{n}\sum\limits_{i=1}^{n}x_i$，即 $\hat{\lambda}=\bar{X}$ 为参数 λ 的极大似然估计量.

在例 3 中，我们在求似然函数的极大值点时，发现用前面构造的方法不能直接求出，所以我们求对数似然函数(对似然函数两边取对数)的极大值点，根据我们所学的微积分知识，知道函数的极大值点与其对数的极大值点是相同的.

例 4 设总体 X 服从参数为 μ、σ^2 的正态分布 $N(\mu,\sigma^2)$，求参数 μ、σ^2 的极大似然估计量.

解 总体 X 的概率密度为：

$$\varphi(x;\mu,\sigma^2)=\frac{1}{\sqrt{2\pi}\sigma}e^{-\frac{(x-\mu)^2}{2\sigma^2}}\quad(-\infty<x<+\infty)$$

则似然函数为：

$$L(\mu,\sigma^2)=\prod_{i=1}^{n}\frac{1}{\sqrt{2\pi}\sigma}e^{-\frac{(x_i-\mu)^2}{2\sigma^2}}$$

对数似然函数为：

$$\ln L(\mu,\sigma^2)=-\frac{n}{2}\ln(2\pi)-\frac{n}{2}\ln\sigma^2-\frac{1}{2\sigma^2}\sum_{i=1}^{n}(x_i-\mu)^2$$

对 μ、σ^2 的偏导数的方程组为：

$$\begin{cases}\frac{\partial\ln L}{\partial\mu}=\frac{1}{\sigma^2}\sum\limits_{i=1}^{n}(x_i-\mu)=0\\ \frac{\partial\ln L}{\partial\sigma^2}=-\frac{n}{2\sigma^2}+\frac{1}{2\sigma^4}\sum\limits_{i=1}^{n}(x_i-\mu)^2=0\end{cases}$$

由此解出：

$$\mu = \frac{1}{n}\sum_{i=1}^{n} x_i = \bar{x}$$

与：

$$\sigma^2 = \frac{1}{n}\sum_{i=1}^{n}(x_i - \bar{x})^2$$

从而，$\hat{\mu} = \bar{X} = \frac{1}{n}\sum_{i=1}^{n} X_i$ 是参数 μ 的极大似然估计量；$\hat{\sigma}^2 = \frac{1}{n}\sum_{i=1}^{n}(X_i - \bar{X})^2$ 是参数 σ^2 的极大似然估计量.

5.2.2　点估计量的评价标准

用矩估计法和极大似然估计法所得的参数估计量不一定相同. 例如，在泊松分布中，由于方差为 λ，因此，除了样本均值 $\bar{X}$ 是参数 λ 的矩估计量外，样本方差也是参数 λ 的矩估计量.

从参数估计本身来看，原则上任何统计量都可以作为未知参数的估计量. 那么，究竟哪一个估计量好呢？这就涉及用什么样的标准来评价估计量好坏的问题. 下面介绍三个基本标准.

1. 无偏性

由于对于不同的样本值就会得到不同的估计量，所以估计量也是随机变量. 我们在得到一个估计值时，当然希望它能在未知参数的真值附近，即希望它的数学期望等于未知参数的真值. 这就是无偏性这个标准产生的思想来源.

定义 5.8　设 $\hat{\theta}$ 为未知参数 θ 的估计量，如果满足 $E(\hat{\theta}) = \theta$，则称估计量 $\hat{\theta}$ 为未知参数 θ 的无偏估计量，否则称 $\hat{\theta}$ 为 θ 的有偏估计.

例 5　$\bar{X}$ 是总体均值 μ 的无偏估计；样本方差 $S^2 = \frac{1}{n-1}\sum_{i=1}^{n}(X_i - \bar{X})^2$ 是总体方差 σ^2 的无偏估计.

证　前一断言显然；现验证后一断言，易知：

$$\sum_{i=1}^{n}(X_i - \bar{X})^2 = \sum_{i=1}^{n}(X_i - \mu)^2 - n(\bar{X} - \mu)^2$$

从而

$$\begin{aligned} E\left[\sum_{i=1}^{n}(X_i - \bar{X})^2\right] &= \sum_{i=1}^{n}E(X_i - \mu)^2 - nE(\bar{X} - \mu)^2 \\ &= n\sigma^2 - nD(\bar{X}) \\ &= n\sigma^2 - n \cdot \frac{\sigma^2}{n} = (n-1)\sigma^2 \end{aligned}$$

因此 $E(S^2) = \frac{n-1}{n-1}\sigma^2 = \sigma^2$，因而是无偏的. 由这个推导过程立即可知：若使用样本 2 阶中心矩：

$$U_2 = \frac{1}{n}\sum_{i=1}^{n}(X_i - \bar{X})^2$$

估计 σ^2,则 U_2 是 σ^2 的有偏估计. 无偏性的要求正是引进样本方差 S^2 的原因.

但当均值 μ 已知时,我们使用另一个总体方差 σ^2 的无偏估计:

$$\sigma^2 = \frac{1}{n}\sum_{i=1}^{n}(X_i - \mu)^2$$

σ^2 的无偏性是显而易见的.

例 6 设从均值为 μ、方差为 $\sigma^2(\sigma>0)$ 的总体 X 中,分别抽取容量为 n_1, n_2 的两个独立样本,$\bar{X}_1$ 与 $\bar{X}_2$ 分别是两个样本的均值. 试证明:对于任意常数 a,b,若 $a+b=1$,则 $Y = a\bar{X}_1 + b\bar{X}_2$ 都是 μ 的无偏估计.

证明 因为 $\bar{X}_1$ 与 $\bar{X}_2$ 分别是两个样本的均值,所以:

$$E(\bar{X}_1) = E(\bar{X}_2) = \mu$$

于是:

$$E(Y) = E(a\bar{X}_1 + b\bar{X}_2) = aE(\bar{X}_1) + bE(\bar{X}_2)$$
$$= a\mu + b\mu = \mu \quad (a+b=1)$$

从而,对于任意常数 a,b,若 $a+b=1$,则 $Y = a\bar{X}_1 + b\bar{X}_2$ 都是 μ 的无偏估计.

2. 有效性

定义 5.9 设 $\hat{\theta}_1$ 和 $\hat{\theta}_2$ 都是未知参数 θ 的无偏估计量,并且满足:

$$D(\hat{\theta}_1) < D(\hat{\theta}_2)$$

则称 $\hat{\theta}_1$ 较 $\hat{\theta}_2$ 有效,或称估计量 $\hat{\theta}_1$ 为比 $\hat{\theta}_2$ 有效的估计量.

有效性是在无偏性已满足的情况下对估计量的进一步评价. 在样本容量 n 相同的情况下,参数 θ 的两个无偏估计量为 $\hat{\theta}_1$ 和 $\hat{\theta}_2$,如果 $\hat{\theta}_1$ 的观察值比 $\hat{\theta}_2$ 更靠近真值 θ,我们就认为 $\hat{\theta}_1$ 比 $\hat{\theta}_2$ 更好,更有效. 由于方差是随机变量的取值与其数学期望的偏离程度的度量,所以无偏估计以方差小者为好.

例 7 设 (X_1, X_2, X_3) 是来自正态总体 $N(\mu, 1)$ 的样本容量为 3 的一个样本,下列估计量中哪个最有效?

(1) $\hat{\mu}_1 = \frac{1}{3}X_1 + \frac{1}{3}X_2 + \frac{1}{3}X_3$

(2) $\hat{\mu}_2 = \frac{1}{4}X_1 + \frac{1}{4}X_2 + \frac{1}{2}X_3$

(3) $\hat{\mu}_3 = \frac{1}{6}X_1 + \frac{1}{3}X_2 + \frac{1}{2}X_3$

解 因为 $E(X_1) = E(X_2) = E(X_3) = E(X) = \mu$

$$E(\hat{\mu}_1) = \frac{1}{3}E(X_1) + \frac{1}{3}E(X_2) + \frac{1}{3}E(X_3) = \mu$$

$$E(\hat{\mu}_2) = \frac{1}{4}E(X_1) + \frac{1}{4}E(X_2) + \frac{1}{2}E(X_3) = \mu$$

$$E(\hat{\mu}_3)=\frac{1}{6}E(X_1)+\frac{1}{3}E(X_2)+\frac{1}{2}E(X_3)=\mu$$

所以 $\hat{\mu}_1$、$\hat{\mu}_2$、$\hat{\mu}_3$ 均是 μ 的无偏估计.

又因为 $D(X_1)=D(X_2)=D(X_3)=D(X)=1$

$$D(\hat{\mu}_1)=\frac{1}{9}D(X_1)+\frac{1}{9}D(X_2)+\frac{1}{9}D(X_3)=\frac{1}{3}$$

$$D(\hat{\mu}_2)=\frac{1}{16}D(X_1)+\frac{1}{16}D(X_2)+\frac{1}{4}D(X_3)=\frac{3}{8}$$

$$D(\hat{\mu}_3)=\frac{1}{36}D(X_1)+\frac{1}{9}D(X_2)+\frac{1}{4}D(X_3)=\frac{7}{18}$$

即有 $D(\hat{\mu}_1)<D(\hat{\mu}_2)<D(\hat{\mu}_3)$.

所以三个估计量中,$\hat{\mu}_1$ 是最有效的估计量.

3. 一致性

定义 5.10　设 $\hat{\theta}_n=\hat{\theta}_n(X_1,X_2,\cdots,X_n)$ 是未知参数 θ 的估计量,如果对于任意的正数 ε,均有:

$$\lim_{n\to\infty}P\{|\hat{\theta}_n-\theta|<\varepsilon\}=1$$

成立,则称 $\hat{\theta}_n$ 为参数 θ 的一致估计量.

根据定义,估计量的一致性指当样本容量越来越大时,估计量 $\hat{\theta}_n$ 依概率收敛于参数的真值 θ.

练习 5.2

1. 设 $X_1,\cdots,X_n$ 是取自总体 X 的一个样本,在下列情形下,试求总体参数的矩估计与极大似然估计:

(1)$X\sim B(1,p)$,其中 p 未知,$0<p<1$;

(2)$X\sim E(\lambda)$,其中 λ 未知,$\lambda>0$;

(3)$X\sim\pi(\lambda)$,其中 λ 未知,$\lambda>0$.

2. 设 $X_1,\cdots,X_n$ 是取自总体 X 的一个样本,X 的密度函数为:

$$f(x)=\begin{cases}(\theta+1)x^{\theta}, & 0<x<1\\0, & \text{其他}\end{cases}$$

其中 θ 未知,$\theta>0$,求 θ 的矩估计和极大似然估计.

3. 设总体 X 的概率密度为:

$$f(x,\theta)=\begin{cases}\frac{1}{\theta}e^{-\frac{x}{\theta}}, & x\geqslant 0,\theta>0\\0, & \text{其他}\end{cases}$$

求:(1)θ 的极大似然估计量 $\hat{\theta}$;(2)判断 $\hat{\theta}$ 是否为 θ 的无偏估计.

4. 设 X_1,X_2,X_3 为总体 X 的样本,证明:

$$\hat{\mu}_1 = \frac{1}{6}X_1 + \frac{1}{3}X_2 + \frac{1}{2}X_3$$

$$\hat{\mu}_2 = \frac{2}{5}X_1 + \frac{1}{5}X_2 + \frac{2}{5}X_3$$

都是总体均值 μ 的无偏估计,并进一步判断哪一个估计较有效.

5.3 区间估计

上一节我们介绍了参数的点估计. 点估计只是给出了待估参数或参数函数的值是多少,无法回答估计误差是多少等问题.

区间估计就是将一个未知参数或参数函数值估计在一个区间范围内. 例如一个人的年龄,我们可以估计为 30 岁,这就是点估计;也可估计在 29 岁到 31 岁之间,这种估计就是区间估计. 从直观上讲,后者给人的印象要比前者更为可信,因为后者已经把可能出现的误差考虑在内.

定义 5.11 (置信区间、置信度)设总体 X 的分布函数 $F(x;\theta)$ 含有一个未知参数 θ,由其一个样本 $X_1,X_2,\cdots,X_n$ 所确定的两个统计量为:

$$\underline{\theta} = \underline{\theta}(X_1,X_2,\cdots,X_n) \text{ 和 } \bar{\theta} = \bar{\theta}(X_1,X_2,\cdots,X_n)$$

对于给定值 $\alpha(0<\alpha<1)$,若满足:

$$P\{\underline{\theta}(X_1,X_2,\cdots,X_n) < \theta < \bar{\theta}(X_1,X_2,\cdots,X_n)\} = 1-\alpha,$$

则称随机区间 $(\underline{\theta},\bar{\theta})$ 是参数 θ 的置信水平为 $1-\alpha$ 的置信区间,$\underline{\theta}$ 及 $\bar{\theta}$ 分别称为 θ 的置信下限和置信上限,称 $1-\alpha$ 为置信度,也叫置信水平,α 称为显著性水平.

一般地,α 取较小的值,如取 0.1,0.05,0.01.

$P\{\underline{\theta}<\theta<\bar{\theta}\}=1-\alpha$ 的意义是:若反复抽样多次(各次的样本容量相等,都是 n),每个样本值确定一个区间 $(\underline{\theta},\bar{\theta})$,每个这样的区间要么包含 θ 的真值,要么不包含 θ 的真值. 但在这些置信区间中,约有 $100(1-\alpha)\%$ 的区间包含 θ 的真值,仅有 $100\alpha\%$ 的区间不包含 θ 的真值.

下面我们主要介绍正态总体均值 μ 与方差 σ^2 的区间估计.

1. 均值 μ 的估计

分两种情况:

(1) 设 $X_1,X_2,\cdots,X_n$ 为取自 $N(\mu,\sigma^2)$ 的样本,若 σ^2 已知,求参数 μ 的 $1-\alpha$ 置信区间.

因:

$$\bar{X} = \frac{1}{n}\sum_{i=1}^{n} X_i \sim N(\mu,\frac{\sigma^2}{n})$$

则:

$$\frac{\bar{X}-\mu}{\sqrt{\frac{\sigma^2}{n}}}\sim N(0,1)$$

对于给定的置信度 $1-\alpha$，由于：

$$P\left\{\left|\frac{\bar{X}-\mu}{\sqrt{\frac{\sigma^2}{n}}}\right|\leqslant Z_{\frac{\alpha}{2}}\right\}=1-\alpha$$

即：

$$P\left\{\bar{X}-Z_{\frac{\alpha}{2}}\cdot\frac{\sigma}{\sqrt{n}}\leqslant\mu\leqslant\bar{X}+Z_{\frac{\alpha}{2}}\cdot\frac{\sigma}{\sqrt{n}}\right\}=1-\alpha$$

所以 μ 的 $1-\alpha$ 置信区间为 $\left[\bar{X}-Z_{\frac{\alpha}{2}}\cdot\frac{\sigma}{\sqrt{n}},\ \bar{X}+Z_{\frac{\alpha}{2}}\cdot\frac{\sigma}{\sqrt{n}}\right]$.

（2）设 $X_1,X_2,\cdots,X_n$ 为取自 $N(\mu,\sigma^2)$ 的样本，若 σ^2 未知，求参数 μ 的 $1-\alpha$ 置信区间.

因：

$$T=\frac{\bar{X}-\mu}{S_n/\sqrt{n-1}}\sim t(n-1)$$

对于给定的置信度 $1-\alpha$，由于：

$$P\left\{\left|\frac{\bar{X}-\mu}{S_n/\sqrt{n-1}}\right|\leqslant t_{\frac{\alpha}{2}}(n-1)\right\}=1-\alpha$$

即：

$$P\left\{\bar{X}-t_{\frac{\alpha}{2}}(n-1)\cdot\frac{S_n}{\sqrt{n-1}}\leqslant\mu\leqslant\bar{X}+t_{\frac{\alpha}{2}}(n-1)\cdot\frac{S_n}{\sqrt{n-1}}\right\}=1-\alpha$$

所以 μ 的置信度为 $1-\alpha$ 的置信区间为：

$$\left[\bar{X}-t_{\frac{\alpha}{2}}(n-1)\cdot\frac{S_n}{\sqrt{n-1}},\ \bar{X}+t_{\frac{\alpha}{2}}(n-1)\cdot\frac{S_n}{\sqrt{n-1}}\right]$$

由于修正的样本方差 $S^2=\frac{n}{n-1}S_n^2$，代入上式可得：

$$\left[\bar{X}-t_{\frac{\alpha}{2}}(n-1)\cdot\frac{S}{\sqrt{n}},\ \bar{X}+t_{\frac{\alpha}{2}}(n-1)\cdot\frac{S}{\sqrt{n}}\right]$$

例 1　某厂生产滚珠，在长期的实践中知道，滚珠的直径 X 可以认为服从正态分布，且其方差 $\sigma^2=0.05$. 现从某天生产的产品中随机抽取 6 个，测得直径分别如下（单位：mm）：14.6，15.1，14.9，14.8，15.2，15.1，对 $\alpha=0.05$，求平均直径的置信区间.

解　由 $\alpha=0.05$，查表可知 $z_{\frac{\alpha}{2}}=z_{0.025}=1.96$. 又 $\sigma^2=0.05$，$n=6$.

由 $P\left\{\bar{X}-z_{\frac{\alpha}{2}}\frac{\sigma}{\sqrt{n}}\leqslant\mu\leqslant\bar{X}+z_{\frac{\alpha}{2}}\frac{\sigma}{\sqrt{n}}\right\}=1-\alpha$ 可得：

$$\bar{x}=14.95,\ z_{\frac{\alpha}{2}}\frac{\sigma}{\sqrt{n}}=0.179$$

将其代入$\left[\bar{X}-z_{\frac{\alpha}{2}}\frac{\sigma}{\sqrt{n}},\bar{X}+z_{\frac{\alpha}{2}}\frac{\sigma}{\sqrt{n}}\right]$中,即得滚珠平均直径$\mu$的置信度为95%的一个置信区间为[14.771,15.129].

例2 为估计一批钢索所能承受的平均张力(单位:千克/平方厘米),从中随机抽取10个样品做试验,由试验数据算出$\bar{x}=6\ 720$,$s=220$,假定张力服从正态分布,求平均张力的置信水平为95%的置信区间.

解 注意此处σ未知,依公式平均张力μ的95%的置信区间为:

$$\left[\bar{X}-\frac{S}{\sqrt{n}}t_{0.025}(n-1),\bar{X}+\frac{S}{\sqrt{n}}t_{0.025}(n-1)\right]$$

代入数据$\bar{x}=6\ 720$,$s=220$,$n=10$,查表$t_{0.025}(9)=2.262\ 2$,可得平均张力95%的置信区间为[6 562.618 5,6 877.381 5].

2. 方差σ^2的估计

设$X_1,X_2,\cdots,X_n$为取自$N(\mu,\sigma^2)$的样本,欲求σ^2的$1-\alpha$置信区间.

(1)当μ已知时,$\hat{\sigma}^2=\frac{1}{n}\sum_{i=1}^{n}(X_i-\mu)^2$是$\sigma^2$的点估计,且:

$$\chi^2=\frac{n\hat{\sigma}^2}{\sigma^2}\sim\chi^2(n)$$

$$P\{\chi^2_{1-\frac{\alpha}{2}}(n)\leqslant\chi^2\leqslant\chi^2_{\frac{\alpha}{2}}(n)\}=1-\alpha$$

所以:

$$\chi^2_{1-\frac{\alpha}{2}}(n)\leqslant\frac{n\hat{\sigma}^2}{\sigma^2}\leqslant\chi^2_{\frac{\alpha}{2}}(n)$$

所以对应σ^2的$1-\alpha$置信区间为$\left[\frac{n\hat{\sigma}^2}{\chi^2_{\frac{\alpha}{2}}(n)},\frac{n\hat{\sigma}^2}{\chi^2_{1-\frac{\alpha}{2}}(n)}\right]$.

(2)当μ未知时,因:

$$\chi^2=\frac{nS^2}{\sigma^2}\sim\chi^2(n-1)$$

同理可得:

σ^2的$1-\alpha$置信区间为$\left[\frac{nS^2}{\chi^2_{\frac{\alpha}{2}}(n-1)},\frac{nS^2}{\chi^2_{1-\frac{\alpha}{2}}(n-1)}\right]$.

习题5.3

1. 土木结构实验室对一批建筑材料进行抗断强度测试,已知这批材料的抗断强度$X\sim N(\mu,0.2^2)$,现在从中抽取容量为6的样本观测值并算得$\bar{x}=8.54$,求μ的置信度为0.9的置信区间.

2. 设轮胎的寿命X服从正态分布,为估计某轮胎的平均寿命,随机抽取12只轮胎试用,测得它们的寿命(单位:万千米)如下:

$$4.68, 4.85, 4.32, 4.85, 4.61, 5.02, 5.20, 4.60, 4.58, 4.72, 4.38, 4.70$$

试求平均寿命 μ 的 0.95 置信区间.

3. 某工厂生产滚珠，从某日生产的产品中随机抽取 9 个，测得直径（单位：毫米）如下：

$$14.6, 14.7, 15.1, 14.9, 14.8, 15.0, 15.1, 15.2, 14.8$$

设滚珠直径服从正态分布，若：

（1）已知滚珠直径的标准差 $\sigma=0.15$ 毫米；

（2）不知标准差 σ.

求直径的均值 μ 的置信度为 0.95 的置信区间.

4. 设灯泡厂生产的一大批灯泡的寿命 X 服从正态分布 $N(\mu,\sigma^2)$，其中 μ、σ^2 未知，现随机地抽取 16 只灯泡进行寿命试验，测得寿命数据如下（单位：小时）：

$$1\,502,\ 1\,480,\ 1\,485,\ 1\,511,\ 1\,514,\ 1\,527,\ 1\,603,\ 1\,480,$$
$$1\,532,\ 1\,508,\ 1\,490,\ 1\,470,\ 1\,520,\ 1\,505,\ 1\,485,\ 1\,540$$

求该批灯泡的平均寿命 μ 的置信度为 0.95 的置信区间.

5. 求上题灯泡寿命方差 σ^2 的置信度为 0.95 的置信区间.

6. 某厂生产一批金属材料，其抗弯强度服从正态分布，现从这批金属材料中随机抽取 11 个做试件，测得它们的抗弯强度为（单位：千克）：

$$42.5, 42.7, 43.0, 42.3, 43.4, 44.5, 44.0, 43.8, 44.1, 43.9, 43.7$$

求：（1）平均抗弯强度 μ 的置信度为 0.95 的置信区间；

（2）抗弯强度标准差 σ 的置信度为 0.90 的置信区间.

5.4 假设检验

前面介绍了对总体中未知参数的估计方法. 本节将介绍统计推断中另一类重要的问题，就是先对总体的未知参数提出一种假设，然后根据样本所提供的信息，利用统计分析的方法来检验这一假设是否正确，从而做出接受还是拒绝这种假设的决策. 这种问题称为假设检验问题.

5.4.1 假设检验的基本思想和概念

通过一个具体例子，引入假设检验的基本思想、概念等内容.

例 1 某电瓷厂生产一种绝缘子，它的抗弯破坏负荷服从正态分布，其均值 $\mu=740$ 千克，标准差 $\sigma=180$ 千克. 现采用新工艺生产此种绝缘子，实测 10 个新型绝缘子，得样本均值 $\bar{x}=860$ 千克，问新绝缘子与原绝缘子的抗弯破坏负荷是否相同.

从数值上看新型绝缘子的均值 $\bar{X}$ 要比原绝缘子的均值 μ 大些，但这个差异是新工艺造成的还是纯粹由于随机因素引起的呢，要判断就需要用到假设检验来完成.

因为绝缘子的抗弯破坏负荷 X 是一个正态总体，且 $\sigma=180$ 千克，于是对新绝缘子提出假设：$H_0:\mu=740$，现在要通过样本去检验假设是否成立. 这个假设的对立面是：$H_1:\mu\neq 740$.

在数理统计中，把“$H_0:\mu=740$”称为原假设（或零假设）；而把“$H_1:\mu\neq 740$”称为对立假设（或备择假设）.

大家知道，样本均值 $\bar{X}$ 是总体 μ 的无偏估计，因此，如果 $\mu=740$，也就是原假设成立，则有 $|\bar{X}-740|$ 应该是很小的；反之，若原假设不成立，则会使得 $|\bar{X}-740|$ 比较大，可见用 $|\bar{X}-740|$ 的大小可以来检验原假设是否成立. 在直观上，如果 $|\bar{X}-740|<C$ 时，就可以接受原假设 H_0；而当 $|\bar{X}-740|\geqslant C$ 时，就拒绝原假设 H_0. 这里的问题是如何来确定常数 C？于是，可以引入统计量 $U=\dfrac{\bar{X}-\mu}{\sigma/\sqrt{n}}$，此统计量服从标准正态分布，即 $U=\dfrac{\bar{X}-\mu}{\sigma/\sqrt{n}}\sim N(0,1)$. 现在有 $\sigma=180, n=10, \mu=740$，于是当原假设成立时有 $U=\dfrac{\bar{X}-\mu}{\sigma/\sqrt{n}}=\dfrac{\bar{X}-740}{180/\sqrt{10}}\sim N(0,1)$，对给定的显著性水平 $\alpha(0<\alpha<1)$，根据分位数的定义有 $P\left\{\left|\dfrac{\bar{X}-740}{180/\sqrt{10}}\right|\geqslant Z_{\frac{\alpha}{2}}\right\}=\alpha$，即 $P\left\{|\bar{X}-740|\geqslant\dfrac{180}{\sqrt{10}}Z_{\frac{\alpha}{2}}\right\}=\alpha$，这时的 C 就得到了，即 $C=\dfrac{180}{\sqrt{10}}Z_{\frac{\alpha}{2}}$.

由此得到如下检验结果：

(1) 若 $|\bar{X}-740|\geqslant\dfrac{180}{\sqrt{10}}Z_{\frac{\alpha}{2}}$，则认为样本均值 $\bar{X}$ 与总体均值 μ 差距较大，应拒绝原假设；

(2) 若 $|\bar{X}-740|<\dfrac{180}{\sqrt{10}}Z_{\frac{\alpha}{2}}$，则认为样本均值 $\bar{X}$ 与总体均值 μ 差距较小，应接受原假设.

在统计中，把形如“$C=\dfrac{180}{\sqrt{10}}Z_{\frac{\alpha}{2}}$”的量称为检验统计量（或检验临界值），而把满足式子 $|\bar{X}-740|\geqslant\dfrac{180}{\sqrt{10}}Z_{\frac{\alpha}{2}}$ 的区域称为该检验的拒绝域；把满足式子 $|\bar{X}-740|<\dfrac{180}{\sqrt{10}}Z_{\frac{\alpha}{2}}$ 的区域称为该检验的接受域（见图 5－7）.

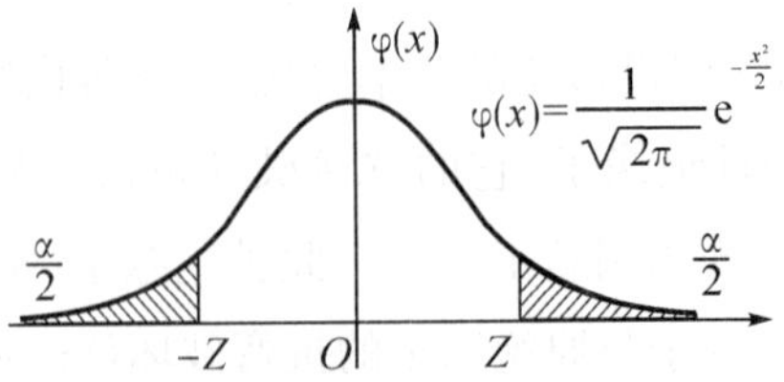

图 5－7

此例中 $\bar{X}=860$,若选取 $\alpha=0.05$,则查表得 $Z_{\frac{\alpha}{2}}=1.96$,于是:

$$C=\frac{180}{\sqrt{10}}\cdot Z_{\frac{\alpha}{2}}=\frac{180}{\sqrt{10}}\times 1.96=111.565$$

而:

$$|\bar{X}-740|=860-740=120>111.565$$

所以应拒绝原假设 H_0,即认为新绝缘子与原绝缘子的抗弯破坏负荷的不同不是由随机抽样引起的,而是新工艺引起的.

5.4.2　假设检验的步骤

根据以上的讨论与分析,归纳出假设检验的基本步骤如下:

(1)提出原假设 H_0 与备择假设 H_1 的具体内容;

(2)在假设 H_0 成立的条件下,选取适当统计量,并确定该统计量的分布类型;

(3)选定适当的显著性水平 α,借助相应分布表,计算出检验统计量 C,进而确定接受域和拒绝域;

(4)由样本观测值得出统计量的值,然后与检验统计量进行比较,从而判定是接受还是拒绝原假设.

5.4.3　两类错误

当我们检验原假设 H_0 时,有可能犯以下两类错误:

(1)H_0 是正确的,但我们拒绝了,这就犯了"弃真"的错误;

(2)H_0 是不正确的,但被我们接受了,这就犯了"采伪"的错误.

由于统计量是随机的,所以人们总会以一定的概率犯上述错误. 我们把犯第一类错误的概率称为假设检验的显著性水平,简称水平. 在应用上,一般是采用率先把显著性水平固定下来(也就是尽量减少犯第一类错误的概率),然后再考虑如何减少犯第二类错误概率的方法.

习题五

1. 填空题

(1)设 $X\sim N(\mu,\sigma^2)$,$(X_1,X_2,\cdots,X_n)$为样本,$\bar{X}$ 是样本均值,则 $U=n(\frac{\bar{X}-\mu}{\sigma})^2$ 服从____________分布.

(2)设 $X\sim F(n_1,n_2)$,$P\{X>F_\alpha(n_1,n_2)\}=0.1$,$Y=\frac{1}{4}$,则 $P\{X<F_{1-\alpha}(n_2,n_1)\}$ $=$____________.

(3) $X \sim N(0,4)$，(X_1,X_2,X_3) 为样本，若使 $[aX_1^2+b(X_2-X_3)^2] \sim \chi^2(2)$，则 (a,b) = ________.

(4) 设 $X \sim N(\mu,\sigma^2)$，$\bar{X},S^2$ 分别是容量为 n 的样本的样本均值与样本方差，则 $\sum\limits_{i=1}^{n}(\frac{X_i-X}{\sigma})^2 \sim$ ________.

(5) 设 X_1,X_2,X_3 是来自正态总体的容量为 3 的样本，$\hat{\mu}_1=\frac{1}{5}X_1+\frac{3}{10}X_2+\frac{1}{2}X_3$，$\hat{\mu}_2=\frac{1}{3}X_1+\frac{1}{4}X_2+\frac{5}{12}X_3$，$\hat{\mu}_3=\frac{1}{3}X_1+\frac{1}{3}X_2+\frac{1}{3}X_3$，则 $\hat{\mu}_1,\hat{\mu}_2,\hat{\mu}_3$ 皆为 μ 的________估计，其中________在 μ 的估计中最有效.

(6) 设总体 X 服从 $[0,\theta]$ 上的均匀分布，其中 $\theta>0$ 为未知参数，$X_1,X_2,\cdots,X_n$ 为来自总体的样本，则 θ 的矩估计量是________，θ 的极大似然估计量是________.

(7) 设总体 X 的概率密度是 $f(x)=\begin{cases}\theta x^{-(\theta+1)}, & x>1\\ 0, & 其他\end{cases}$ ($\theta>1$，θ 是未知参数)，$(X_1,X_2,\cdots,X_n)$ 为来自总体 X 的样本，则极大似然函数是________，θ 的极大似然估计量是________.

(8) 设总体 X 服从分布 $B(n,p)$，其中 p 为未知参数，n 为固定的整数，则 p 的极大似然估计量是________.

(9) 设总体 $X \sim N(\mu,\sigma^2)$，$X_1,X_2,\cdots,X_n$ 是来自 X 的样本，记 $\bar{X}=\frac{1}{n}\sum\limits_{i=1}^{n}X_i$，$Q^2=\sum\limits_{i=1}^{n}(X_i-\bar{X})^2$，当 μ 和 σ^2 未知时，则：

①检验假设 $H_0:\mu=\mu_0$ 所使用的统计量是________.

②检验假设 $H_0:\sigma^2=\sigma_0^2$ 所使用的统计量是________.

③某种产品以往的废品率为 5%，采取某种技术革新措施后，对产品的样本进行检验：这种产品的废品率是否有所降低. 取显著性水平 $\alpha=5\%$，则此问题的原假设 H_0：________；备择假设 H_1：________；犯第一类错误的概率为________.

④设总体 X 服从正态分布 $N(\mu,\sigma^2)$，方差 σ^2 未知，对假设 $H_0:\mu=\mu_0$，$H_1:\mu\neq\mu_0$ 进行假设检验时，通常采取的统计量是________，服从________分布，自由度是________.

⑤设总体 X 和 Y 独立，且 $X\sim N(\mu_1,\sigma_1^2)$，$Y\sim N(\mu_2,\sigma_2^2)$，$\mu_1,\mu_2,\sigma_1^2,\sigma_2^2$ 均未知，分别从 X 和 Y 得容量为 n_1,n_2 的样本，其样本均值分别是 $\bar{X}$ 和 $\bar{Y}$，样本方差分别是 S_1^2 和 S_2^2，对假设 $H_0:\sigma_1^2=\sigma_2^2$；$H_1:\sigma_1^2\neq\sigma_2^2$ 进行假设检验时，通常采用的统计量是________，其自由度是________.

2. 设 $X_1,\cdots,X_n$ 是来自正态总体 $N(0,\sigma^2)$ 的样本，试证：

(1) $\frac{1}{\sigma^2}\sum\limits_{i=1}^{n}X_i^2 \sim \chi^2(n)$；　(2) $\frac{1}{n\sigma^2}(\sum\limits_{i=1}^{n}X_i)^2 \sim \chi^2(1)$.

3. 设 $X_1,\cdots,X_5$ 是独立且服从相同分布的随机变量，且每一个 $X_i(i=1,2,\cdots,5)$ 都服从 $N(0,1)$，

(1)试给出常数 c，使得 $c(X_1^2+X_2^2)$ 服从 χ^2 分布，并指出它的自由度；

(2)试给出常数 d，使得 $d\cdot\dfrac{X_1+X_2}{\sqrt{X_3^2+X_4^2+X_5^2}}$ 服从 t 分布，并指出它的自由度.

4. 设 $X_1,\cdots,X_n$ 是取自总体 X 的一个样本，X 的密度函数为 $f(x)=\begin{cases}\dfrac{2x}{\theta^2}, & 0<x<\theta\\ 0, & 其他\end{cases}$，其中 θ 未知，$\theta>0$，求 θ 的矩估计.

5. 设 $X_1,\cdots,X_n$ 是取总体 X 的一个样本，总体 X 服从参数为 p 的几何分布，即 $P(X=x)=p(1-p)^{x-1}(x=1,2,3\cdots)$，其中 p 未知，$0<p<1$，求 p 的极大似然估计.

6. 已知某炼铁厂的铁水含碳量(%)正常情况下服从正态分布 $N(\mu,\sigma^2)$，且标准差 $\sigma=0.108$. 现测量五炉铁水，其含碳量分别是：

$$4.28,4.40,4.42,4.35,4.37(\%)$$

试求未知参数 μ 的单侧置信水平为 0.95 的置信下限和置信上限.

7. 随机地取某种子弹 9 发作试验，测得子弹速度 $s^*=11$. 设子弹速度服从正态分布 $N(\mu,\sigma^2)$，求这种子弹速度的标准差 σ 和方差 σ^2 的双侧 0.95 置信区间.

附录一 概率分布表

附表 1　泊松分布概率值表

$$P\{X=m\}=\frac{\lambda^m}{m!}e^{-\lambda}$$

m \ λ	0. 1	0. 2	0. 3	0. 4	0. 5	0. 6	0. 7	0. 8
0	0. 904 837	0. 818 731	0. 740 818	0. 676 320	0. 606 531	0. 548 812	0. 496 585	0. 449 329
1	0. 090 484	0. 163 746	0. 222 245	0. 268 128	0. 303 256	0. 329 287	0. 347 610	0. 359 463
2	0. 004 524	0. 016 375	0. 033 337	0. 053 626	0. 075 816	0. 098 786	0. 121 663	0. 143 785
3	0. 000 151	0. 001 092	0. 003 334	0. 007 150	0. 012 636	0. 019 757	0. 028 388	0. 038 343
4	0. 000 004	0. 000 055	0. 000 250	0. 000 715	0. 001 580	0. 002 964	0. 004 986	0. 007 669
5		0. 000 002	0. 000 015	0. 000 057	0. 000 158	0. 000 356	0. 000 696	0. 001 227
6			0. 000 001	0. 000 004	0. 000 013	0. 000 036	0. 000 081	0. 000 164
7					0. 000 001	0. 000 03	0. 000 008	0. 000 019
8							0. 000 001	0. 000 002
9								
10								
11								
12								
13								
14								
15								
16								
17								

附表 1(续)

m \ λ	0. 9	1. 0	1. 5	2. 0	2. 5	3. 0	3. 5	4. 0
0	0. 406 570	0. 367 879	0. 223 130	0. 135 335	0. 082 085	0. 049 787	0. 030 197	0. 018 316
1	0. 359 13	0. 367 879	0. 334 695	0. 270 671	0. 205 212	0. 149 361	0. 105 691	0. 073 263
2	0. 164 661	0. 183 940	0. 251 021	0. 270 671	0. 256 516	0. 224 042	0. 184 959	0. 146 525
3	0. 049 398	0. 061 313	0. 125 510	0. 180 447	0. 213 763	0. 224 042	0. 215 785	0. 195 367
4	0. 011 115	0. 015 328	0. 047 067	0. 090 224	0. 133 602	0. 168 031	0. 188 812	0. 195 367
5	0. 002 001	0. 003 066	0. 014 120	0. 036 098	0. 066 801	0. 100 819	0. 132 169	0. 156 293
6	0. 000 300	0. 000 511	0. 003 530	0. 012 030	0. 027 834	0. 050 409	0. 077 098	0. 104 196
7	0. 000 039	0. 000 073	0. 000 756	0. 003 437	0. 009 941	0. 021 604	0. 038 549	0. 059 540
8	0. 000 004	0. 000 009	0. 000 142	0. 000 859	0. 003 106	0. 008 102	0. 016 865	0. 029 770
9		0. 000 001	0. 000 024	0. 000 191	0. 000 863	0. 002 701	0. 006 559	0. 013 231
10			0. 000 04	0. 000 038	0. 000 216	0. 000 810	0. 002 296	0. 005 292
11				0. 000 007	0. 000 049	0. 000 221	0. 000 730	0. 001 925
12				0. 000 001	0. 000 010	0. 000 055	0. 000 213	0. 000 642
13					0. 000 002	0. 000 013	0. 000 057	0. 000 197
14						0. 000 002	0. 000 014	0. 000 056
15						0. 000 001	0. 000 003	0. 000 015
16							0. 000 001	0. 000 004
17								0. 000 001

m \ λ	4. 5	5. 0	5. 5	6. 0	6. 5	7. 0	7. 5	8. 0
0	0. 011 109	0. 006 738	0. 004 087	0. 002 479	0. 001 503	0. 000 091 2	0. 000 553	0. 000 335
1	0. 049 990	0. 033 690	0. 022 477	0. 014 873	0. 009 773	0. 006 383	0. 004 148	0. 002 684
2	0. 112 479	0. 084 224	0. 061 812	0. 044 618	0. 031 760	0. 022 341	0. 015 556	0. 010 735
3	0. 168 718	0. 140 374	0. 003 323	0. 089 235	0. 068 814	0. 052 129	0. 038 888	0. 028 626
4	0. 189 808	0. 175 467	0. 155 819	0. 133 853	0. 000 822	0. 091 226	0. 072 917	0. 057 252
5	0. 170 827	0. 175 467	0. 171 001	0. 160 623	0. 145 369	0. 127 717	0. 109 374	0. 091 604
6	0. 128 120	0. 146 223	0. 157 117	0. 160 623	0. 157 483	0. 149 003	0. 136 719	0. 122 138
7	0. 082 363	0. 104 445	0. 123 449	0. 137 677	0. 146 234	0. 149 003	0. 146 484	0. 139 587
8	0. 046 329	0. 065 278	0. 084 872	0. 103 258	0. 118 815	0. 130 377	0. 137 328	0. 139 587
9	0. 023 165	0. 036 266	0. 051 866	0. 068 838	0. 085 811	0. 101 405	0. 114 441	0. 124 077
10	0. 010 424	0. 018 133	0. 028 526	0. 041 303	0. 055 777	0. 070 983	0. 085 830	0. 099 262
11	0. 004 264	0. 008 242	0. 014 263	0. 022 529	0. 032 959	0. 045 171	0. 058 521	0. 072 190
12	0. 001 599	0. 003 434	0. 006 537	0. 011 263	0. 017 853	0. 026 350	0. 036 575	0. 048 127
13	0. 000 554	0. 001 321	0. 002 766	0. 005 199	0. 008 927	0. 014 188	0. 021 01	0. 029 616
14	0. 000 178	0. 000 427	0. 001 086	0. 002 228	0. 004 144	0. 007 094	0. 011 305	0. 016 924
15	0. 000 053	0. 000 157	0. 000 399	0. 000 891	0. 001 796	0. 003 311	0. 005 652	0. 009 026
16	0. 000 015	0. 000 049	0. 000 137	0. 000 334	0. 000 730	0. 001 448	0. 002 649	0. 004 513
17	0. 000 004	0. 000 014	0. 000 044	0. 000 118	0. 000 279	0. 000 596	0. 001 169	0. 002 124
18	0. 000 001	0. 000 004	0. 000 014	0. 000 039	0. 000 100	0. 000 232	0. 000 487	0. 000 944
19		0. 000 01	0. 000 004	0. 000 012	0. 000 035	0. 000 085	0. 000 192	0. 000 397
20			0. 000 01	0. 000 004	0. 000 011	0. 000 030	0. 000 072	0. 000 159
21				0. 000 001	0. 000 004	0. 000 010	0. 000 026	0. 000 061
22					0. 000 001	0. 000 003	0. 000 009	0. 000 022
23						0. 000 001	0. 000 003	0. 000 008
24							0. 000 001	0. 000 003
25								0. 000 001
26								
27								
28								
29								

附表 2　标准正态分布表

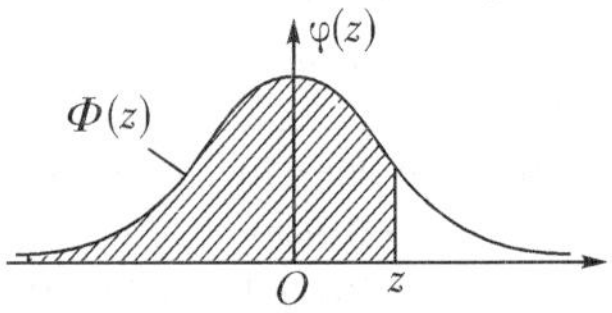

$$\Phi(z) = \int_{-\infty}^{z} \frac{1}{\sqrt{2\pi}} e^{-u^2/2} du = P\{Z \leqslant z\}$$

z	0	1	2	3	4	5	6	7	8	9
0.0	0.500 0	0.504 0	0.508 0	0.512 0	0.516 0	0.519 9	0.523 9	0.527 9	0.531 9	0.535 9
0.1	0.539 8	0.543 8	0.547 8	0.551 7	0.555 7	0.559 6	0.563 6	0.567 5	0.571 4	0.575 3
0.2	0.579 3	0.583 2	0.587 1	0.591 0	0.594 8	0.598 7	0.602 6	0.606 4	0.610 3	0.614 1
0.3	0.617 9	0.621 7	0.625 5	0.629 3	0.633 1	0.636 8	0.640 6	0.644 3	0.648 0	0.651 7
0.4	0.655 4	0.659 1	0.662 8	0.666 4	0.670 0	0.673 6	0.677 2	0.680 8	0.684 4	0.687 9
0.5	0.691 5	0.695 0	0.695 8	0.701 9	0.705 4	0.708 8	0.712 3	0.715 7	0.719 0	0.722 4
0.6	0.725 7	0.729 1	0.732 4	0.735 7	0.738 9	0.742 2	0.745 4	0.748 6	0.751 7	0.754 9
0.7	0.758 0	0.761 1	0.764 2	0.767 3	0.770 3	0.773 4	0.776 4	0.779 4	0.782 3	0.785 2
0.8	0.788 1	0.791 0	0.793 9	0.796 7	0.799 5	0.802 3	0.805 1	0.807 8	0.810 6	0.813 3
0.9	0.815 9	0.818 6	0.821 2	0.823 8	0.826 4	0.828 9	0.831 5	0.834 0	0.836 5	0.838 9
1.0	0.841 3	0.843 8	0.846 1	0.848 5	0.850 8	0.853 1	0.855 4	0.857 7	0.859 9	0.862 1
1.1	0.864 3	0.866 5	0.868 6	0.870 8	0.872 9	0.874 9	0.877 0	0.879 0	0.881 0	0.883 0
1.2	0.884 9	0.886 9	0.888 8	0.890 7	0.892 5	0.894 4	0.896 2	0.898 0	0.899 7	0.901 5
1.3	0.903 2	0.904 9	0.906 6	0.908 2	0.909 9	0.911 5	0.913 1	0.914 7	0.916 2	0.617 7
1.4	0.919 2	0.920 7	0.922 2	0.923 6	0.925 1	0.926 5	0.927 8	0.929 2	0.930 6	0.931 9
1.5	0.933 2	0.934 5	0.935 7	0.937 0	0.938 2	0.939 4	0.940 6	0.941 8	0.943 0	0.944 1
1.6	0.945 2	0.946 3	0.947 4	0.948 4	0.949 5	0.950 5	0.951 5	0.952 5	0.953 5	0.954 5
1.7	0.955 4	0.956 4	0.957 3	0.958 2	0.959 1	0.959 9	0.960 8	0.961 6	0.962 5	0.963 3
1.8	0.964 1	0.964 8	0.965 6	0.966 4	0.967 1	0.967 8	0.968 6	0.969 3	0.970 0	0.970 6
1.9	0.971 3	0.971 9	0.972 6	0.973 2	0.973 8	0.974 4	0.975 0	0.975 6	0.976 2	0.976 7
2.0	0.977 2	0.977 8	0.978 3	0.978 8	0.979 3	0.979 8	0.980 3	0.980 8	0.981 2	0.981 7
2.1	0.982 1	0.982 6	0.983 0	0.983 4	0.983 8	0.984 2	0.984 6	0.985 0	0.985 4	0.985 7
2.2	0.986 1	0.986 4	0.986 8	0.987 1	0.987 4	0.987 8	0.998 1	0.988 4	0.988 7	0.989 0
2.3	0.989 3	0.989 6	0.989 8	0.990 1	0.990 4	0.990 6	0.990 9	0.991 1	0.991 3	0.991 6
2.4	0.991 8	0.992 0	0.992 2	0.992 5	0.992 7	0.992 9	0.993 1	0.993 2	0.993 4	0.993 6
2.5	0.993 8	0.994 0	0.994 1	0.994 3	0.994 5	0.994 6	0.994 8	0.994 9	0.995 1	0.995 2
2.6	0.995 3	0.995 5	0.995 6	0.995 7	0.995 9	0.996 0	0.996 1	0.996 2	0.996 3	0.996 4
2.7	0.996 5	0.996 6	0.996 7	0.996 8	0.996 9	0.997 0	0.997 1	0.997 2	0.997 3	0.997 4
2.8	0.997 4	0.997 5	0.997 6	0.997 7	0.997 7	0.987 8	0.997 9	0.997 9	0.998 0	0.998 1
2.9	0.998 1	0.998 2	0.998 2	0.998 3	0.998 4	0.998 4	0.998 5	0.998 5	0.998 6	0.998 6
3.0	0.998 7	0.999 0	0.999 3	0.999 5	0.999 7	0.999 8	0.999 8	0.999 9	0.999 9	1.000 0

注：表中末行系函数值 $\Phi(3.0)$，$\Phi(3.1)$，…，(3.9).

附表 3　t 分布表

$P\{t(n) > t_\alpha(n)\} = \alpha$

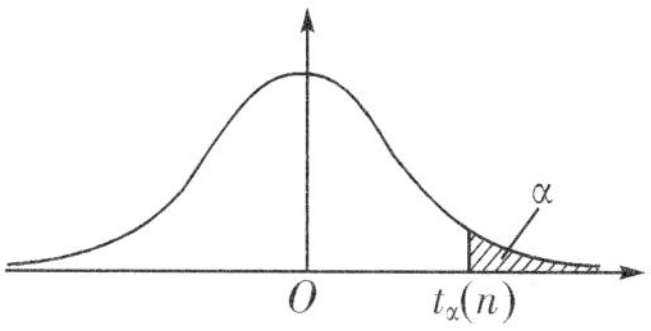

n	$\alpha=0.25$	0.10	0.05	0.025	0.01	0.005
1	1.000 0	3.077 7	6.313 8	12.706 2	31.820 7	63.657 4
2	0.816 5	1.885 6	2.920 0	4.302 7	6.964 6	9.924 8
3	0.764 9	1.637 7	2.353 4	3.182 4	4.540 7	5.840 9
4	0.740 7	1.533 2	2.131 8	2.776 4	3.746 9	4.604 1
5	0.726 7	1.475 9	2.015 0	2.570 6	3.364 9	4.032 2
6	0.717 6	1.439 8	1.943 2	2.446 9	3.142 7	3.707 4
7	0.711 1	1.414 9	1.894 6	2.364 6	2.998 0	3.499 5
8	0.706 4	1.396 8	1.859 5	2.306 0	2.896 5	3.355 4
9	0.702 7	1.383 0	1.833 1	2.262 2	2.821 4	3.249 8
10	0.699 8	1.372 2	1.812 5	2.228 1	2.763 8	3.169 3
11	0.697 4	1.363 4	1.795 9	2.201 0	2.718 1	3.105 8
12	0.695 5	1.356 2	1.782 3	2.178 8	2.681 0	3.054 5
13	0.693 8	1.350 2	1.770 9	2.160 4	2.650 3	3.012 3
14	0.692 4	1.345 0	1.761 3	2.144 8	2.624 5	2.976 8
15	0.691 2	1.340 6	1.753 1	2.131 5	2.602 5	2.946 7
16	0.690 1	1.336 8	1.745 9	2.119 9	2.583 5	2.920 8
17	0.689 2	1.333 4	1.739 6	2.109 8	2.566 9	2.898 2
18	0.688 4	1.330 4	1.734 1	2.100 9	2.552 4	2.878 4
19	0.687 6	1.327 7	1.729 1	2.093 0	2.539 5	2.860 9
20	0.687 0	1.325 3	1.724 7	2.086 0	2.528 0	2.845 3
21	0.686 4	1.323 2	1.720 7	2.079 6	2.517 7	2.831 4
22	0.685 8	1.321 2	1.717 1	2.073 9	2.508 3	2.818 8
23	0.685 3	1.319 5	1.713 9	2.068 7	2.499 9	2.807 3
24	0.684 8	1.317 8	1.710 9	2.063 9	2.492 2	2.796 9
25	0.684 4	1.316 3	1.708 1	2.059 5	2.485 1	2.787 4
26	0.684 0	1.315 0	1.705 8	2.055 5	2.478 6	2.778 7
27	0.683 7	1.313 7	1.703 3	2.051 8	2.472 7	2.770 7
28	0.683 4	1.312 5	1.701 1	2.048 4	2.467 1	2.763 3
29	0.683 0	1.311 4	1.699 1	2.045 2	2.462 0	2.756 4
30	0.682 8	1.310 4	1.697 3	2.042 3	2.457 3	2.750 0
31	0.682 5	1.309 5	1.695 5	2.039 5	2.452 8	2.744 0
32	0.682 2	1.308 6	1.693 9	2.036 9	2.448 7	2.738 5
33	0.682 0	1.307 7	1.692 4	2.034 5	2.444 8	2.733 3
34	0.681 8	1.307 0	1.690 9	2.032 2	2.441 1	2.728 4
35	0.681 6	1.306 2	1.689 6	2.030 1	2.437 7	2.723 8
36	0.681 4	1.305 5	1.688 3	2.028 1	2.434 5	2.719 5
37	0.681 2	1.304 9	1.687 1	2.026 2	2.431 4	2.715 4
38	0.681 0	1.304 2	1.686 0	2.024 4	2.428 6	2.711 6
39	0.680 8	1.303 6	1.684 9	2.022 7	2.425 8	2.707 9
40	0.680 7	1.303 1	1.683 9	2.021 1	2.423 3	2.704 5
41	0.680 5	1.302 5	1.682 9	2.019 5	2.420 8	2.701 2
42	0.680 4	1.302 0	1.682 0	2.018 1	2.418 5	2.698 1
43	0.680 2	1.301 6	1.681 1	2.016 7	2.416 3	2.695 1
44	0.680 1	1.301 1	1.680 2	2.015 4	2.414 1	2.692 3
45	0.680 0	1.300 6	1.679 4	2.014 1	2.412 1	2.689 6

附表 4 χ^2 分布表

$P\{\chi^2(n) > \chi^2_\alpha(n)\} = \alpha$

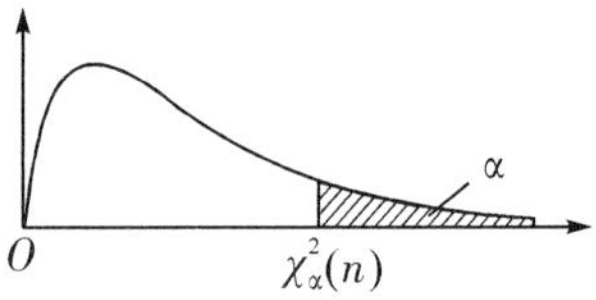

n	$\alpha=0.995$	0.99	0.975	0.95	0.90	0.75
1	—	—	0.001	0.004	0.016	0.102
2	0.010	0.020	0.051	0.103	0.211	0.575
3	0.072	0.115	0.216	0.352	0.584	1.213
4	0.207	0.297	0.484	0.711	1.064	1.923
5	0.412	0.554	0.831	1.145	1.061	2.675
6	0.676	0.872	1.237	1.635	2.204	3.455
7	0.989	1.239	1.690	2.167	2.833	4.255
8	1.344	0.646	2.180	2.733	3.490	5.071
9	1.735	2.088	2.700	3.325	4.168	5.899
10	2.156	2.558	3.247	3.940	4.865	6.737
11	2.603	3.053	3.816	4.575	5.578	7.584
12	3.074	3.571	4.404	5.226	6.304	8.438
13	3.565	4.107	5.009	5.892	7.042	9.299
14	4.075	4.660	5.629	6.571	7.790	10.165
15	4.601	5.229	6.262	7.261	8.547	11.037
16	5.142	5.812	6.908	7.962	9.312	11.912
17	5.697	6.408	7.564	8.672	10.085	12.792
18	6.265	7.015	8.231	9.390	10.865	13.675
19	6.844	7.633	8.907	10.117	11.651	14.562
20	7.434	8.260	9.591	10.851	12.443	15.452
21	8.034	8.897	10.283	11.591	13.240	16.344
22	8.643	9.542	10.982	12.338	14.042	17.240
23	9.260	10.196	11.689	13.091	14.848	18.137
24	9.886	10.856	12.401	13.848	15.659	19.037
25	10.520	11.524	13.120	14.611	16.473	19.939
26	11.160	12.198	13.844	15.379	17.292	20.843
27	11.808	12.879	14.573	16.151	18.114	21.749
28	12.461	13.565	15.308	16.928	18.939	22.657
29	13.121	14.257	16.047	17.708	19.768	23.567
30	13.787	14.954	16.791	18.493	20.599	24.478
31	14.458	15.655	17.539	19.281	21.434	25.390
32	15.134	16.362	18.291	20.072	22.271	26.304
33	15.815	17.074	19.047	20.807	23.110	27.219
34	16.501	17.789	19.806	21.664	23.952	28.136
35	17.192	18.509	20.569	22.465	24.797	29.054
36	17.887	19.233	21.336	23.269	25.163	29.973
37	18.586	19.960	22.106	24.075	26.492	30.893
38	19.289	20.691	22.878	24.884	27.343	31.815
39	19.996	21.426	23.654	25.695	28.196	32.737
40	20.707	22.164	24.433	26.509	29.051	33.660
41	21.421	22.906	25.215	27.326	29.907	34.585
42	22.138	23.650	25.999	28.144	30.765	35.510
43	22.859	24.398	26.785	28.965	31.625	36.430
44	23.584	25.143	27.575	29.787	32.487	37.363
45	24.311	25.901	28.366	30.612	33.350	38.291

附表4(续)

n	$\alpha=0.25$	0. 10	0. 05	0. 025	0. 01	0. 005
1	1. 323	2. 706	3. 841	5. 024	6. 635	7. 879
2	2. 773	4. 605	5. 991	7. 378	9. 210	10. 597
3	4. 108	6. 251	7. 815	9. 348	11. 345	12. 838
4	5. 385	7. 779	9. 488	11. 143	13. 277	14. 860
5	6. 626	9. 236	11. 071	12. 833	15. 086	16. 750
6	7. 841	10. 645	12. 592	14. 499	16. 812	18. 548
7	9. 037	12. 017	14. 067	16. 013	18. 475	20. 278
8	10. 219	13. 362	15. 507	17. 535	20. 090	21. 955
9	11. 289	14. 684	16. 919	19. 023	21. 666	23. 598
10	12. 549	15. 987	18. 307	20. 483	23. 209	25. 188
11	13. 701	17. 275	19. 675	21. 920	24. 725	26. 757
12	14. 845	18. 549	21. 026	23. 337	26. 217	28. 299
13	15. 984	19. 812	22. 362	24. 736	27. 688	29. 819
14	17. 117	21. 064	23. 685	26. 119	29. 141	31. 319
15	18. 245	22. 307	24. 996	27. 488	30. 578	32. 801
16	19. 369	23. 542	26. 286	28. 845	32. 000	34. 267
17	20. 489	24. 769	27. 587	30. 191	33. 409	35. 718
18	21. 605	25. 989	28. 869	31. 526	34. 805	37. 156
19	22. 718	27. 204	30. 144	32. 853	36. 191	38. 582
20	23. 828	28. 412	31. 410	34. 170	37. 566	39. 997
21	24. 935	29. 615	32. 671	35. 479	38. 932	41. 401
22	26. 039	30. 813	33. 924	36. 781	40. 298	42. 796
23	27. 141	32. 007	35. 172	38. 076	41. 638	44. 181
24	28. 241	33. 196	36. 415	39. 364	42. 980	45. 559
25	29. 339	34. 382	37. 652	40. 646	44. 314	46. 928
26	30. 435	35. 563	38. 885	41. 923	45. 642	48. 290
27	31. 528	36. 741	40. 113	43. 194	46. 963	49. 654
28	32. 620	37. 916	41. 337	44. 461	48. 278	50. 993
29	33. 711	39. 087	42. 557	45. 722	49. 588	52. 336
30	34. 800	40. 256	43. 773	46. 979	50. 892	53. 672
31	35. 887	41. 422	44. 985	48. 232	52. 191	55. 003
32	36. 973	42. 585	46. 194	49. 480	53. 486	56. 328
33	38. 053	43. 745	47. 400	50. 725	54. 776	57. 648
34	39. 141	44. 903	48. 602	51. 966	56. 061	58. 964
35	40. 223	46. 095	49. 802	53. 203	57. 342	60. 275
36	41. 304	47. 212	50. 998	54. 437	58. 619	61. 581
37	42. 383	48. 363	52. 192	55. 668	59. 892	62. 883
38	43. 462	49. 513	53. 384	56. 896	61. 162	64. 181
39	44. 539	50. 660	54. 572	58. 120	62. 428	65. 476
40	45. 616	51. 805	55. 758	59. 342	63. 691	66. 766
41	46. 692	52. 949	53. 942	60. 561	64. 950	68. 053
42	47. 766	54. 090	58. 124	61. 777	66. 206	69. 336
43	48. 840	55. 230	59. 304	62. 990	67. 459	70. 606
44	49. 913	56. 369	90. 481	64. 201	68. 710	71. 893
45	50. 985	57. 505	61. 656	65. 410	69. 957	73. 166

附表5　F分布表

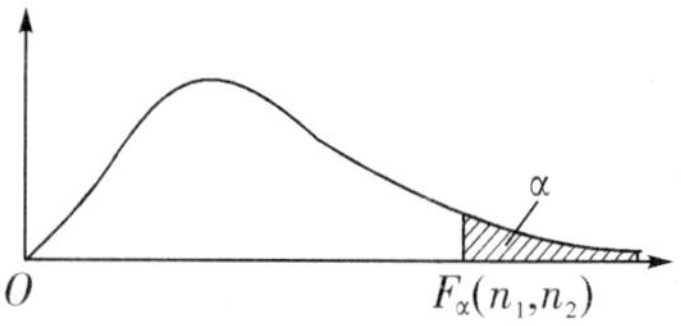

$P\{F(n_1,n_2)>F_\alpha(n_1,n_2)\}=\alpha$

$\alpha=0.10$

n_2 \ n_1	1	2	3	4	5	6	7	8	9	10	12	15	20	24	30	40	60	120	∞
1	39.86	49.50	53.59	55.83	57.24	58.20	58.91	59.44	59.86	60.19	60.71	61.22	61.74	62.00	62.26	62.53	62.79	63.06	63.33
2	8.53	9.00	9.16	9.24	9.29	9.33	9.35	9.37	9.38	9.39	9.41	9.42	9.44	9.45	9.46	9.47	9.47	9.48	9.49
3	5.54	5.46	5.39	5.34	5.31	5.28	5.27	5.25	5.24	5.23	5.22	5.20	5.18	5.18	5.17	5.16	5.15	5.14	5.13
4	4.54	4.32	4.19	4.11	4.05	4.01	3.98	3.95	3.94	3.92	3.90	3.87	3.84	3.83	3.82	3.80	3.79	3.78	3.76
5	4.06	3.78	3.62	3.52	3.45	3.40	3.37	3.34	3.32	3.30	3.27	3.24	3.21	3.19	3.17	3.16	3.14	3.12	3.10
6	3.78	3.46	3.29	3.18	3.11	3.05	3.01	2.98	2.96	2.94	2.90	2.87	2.84	2.82	2.80	2.78	2.76	2.74	2.72
7	3.59	3.26	3.07	2.96	2.88	2.83	2.78	2.75	2.72	2.70	2.67	2.63	2.59	2.58	2.56	2.54	2.51	2.49	2.47
8	3.46	3.11	2.92	2.81	2.73	2.67	2.62	2.59	2.56	2.54	2.50	2.46	2.42	2.40	2.38	2.36	2.34	2.32	2.29
9	3.36	3.01	2.81	2.69	2.61	2.55	2.51	2.47	2.44	2.42	2.38	2.34	2.30	2.28	2.25	2.23	2.21	2.18	2.16
10	3.29	2.92	2.73	2.61	2.52	2.46	2.41	2.38	2.35	2.32	2.28	2.24	2.20	2.18	2.16	2.13	2.11	2.08	2.06
11	3.23	2.86	2.66	2.54	2.45	2.39	2.34	2.30	2.27	2.25	2.21	2.17	2.12	2.10	2.08	2.05	2.03	2.00	1.97
12	3.18	2.81	2.61	2.48	2.39	2.33	2.28	2.24	2.21	2.19	2.15	2.10	2.06	2.04	2.01	1.99	1.96	1.93	1.90
13	3.14	2.76	2.56	2.43	2.35	2.28	2.23	2.20	2.16	2.14	2.10	2.05	2.01	1.98	1.96	1.93	1.90	1.88	1.85
14	3.10	2.73	2.52	2.39	2.31	2.24	2.19	2.15	2.12	2.10	2.05	2.01	1.96	1.94	1.91	1.89	1.86	1.83	1.80
15	3.07	2.70	2.49	2.36	2.27	2.21	2.16	2.12	2.09	2.06	2.02	1.97	1.92	1.90	1.87	1.85	1.82	1.79	1.76
16	3.05	2.67	2.46	2.33	2.24	2.18	2.13	2.09	2.06	2.03	1.99	1.94	1.89	1.87	1.84	1.81	1.78	1.75	1.72
17	3.03	2.64	2.44	2.31	2.22	2.15	2.10	2.06	2.03	2.00	1.96	1.91	1.86	1.84	1.81	1.78	1.75	1.72	1.69
18	3.01	2.62	2.42	2.29	2.20	2.13	2.08	2.04	2.00	1.98	1.93	1.89	1.84	1.81	1.78	1.75	1.72	1.69	1.66
19	2.99	2.61	2.40	2.27	2.18	2.11	2.06	2.02	1.98	1.96	1.91	1.86	1.81	1.79	1.76	1.73	1.70	1.67	1.63
20	2.97	2.59	2.38	2.25	2.16	2.09	2.04	2.00	1.96	1.94	1.89	1.84	1.79	1.77	1.74	1.71	1.68	1.64	1.61
21	2.96	2.57	2.36	2.23	2.14	2.08	2.02	1.98	1.95	1.92	1.87	1.83	1.78	1.75	1.72	1.69	1.66	1.62	1.59
22	2.95	2.56	2.35	2.22	2.13	2.06	2.01	1.97	1.93	1.90	1.86	1.81	1.76	1.73	1.70	1.67	1.64	1.60	1.57
23	2.94	2.55	2.34	2.21	2.11	2.05	1.99	1.95	1.92	1.89	1.84	1.80	1.74	1.72	1.69	1.66	1.62	1.59	1.55
24	2.93	2.54	2.33	2.19	2.10	2.04	1.98	1.94	1.91	1.88	1.83	1.78	1.73	1.70	1.67	1.64	1.61	1.57	1.53
25	2.92	2.53	2.32	2.18	2.09	2.02	1.97	1.93	1.89	1.87	1.82	1.77	1.72	1.69	1.66	1.63	1.59	1.56	1.52
26	2.91	2.52	2.31	2.17	2.08	2.01	1.96	1.92	1.88	1.86	1.81	1.76	1.71	1.68	1.65	1.61	1.58	1.54	1.50
27	2.90	2.51	2.30	2.17	2.07	2.00	1.95	1.91	1.87	1.85	1.80	1.75	1.70	1.67	1.64	1.60	1.57	1.53	1.49
28	2.89	2.50	2.29	2.16	2.06	2.00	1.94	1.90	1.87	1.84	1.79	1.74	1.69	1.66	1.63	1.59	1.56	1.52	1.48
29	2.89	2.50	2.28	2.15	2.06	1.99	1.93	1.89	1.86	1.83	1.78	1.73	1.68	1.65	1.62	1.58	1.55	1.51	1.47
30	2.88	2.49	2.28	2.14	2.05	1.98	1.93	1.88	1.85	1.82	1.77	1.72	1.67	1.64	1.61	1.57	1.54	1.50	1.46
40	2.84	2.44	2.23	2.09	2.00	1.93	1.87	1.83	1.79	1.76	1.71	1.66	1.61	1.57	1.54	1.51	1.47	1.42	1.38
60	2.79	2.39	2.18	2.04	1.95	1.87	1.82	1.77	1.74	1.71	1.66	1.60	1.54	1.51	1.48	1.44	1.40	1.35	1.29
120	2.75	2.35	2.13	1.99	1.90	1.82	1.77	1.72	1.68	1.65	1.60	1.55	1.48	1.45	1.41	1.37	1.32	1.26	1.19
∞	2.71	2.30	2.08	1.94	1.85	1.77	1.72	1.67	1.63	1.60	1.55	1.49	1.42	1.38	1.34	1.30	1.24	1.17	1.00

$\alpha=0.05$ 附表 5(续 1)

n_2 \ n_1	1	2	3	4	5	6	7	8	9	10	12	15	20	24	30	40	60	120	∞
1	161.4	199.5	215.7	224.6	230.2	234.0	236.8	238.9	240.5	241.9	243.9	245.9	248.0	249.1	250.1	251.1	252.2	253.3	254.3
2	18.51	19.00	19.16	19.25	19.30	19.33	19.35	19.37	19.38	19.40	19.41	19.43	19.45	19.45	19.46	19.47	19.48	19.49	19.50
3	10.13	9.55	9.28	9.12	9.01	8.94	8.89	8.85	8.81	8.79	8.74	8.70	8.66	8.64	8.62	8.59	8.57	8.55	8.53
4	7.71	6.94	6.59	6.39	6.26	6.16	6.09	6.04	6.00	5.96	5.91	5.86	5.80	5.77	5.75	5.72	5.69	5.66	5.63
5	6.61	5.79	5.41	5.19	5.05	4.95	4.88	4.82	4.77	4.74	4.68	4.62	4.56	4.53	4.50	4.46	4.43	4.40	4.36
6	5.99	5.14	4.76	4.53	4.39	4.28	4.21	4.15	4.10	4.06	4.00	3.94	3.87	3.84	3.81	3.77	3.74	3.70	3.67
7	5.59	4.74	4.35	4.12	3.97	3.87	3.79	3.73	3.68	3.64	3.57	3.51	3.44	3.41	3.38	3.34	3.30	3.27	3.23
8	5.32	4.46	4.07	3.84	3.69	3.58	3.50	3.44	3.39	3.35	3.28	3.22	3.15	3.12	3.08	3.04	3.01	2.97	2.93
9	5.12	4.26	3.86	3.63	3.48	3.37	3.29	3.23	3.18	3.14	3.07	3.01	2.94	2.90	2.86	2.83	2.79	2.75	2.71
10	4.96	4.10	3.71	3.48	3.33	3.22	3.14	3.07	3.02	2.98	2.91	2.85	2.77	2.74	2.70	2.66	2.62	2.58	2.54
11	4.84	3.98	3.59	3.36	3.20	3.09	3.01	2.95	2.90	2.85	2.79	2.72	2.65	2.61	2.57	2.53	2.49	2.45	2.40
12	4.75	3.89	3.49	3.26	3.11	3.00	2.91	2.85	2.80	2.75	2.69	2.62	2.54	2.51	2.47	2.43	2.38	2.34	2.30
13	4.67	3.81	3.41	3.18	3.03	2.92	2.83	2.77	2.71	2.67	2.60	2.53	2.46	2.42	2.38	2.34	2.30	2.25	2.21
14	4.60	3.74	3.34	3.11	2.96	2.85	2.76	2.70	2.65	2.60	2.53	2.46	2.39	2.35	2.31	2.27	2.22	2.18	2.13
15	4.54	3.68	3.29	3.06	2.90	2.97	2.71	2.64	2.59	2.54	2.48	2.40	2.33	2.29	2.25	2.20	2.16	2.11	2.07
16	4.49	3.63	3.24	3.01	2.85	2.74	2.66	2.59	2.54	2.49	2.42	2.35	2.28	2.24	2.19	2.15	2.11	2.06	2.01
17	4.45	3.59	3.20	2.96	2.81	2.70	2.61	2.55	2.49	2.45	2.38	2.31	2.23	2.19	2.15	2.10	2.06	2.01	1.96
18	4.41	3.55	3.16	2.93	2.77	2.66	2.58	2.51	2.46	2.41	2.34	2.27	2.19	2.15	2.11	2.06	2.02	1.97	1.92
19	4.38	3.52	3.13	2.90	2.74	2.63	2.54	2.48	2.42	2.38	2.31	2.23	2.16	2.11	2.07	2.03	1.98	1.93	1.88
20	4.35	3.49	3.10	2.87	2.71	2.60	2.51	2.45	2.39	2.35	2.28	2.20	2.12	2.08	2.04	1.99	1.95	1.90	1.84
21	4.32	3.47	3.07	2.84	2.68	2.57	2.49	2.42	2.37	2.32	2.25	2.18	2.10	2.05	2.01	1.96	1.92	1.87	1.81
22	4.30	3.44	3.05	2.82	2.66	2.55	2.46	2.40	2.34	2.30	2.23	2.15	2.07	2.03	1.98	1.94	1.89	1.84	1.78
23	4.28	3.42	3.03	2.80	2.64	2.53	2.44	2.37	2.32	2.27	2.20	2.13	2.05	2.01	1.96	1.91	1.86	1.81	1.76
24	4.26	3.40	3.01	2.78	2.62	2.51	2.42	2.36	2.30	2.25	218	2.11	2.03	1.98	1.94	1.89	1.84	1.79	1.73
25	4.24	3.39	2.99	2.76	2.60	2.49	2.40	2.34	2.28	2.24	2.16	2.09	2.01	1.96	1.92	1.87	1.82	1.77	1.71
26	4.23	3.37	2.98	2.74	2.59	2.47	2.39	2.32	2.27	2.22	2.15	2.07	1.99	1.95	1.90	1.85	1.80	1.75	1.69
27	4.21	3.35	2.96	2.73	2.57	2.46	2.37	2.31	2.25	2.20	2.13	2.06	1.97	1.93	1.88	1.84	1.79	1.73	1.67
28	4.20	3.34	2.95	2.71	2.56	2.45	2.36	2.29	2.24	2.19	2.12	2.04	1.96	1.91	1.87	1.82	1.77	1.71	1.65
29	4.18	3.33	2.93	2.70	2.55	2.43	2.35	2.28	2.22	2.18	2.10	2.03	1.94	1.90	1.85	1.81	1.75	1.70	1.64
30	4.17	3.32	2.92	2.69	2.53	2.42	2.33	2.27	2.21	2.16	2.09	2.01	1.93	1.89	1.84	1.79	1.74	1.68	1.62
40	4.08	3.23	2.84	2.61	2.45	2.34	2.25	2.18	2.12	2.08	2.00	1.92	1.84	1.79	1.74	1.69	1.64	1.58	1.51
60	4.00	3.15	2.76	2.53	2.37	2.25	2.17	2.10	2.04	1.99	1.92	1.84	1.75	1.70	1.65	1.59	1.53	1.47	1.39
120	3.92	3.07	2.68	2.45	2.29	2.17	2.09	2.02	1.96	1.91	1.83	1.75	1.66	1.61	1.55	1.50	1.43	1.35	1.25
∞	3.84	3.00	2.60	2.37	2.21	2.10	2.01	1.94	1.88	1.83	1.75	1.67	1.57	1.52	1.46	1.39	1.32	1.22	1.00

$\alpha = 0.025$ 附表 5(续 2)

n_2 \ n_1	1	2	3	4	5	6	7	8	9	10	12	15	20	24	30	40	60	120	∞
1	647. 8	799. 5	864. 2	899. 6	921. 8	937. 1	948. 2	956. 7	963. 3	368. 6	976. 7	984. 9	993. 1	997. 2	1 001	1 006	1 010	1 014	1 018
2	38. 51	39. 00	39. 17	36. 25	39. 30	39. 33	39. 36	39. 37	39. 39	39. 40	39. 41	39. 43	39. 45	39. 46	39. 46	39. 47	39. 48	39. 49	39. 50
3	17. 44	16. 04	15. 44	15. 10	14. 88	14. 73	14. 62	14. 54	14. 47	14. 42	14. 34	14. 25	14. 17	14. 21	14. 08	14. 04	13. 99	13. 95	13. 90
4	12. 22	10. 65	9. 98	9. 60	9. 36	9. 20	9. 07	9. 98	8. 90	8. 84	8. 75	8. 66	8. 56	8. 51	8. 46	8. 41	8. 36	8. 31	8. 26
5	10. 01	8. 43	7. 76	7. 39	7. 15	6. 98	6. 85	6. 76	6. 68	6. 62	6. 52	6. 43	6. 33	6. 28	6. 23	6. 18	6. 12	6. 07	6. 02
6	8. 81	7. 26	6. 60	6. 23	5. 99	5. 82	5. 70	5. 60	5. 52	5. 46	5. 37	5. 27	5. 17	5. 12	5. 07	5. 01	4. 96	4. 90	4. 85
7	8. 07	6. 54	5. 89	5. 52	5. 29	5. 12	4. 99	4. 90	4. 82	4. 76	4. 67	4. 57	4. 47	4. 42	4. 36	4. 31	4. 25	4. 20	4. 14
8	7. 57	6. 06	5. 42	5. 05	4. 82	4. 65	4. 53	4. 43	4. 36	4. 30	4. 20	4. 10	4. 00	3. 95	3. 89	3. 84	3. 78	3. 73	3. 67
9	7. 21	5. 71	5. 08	4. 72	4. 48	4. 23	4. 20	4. 10	4. 03	3. 96	3. 87	3. 77	3. 67	3. 61	3. 56	3. 51	3. 45	3. 39	3. 33
10	6. 94	5. 46	4. 83	4. 47	4. 24	4. 07	3. 95	3. 85	3. 78	3. 72	3. 62	3. 52	3. 42	3. 37	3. 31	3. 26	3. 20	3. 14	3. 08
11	6. 72	5. 26	4. 63	4. 28	4. 04	3. 88	3. 76	3. 66	3. 59	3. 53	3. 43	3. 33	3. 23	3. 17	3. 12	3. 06	3. 00	2. 94	2. 88
12	6. 55	5. 10	4. 47	4. 12	3. 89	3. 73	3. 61	3. 51	3. 44	3. 37	3. 28	3. 18	3. 07	3. 02	2. 96	2. 91	2. 85	2. 79	2. 72
13	6. 41	4. 97	4. 35	4. 00	3. 77	3. 60	3. 48	3. 39	3. 31	3. 25	3. 15	3. 05	2. 95	2. 89	2. 84	2. 78	2. 72	2. 66	2. 60
14	6. 30	4. 86	4. 24	3. 89	3. 66	3. 50	3. 38	3. 29	3. 21	3. 15	3. 05	2. 95	2. 84	2. 79	2. 73	2. 67	2. 61	2. 55	2. 49
15	6. 20	4. 77	4. 15	3. 80	3. 58	3. 41	3. 29	3. 20	3. 12	3. 06	2. 96	2. 86	2. 76	2. 70	2. 64	2. 59	2. 52	2. 46	2. 40
16	6. 12	4. 69	4. 08	3. 73	3. 50	3. 34	3. 22	3. 12	3. 05	2. 99	2. 89	2. 79	2. 68	2. 63	2. 57	2. 51	2. 45	2. 38	2. 32
17	6. 04	4. 62	4. 01	3. 66	3. 44	3. 28	3. 16	3. 06	2. 98	2. 92	2. 82	2. 72	2. 62	2. 56	2. 50	2. 44	2. 38	2. 32	2. 25
18	5. 98	4. 56	3. 95	3. 61	3. 38	3. 22	3. 10	3. 01	2. 93	2. 87	2. 77	2. 67	2. 56	2. 50	2. 44	2. 38	2. 32	2. 26	2. 19
19	5. 92	4. 51	3. 90	3. 56	3. 33	3. 17	3. 05	2. 96	2. 88	2. 82	2. 62	2. 62	2. 51	2. 45	2. 39	2. 33	2. 27	2. 20	2. 13
20	5. 87	4. 46	3. 86	3. 51	3. 29	3. 13	3. 01	2. 91	2. 84	2. 77	2. 68	2. 57	2. 46	2. 41	2. 35	2. 29	2. 22	2. 16	2. 09
21	5. 83	4. 42	3. 82	3. 48	3. 25	3. 09	2. 97	2. 87	2. 80	2. 73	2. 64	2. 53	2. 42	2. 37	2. 31	2. 25	2. 18	2. 11	2. 04
22	5. 79	4. 38	3. 78	3. 44	3. 22	3. 05	2. 93	2. 84	2. 76	2. 70	2. 60	2. 50	2. 39	2. 33	2. 27	2. 21	2. 14	2. 08	2. 00
23	5. 75	4. 35	3. 75	3. 41	3. 18	3. 02	2. 90	2. 81	2. 73	2. 67	2. 57	2. 47	2. 36	2. 30	2. 24	2. 18	2. 11	2. 04	1. 97
24	5. 72	4. 32	3. 72	3. 38	3. 15	2. 99	2. 87	2. 78	2. 70	2. 64	2. 54	2. 44	2. 33	2. 27	2. 21	2. 15	2. 08	2. 01	1. 94
25	5. 69	4. 29	3. 69	3. 35	3. 13	2. 97	2. 85	2. 75	2. 68	2. 61	2. 51	2. 41	2. 30	2. 24	2. 18	2. 12	2. 05	1. 98	1. 91
26	5. 66	4. 27	3. 67	3. 33	3. 10	2. 94	2. 82	2. 73	2. 65	2. 59	2. 49	2. 39	2. 28	2. 22	2. 16	2. 09	2. 03	1. 95	1. 88
27	5. 63	4. 24	3. 65	3. 31	3. 08	2. 92	2. 80	2. 71	2. 63	2. 57	2. 47	2. 36	2. 25	2. 19	2. 13	2. 07	2. 00	1. 93	1. 85
28	5. 61	4. 22	3. 63	3. 29	3. 06	2. 90	2. 78	2. 69	2. 61	2. 55	2. 45	2. 34	2. 23	2. 17	2. 11	2. 05	1. 98	1. 91	1. 83
29	5. 59	4. 20	3. 61	3. 27	3. 04	2. 88	2. 76	2. 67	2. 59	2. 53	2. 43	2. 32	2. 21	2. 15	2. 09	2. 03	1. 96	1. 89	1. 81
30	5. 57	4. 18	3. 59	3. 25	3. 03	2. 87	2. 75	2. 65	2. 57	2. 51	2. 41	2. 31	2. 20	2. 14	2. 07	2. 01	1. 94	1. 87	1. 79
40	5. 42	4. 05	3. 46	3. 13	2. 90	2. 74	2. 62	2. 53	2. 45	2. 39	2. 29	2. 18	2. 07	2. 01	1. 94	1. 88	1. 80	1. 72	1. 64
60	5. 29	3. 93	3. 34	3. 01	2. 79	2. 63	2. 51	2. 41	2. 33	2. 27	2. 17	2. 06	1. 94	1. 88	1. 82	1. 74	1. 67	1. 58	1. 48
120	5. 15	3. 80	3. 23	2. 89	2. 67	2. 52	2. 39	2. 30	2. 22	2. 16	2. 05	1. 94	1. 82	1. 76	1. 69	1. 61	1. 53	1. 43	1. 31
∞	5. 02	3. 69	3. 12	2. 79	2. 57	2. 41	2. 29	2. 19	2. 11	2. 05	1. 94	1. 83	1. 71	1. 64	1. 57	1. 48	1. 39	1. 27	1. 00

$\alpha = 0.01$　　　　附表5(续3)

$n_2 \backslash n_1$	1	2	3	4	5	6	7	8	9	10	12	15	20	24	30	40	60	120	∞
1	4 052	4 999.5	5 403	5 625	5 764	5 859	5 928	5 982	6 022	6 056	6 106	6 157	6 209	6 235	6 261	6 287	6 313	6 339	6 366
2	98.50	99.00	99.17	99.25	99.30	99.33	99.36	99.37	99.39	99.40	99.42	99.43	99.45	99.46	99.47	99.47	99.48	99.49	99.50
3	34.12	30.82	29.46	28.71	28.24	27.91	27.67	27.49	27.35	27.23	27.05	26.87	26.69	26.60	26.50	26.41	26.32	26.22	26.13
4	21.30	18.00	16.69	15.98	15.52	15.12	14.98	14.80	14.66	14.55	14.37	15.20	14.02	13.93	13.84	13.75	13.65	13.56	13.46
5	16.26	13.27	12.06	11.39	10.97	10.67	10.46	10.29	10.16	10.05	9.89	9.72	9.55	9.47	9.38	9.29	9.20	9.11	9.02
6	13.75	10.92	9.78	9.15	8.75	8.47	8.26	8.10	7.98	7.87	7.72	7.56	7.40	7.31	7.23	7.14	7.06	6.97	6.88
7	12.25	9.55	8.45	7.85	7.46	7.19	6.99	6.84	6.72	6.62	6.47	6.31	6.16	6.07	5.99	5.91	5.82	5.74	5.65
8	11.26	8.65	7.59	7.01	6.63	6.37	6.18	6.03	5.91	5.81	5.67	5.52	5.36	5.28	5.20	5.12	5.03	4.95	4.86
9	10.56	8.02	6.99	6.42	6.06	5.80	5.61	5.47	5.35	5.26	5.11	4.96	4.81	4.73	4.65	4.57	4.48	4.40	4.31
10	10.04	7.56	6.55	5.99	5.64	5.39	5.20	5.06	4.94	4.85	4.71	4.56	4.41	4.33	4.25	4.17	4.08	4.00	3.91
11	9.65	7.21	6.22	5.67	5.32	5.07	4.89	4.47	4.63	4.54	4.40	4.25	4.10	4.02	3.94	3.86	3.78	3.69	3.60
12	9.33	6.93	5.95	5.41	5.06	4.82	4.64	4.50	4.39	4.30	4.16	4.01	3.86	3.78	3.70	3.62	3.54	3.45	3.36
13	9.07	6.70	5.74	5.21	4.86	4.62	4.44	4.30	4.19	4.10	3.96	3.82	3.66	3.59	3.51	3.43	3.34	3.25	3.17
14	8.86	6.51	5.56	5.04	4.69	4.46	4.28	4.14	4.03	3.84	3.80	3.66	3.51	3.43	3.35	3.27	3.18	3.09	3.00
15	8.68	6.36	5.42	4.89	4.56	4.32	4.14	4.00	3.89	3.80	3.67	3.52	3.37	3.29	3.21	3.13	3.05	2.96	2.87
16	8.53	6.23	5.29	4.77	4.44	4.20	4.03	3.89	3.78	3.69	3.55	341	3.26	3.18	3.10	3.02	2.93	2.89	2.75
17	8.40	6.11	5.18	4.67	4.34	4.10	3.93	3.79	3.68	3.59	3.46	3.31	3.16	3.08	3.00	2.92	2.83	2.75	2.65
18	8.29	6.01	5.09	4.58	4.25	4.01	3.84	3.71	3.60	3.51	3.37	3.23	3.08	3.00	2.92	2.84	2.75	2.66	2.57
19	8.18	5.93	5.01	4.50	4.17	3.94	3.77	3.63	3.52	3.43	3.30	3.15	3.00	2.92	2.84	2.76	2.67	2.58	2.49
20	8.10	5.85	4.94	4.43	4.10	3.87	3.70	3.56	3.46	3.37	3.23	3.09	2.94	2.86	2.78	2.69	2.61	2.52	2.42
21	8.02	5.78	4.87	4.37	4.04	3.81	3.64	3.51	3.40	3.31	3.17	3.03	2.88	2.80	2.72	2.64	2.55	2.46	2.36
22	7.95	5.72	7.82	4.31	3.99	3.76	3.59	3.45	3.35	3.26	3.12	2.98	2.83	2.75	2.67	2.58	2.50	2.40	2.31
23	7.88	5.66	4.76	4.26	3.94	3.71	3.54	3.41	3.30	3.21	3.07	2.93	2.78	2.70	2.62	2.54	2.45	2.35	2.26
24	7.82	5.61	4.72	4.22	3.90	3.67	3.50	3.36	3.26	3.17	3.03	2.89	2.74	2.66	2.58	2.49	2.40	2.31	2.21
25	7.77	5.57	4.68	4.18	3.85	3.63	3.46	3.32	3.22	3.13	2.99	2.85	2.70	2.62	2.54	2.45	2.36	2.27	2.17
26	7.72	5.53	4.64	4.14	3.82	3.59	3.42	3.29	3.18	3.09	2.96	2.81	2.66	2.58	2.50	2.42	2.33	2.23	2.13
27	7.68	5.49	4.60	4.11	3.78	3.56	3.39	3.26	3.15	3.06	2.93	2.78	2.63	2.55	2.47	2.38	2.29	2.20	2.10
28	7.64	5.45	4.57	4.07	3.75	3.53	3.36	3.23	3.12	3.03	2.90	2.75	2.60	2.52	2.44	2.35	2.26	2.17	2.06
29	7.60	5.42	4.54	4.04	3.73	3.50	3.33	3.20	3.09	3.00	2.87	2.73	2.57	2.49	2.41	2.33	2.23	2.14	2.03
30	7.56	4.39	4.51	4.02	3.70	3.47	3.30	3.17	3.07	2.98	2.84	2.70	2.55	2.47	2.39	2.30	2.21	2.11	2.01
40	7.31	5.18	4.31	3.83	3.51	3.29	3.12	2.99	2.98	2.80	2.66	2.52	2.37	2.29	2.20	2.11	2.02	1.92	1.80
60	7.08	4.98	4.13	3.65	3.34	3.12	2.95	2.82	2.72	2.63	2.50	2.35	2.20	2.12	2.03	1.94	1.84	1.73	1.60
120	6.85	4.79	3.95	3.48	3.17	2.96	2.79	2.66	2.56	2.47	2.34	2.19	2.03	1.95	1.86	1.76	1.66	1.53	1.38
∞	6.63	4.61	3.78	3.32	3.02	2.80	2.64	2.51	2.41	2.32	2.18	2.04	1.88	1.79	1.70	1.59	1.47	1.32	1.00

$\alpha = 0.005$ 附表 5(续 4)

n_2 \ n_1	1	2	3	4	5	6	7	8	9	10	12	15	20	24	30	40	60	120	∞
1	16 211	20 000	21 615	22 500	23 056	23 437	23 715	23 925	24 091	24 224	24 426	24 630	24 836	24 940	25 044	25 148	25 253	25 359	25 465
2	198.5	199.0	199.2	199.2	199.3	199.3	199.4	199.4	199.4	199.4	199.4	199.4	199.4	199.5	199.5	199.5	199.5	199.5	199.5
3	55.55	49.80	47.47	46.19	45.39	44.84	44.43	44.13	43.88	43.69	43.39	43.08	42.78	42.62	42.47	42.31	42.15	41.99	41.83
4	31.33	26.28	24.26	23.15	22.46	21.97	21.62	21.35	21.14	20.97	20.70	20.44	20.17	20.03	19.89	19.75	19.61	19.47	19.32
5	22.78	18.31	16.53	15.56	14.94	14.51	14.20	13.96	13.77	13.62	13.38	13.15	12.90	12.78	12.66	12.53	12.40	12.27	12.14
6	18.63	14.54	12.92	12.03	11.46	11.07	10.79	10.57	10.39	10.25	10.03	9.81	9.59	9.47	9.36	9.24	9.12	9.00	8.88
7	16.24	12.40	10.88	10.05	9.52	9.16	8.89	8.68	8.51	8.38	8.18	7.97	7.75	7.65	7.53	7.42	7.31	7.19	7.08
8	14.69	11.04	9.60	8.81	8.30	7.95	7.69	7.50	7.34	7.21	7.01	6.81	6.61	6.50	6.40	6.29	6.18	6.06	5.95
9	13.61	10.11	8.72	7.96	4.47	7.13	6.88	6.69	6.54	6.42	6.23	6.03	5.83	5.73	5.62	5.52	5.41	5.30	5.19
10	12.83	9.43	8.08	7.34	6.87	6.54	6.30	6.12	5.97	5.85	5.66	5.47	5.27	5.17	5.07	4.97	4.86	4.75	4.64
11	12.23	8.91	7.60	6.88	6.42	6.10	5.86	5.68	5.54	5.42	5.24	5.05	4.86	4.76	4.65	4.55	4.44	4.34	4.23
12	11.75	8.51	7.23	6.52	6.07	5.76	5.52	5.35	5.20	5.09	4.91	4.72	4.53	4.43	4.33	4.23	4.12	4.01	3.90
13	11.37	8.19	6.93	6.32	5.79	5.48	5.25	5.08	4.94	4.82	4.64	4.46	4.27	4.17	4.07	3.97	3.87	3.76	3.65
14	11.06	7.92	6.68	6.00	5.56	5.26	5.03	4.86	4.72	4.60	4.43	4.25	4.06	3.96	3.86	3.76	3.66	3.55	3.44
15	10.80	7.70	6.48	5.80	5.37	5.07	4.85	4.67	4.54	4.42	4.25	4.07	3.88	3.79	3.69	3.58	3.48	3.37	3.26
16	10.58	7.51	6.30	5.64	5.21	4.91	4.69	4.52	4.38	4.27	4.10	3.92	3.73	3.64	3.54	3.44	3.33	3.22	3.11
17	10.38	7.35	6.16	5.50	5.07	4.78	4.56	4.39	4.25	4.14	3.97	3.79	3.61	3.51	3.41	3.31	3.21	3.10	2.98
18	10.22	7.21	6.03	5.37	4.96	4.66	4.44	4.28	4.14	4.03	3.86	3.68	3.50	3.40	3.30	3.20	3.10	2.99	2.87
19	10.07	7.09	5.92	5.27	4.85	4.56	4.34	4.18	4.04	3.93	3.76	3.59	3.40	3.31	3.21	3.11	3.00	2.89	2.78
20	9.94	6.99	5.82	5.17	4.76	4.47	4.26	4.09	3.96	3.85	3.68	3.50	3.32	3.22	3.12	3.02	2.92	2.81	2.69
21	9.83	6.89	5.73	5.09	4.68	4.39	4.18	4.01	3.88	3.77	3.60	3.43	3.24	3.15	3.05	2.95	2.84	2.73	2.61
22	9.73	6.81	5.65	5.02	4.61	4.32	4.11	3.94	3.81	3.70	3.54	3.36	3.18	3.08	2.98	2.88	2.77	2.66	2.55
23	9.63	6.73	5.58	4.95	4.54	4.20	4.05	3.88	3.75	3.64	3.47	3.30	3.12	3.02	2.92	2.82	2.71	2.60	2.48
24	9.55	6.66	5.52	4.89	4.49	4.20	3.99	3.83	3.69	3.59	3.42	3.25	3.06	2.97	2.87	2.77	2.66	2.55	2.43
25	9.48	6.60	5.46	4.84	4.43	4.15	3.94	3.78	3.64	3.54	3.37	3.20	3.01	2.92	2.82	2.72	2.61	2.50	2.38
26	9.41	6.54	5.41	4.79	4.38	4.10	3.89	3.73	3.60	3.49	3.33	3.15	2.97	2.87	2.77	2.67	2.56	2.45	2.33
27	9.34	6.49	5.36	4.74	4.34	4.06	3.85	3.69	3.56	3.45	3.28	3.11	2.93	2.83	2.73	2.63	2.52	2.41	2.29
28	9.28	6.44	5.32	4.70	4.30	4.02	3.81	3.65	3.52	3.41	3.25	3.07	2.89	2.79	2.69	2.59	2.48	2.37	2.25
29	9.23	6.40	5.28	4.66	4.26	3.98	3.77	3.61	3.48	3.38	3.21	3.04	2.86	2.76	2.66	2.56	2.45	2.33	2.21
30	9.18	6.35	5.24	4.62	4.23	3.95	3.74	3.58	3.45	3.34	3.18	3.01	2.82	2.73	2.63	2.52	2.42	2.30	2.18
40	8.83	6.07	4.98	4.37	3.99	3.71	3.51	3.35	3.22	3.12	2.95	2.78	2.60	2.50	2.40	2.30	2.18	2.06	1.93
60	8.49	5.79	4.73	4.14	3.76	3.49	3.29	3.13	3.01	2.90	2.74	2.57	2.39	2.29	2.19	2.08	1.96	1.83	1.69
120	8.18	5.54	4.50	3.92	3.55	3.28	3.09	2.93	2.81	2.71	2.54	2.37	2.19	2.09	1.98	1.87	1.75	1.61	1.43
∞	7.88	5.30	4.28	3.72	3.35	3.09	2.90	2.74	2.62	2.52	2.36	2.19	2.00	1.90	1.79	1.67	1.53	1.36	1.00

附录二
排列与组合

一、两个基本原理

1. 乘法原理

如果某件事需经 k 步才能完成，做第一步有 m_1 种方法，做第二部有 m_2 种方法……做第 k 步有 m_k 种方法，那么完成这件事共有 $m_1 \times m_2 \times \cdots \times m_k$ 种方法.

例如，由甲城到乙城有 3 条旅游路线，由乙城到丙城有 2 条旅游路线，那么从甲城经乙城到丙城共有 $3\times2=6$ 条旅游路线.

2. 加法原理

如果某件事可以由 k 类不同途径之一去完成，在第一类途径中有 m_1 种完成方法，在第二类途径中有 m_2 种完成方法……在第 k 类途径中有 m_k 种完成方法，那么完成这件事共有 $m_1+m_2+\cdots+m_k$ 种方法.

例如，由甲城到乙城去旅游有三类交通工具：汽车、火车和飞机. 而汽车有 5 个班次，火车有 3 个班次，飞机有 2 个班次，那么从甲城到乙城共有不同交通工具的 $5+3+2=10$ 个班次可供旅游者选择.

排列与组合的公式推导都基于以上两个基本原理.

二、排列

1.（不重复）排列

从 n 个不同元素中任取 $r(r\leqslant n)$ 个元素排成一列（考虑元素次序）称为一个排列，此种排列的总数记为 A_n^r.

按乘法原理，取出第一个元素有 n 种取法，取出第二个元素有 $n-1$ 种取法……取出第 r 个元素有 $n-r+1$ 种取法，则有：

$$A_n^r=n\times(n-1)\times\cdots\times(n-r+1)=\frac{n!}{(n-r)!}$$

当 $r=n$ 时，则称为全排列，全排列总数为 $A_n^n=n!$.

2. 可重复排列

从 n 个不同元素中每次取出一个，放回后再取下一个，如此连续 r 次所得的排列称为可重复排列，此种排列总数共有 n^r 个. 注意，这里的 r 允许大于 n.

例1 用1,2,3,4,5这5个数码可以组成多少个没有重复数字的三位数？

解 组成此种三位数时首位数有5种取法，由于不允许有重复数字，则十位数有4种取法，同理，个位数有3种取法，故可组成没有重复数字的三位数个数为 $A_5^3=5\times4\times3=60$. 这是典型的排列问题.

例2 用1,2,3,4,5这5个数码可以组成多少个三位数？

解 此例与例1的区别在于组成三位数的数字可重复，是可重复排列问题，可组成的三位数个数为 $5^3=125$.

三、组合

1. 概念

从 n 个不同的元素中任取 $r(r\leqslant n)$ 个元素并成一组（不考虑元素间的次序），称为一个组合，此种组合的总数记为 C_n^r 或 $\binom{n}{r}$. 按乘法原理，此种组合的总数为：

$$C_n^r=\binom{n}{r}=\frac{A_n^r}{r!}=\frac{n(n-1)\cdots(n-r+1)}{r!}=\frac{n!}{r!(n-r)!}$$

在此规定 $0!=1, C_n^0=\binom{n}{0}=1$.

排列与组合都是计算"从 n 个元素中任取 r 个元素"的取法总数公式，其主要区别在于：如果不考虑取出元素间的次序，则用组合公式，否则用排列公式. 而是否考虑元素间的次序，可以从实际问题中得以辨别.

例3 有10个球队进行单循环比赛，问需安排多少场比赛？

解 这是从10个球队中任选2个进行组合的问题，故选法总数为：

$$C_{10}^2=\frac{10\times9}{2!}=45$$

即需安排45场比赛.

例4 某批产品有合格品100件、次品5件，从中任取3件，其中恰有1件次品，问有多少种不同的取法？

解 取出的3件产品中恰有1件次品，这件次品必须从5件次品中抽取，有 C_5^1 种取法；而取出的3件产品中的另外2件是合格品，必须从100件合格品中抽取，有 C_{100}^2 种取法，因此总共有 $C_5^1C_{100}^2=5\times\frac{100\times99}{2!}=24\ 750$ 种取法.

2. 性质

$$C_n^r = C_n^{n-r}$$

事实上：

$$C_n^r = \frac{n!}{r!\ (n-r)!} = \frac{n!}{(n-r)!\ [n-(n-r)]!} = C_n^{n-r}$$

特别地：

$$C_n^n = C_n^0 = 1$$